现代儒学

儒学的多维发展

2020 第六辑

复旦大学上海儒学院 编

商务印书馆
创于1897
The Commercial Press

图书在版编目(CIP)数据

现代儒学.第6辑,儒学的多维发展/复旦大学上海儒学院编.—北京:商务印书馆,2020
ISBN 978-7-100-19090-9

Ⅰ.①现… Ⅱ.①复… Ⅲ.①儒学—研究—中国—现代 Ⅳ.①B261

中国版本图书馆CIP数据核字(2020)第178683号

权利保留,侵权必究。

现 代 儒 学
第六辑
儒学的多维发展
复旦大学上海儒学院 编

商 务 印 书 馆 出 版
(北京王府井大街36号 邮政编码100710)
商 务 印 书 馆 发 行
山东韵杰文化科技有限公司印刷
ISBN 978-7-100-19090-9

2020年11月第1版 开本710×1000 1/16
2020年11月第1次印刷 印张15.25
定价:80.00元

《现代儒学》编委会

主办单位：复旦大学哲学学院
　　　　　复旦大学上海儒学院
　　　　　上海市儒学研究会
主　　编：陈　来
常务副主编：吴　震
副 主 编：孙向晨　郭晓东
编　　委（按姓氏拼音为序）：
　　　　　白彤东　才清华　丁　耘　贡华南
　　　　　何　俊　何益鑫　黄　勇　林宏星
　　　　　倪培民　徐洪兴　徐　波　杨国荣
　　　　　杨泽波　曾　亦　张汝伦　张子立
　　　　　张庆熊

《现代儒学》获"复旦大学哲学学院源恺优秀学术辑刊奖"
由复旦大学哲学学院、上海易顺公益基金会资助出版

编者的话

本期主编　徐　波

本期《现代儒学》的编辑工作在海内外同仁的大力支持下得以顺利完成。我们本期汇聚了多位知名学者和年轻学人的优秀成果。感谢复旦大学哲学学院和上海儒学院诸位前辈老师的信任，让末学有机会经历从策划、选题到出版社编辑出版的全过程，而在收到稿件并一一拜读之后，自己不由得对相关问题也有所梳理。因此本来只要寥寥数语的"编者的话"也如脱缰野马一般扩展，但愿这些絮语能为读者们提供些许阅读上的参考和便利。

本期围绕"儒学的多维发展"主题，在收录专题论文方面主要分为"美德伦理学与儒学""时代激荡下的现当代儒学"以及"传统经典的现代解读"三大专题。而在常规论文之外，还开设了"访谈"和"新书介绍"两个新栏目。"美德伦理学与儒学"是本期重磅推出的特稿专题，美德伦理学（virtue ethics，又译作德性伦理学或德行伦理学）是近年来海内外学界讨论热烈的话题。而中国哲学，特别是儒学和美德伦理学的关系又吸引了众多英语世界和汉语世界著名学者的共同关注，从而使这一话题成为横跨中西的热点。我们本期汇聚了三位对美德伦理学深有研究又来自不同学术背景的海内外知名学者，所涉及的领域亦囊括了近期学界重点关注的多个话题。相信本专题的集中讨论能够推进学界有关美德伦理学和儒学的讨论，乃至成为关心这一问题学者们的案头参考。

黄勇教授在《王阳明论对恶人的"同感"》一文中以美德伦理学在英语学界内部引起热议的一个具体问题，即empathy（同感）和sympathy（同情）的关系为引子，将研究视域引入到阳明学内部，特别着重探讨了阳明学对那些道德上有缺陷的人等广义而言的"恶人"的同感问题。当代西方心理学家和哲学家往往更多地习惯于重视对他人身体上的痛苦的同感，从而对此有所忽略。在黄教授看来，阳明之独特在于，天地万物一体的一体感也应当包括良知被私欲遮蔽了的恶人。斯洛特（Michael Slote）所讲的第二序同感（the second order empathy）与王阳明对恶人的同感概念在内容上最为相近,阳明学中的细致讨论可以丰富我们对于同感的进一步认识。阳明所理解的痛痒疾患远远超出纯粹身体上的痛痒疾患,一个具有同感的人对他人的关心不限于他人的外在的、物质的、身体的福祉,而一定也关心他人内在的福祉,亦即进一步而言,去帮助包括恶人在内的所有他人成为具有同感的人。在身体之痛(physical pain)及社会之痛(social pain)之外,阳明的独特贡献在于突出了同感之中的良心之痛(conscience pain),并且要求我们有义务去帮助这些恶人改恶从良从而消除这种良心之痛的欲望和行动。这一点在之前所有的同感理论中都是缺乏的,阳明学从而可以做出重要贡献。

美德伦理学在汉语学界的讨论往往从其与儒家的关系作为切入点。唐文明教授的最新文章以陈来教授新近出版并引发学界重点关注的《儒学美德论》一书为中心,以"美德伦理学、儒家传统与现代社会的普遍困境"为题,聚焦于儒家伦理传统的思想定位及其与现代性的张力。陈来教授在《儒学美德论》中认为,儒家伦理思想包含一种狭义的美德伦理,但他又特别强调,不能将儒家伦理思想完全归结为美德伦理,而应当以"五个统一"亦即"德性与德行的统一,道德与非道德的统一,公德与私德的统一,道德境界与超道德境界的统一"和"原则与美德的统一"来把握儒家伦理思想,认为最好用"君子伦理"等术语来刻画"儒家伦理的形态"。唐文明教授在文中围绕着"五个统一",结合西方伦理思想的源流和发展,对相关问题进行了详细阐述。他进一步点明了陈来教授区分广义美德伦理学和狭义伦理学的立论关切所在:"当比较的对象是立足现代性的美德伦理学理论时,陈来会强调孔子与亚里士多德在伦理教诲上的相似处,但当直面孔子与亚里士多德的伦理教诲的关系时,他更会强调二者之间的差异。"随后,通过阐发《儒学美德论》对这公德与私德之间关系及其范式的考察、调和与突破,唐教授最终指出儒家伦理思想是美德伦理学的一种,尽管在很多方面不同于亚里士多德的美德伦理学,而现代以来对公德与私德的区分必然导致公德压倒乃至摧毁私德的局面,正是现代社会在美德问题上面临的普遍困境所在,也是我们需要进一步思考的起点。

如果说黄勇教授和唐文明教授的论文将我们带往美德伦理学的最前沿问题,那么李明辉教授的论文则回溯到问题的最根基处,颇有一种"截断众流"之感。李教授《再论儒家、康德伦理学与德行伦理学》一文,延续了他之前同样引起热议的《儒家、康德与德行伦理学》(《哲学研究》2012年第10期)一文观点,直截了当地提出"义务论伦理学"与"目的论伦理学"之区分是一种以二分法为依据的类型学划分（typological distinction）。在这种非此即彼二分的类型学划分中，美德伦理学（编者注：亦即李明辉提到的德行伦理学）的提倡者们并没有对其定位给出令人信服的说明。本文的一大特色即是以唐文明教授《隐秘的颠覆》一书为引子，探讨了对康德伦理学与美德伦理学的理解，以及借美德伦理学诠释原始儒家是否可行的问题。不同于唐文明重视康德的"道德主义"并以此与原始儒家相对比，李明辉认为在康德的意义上而言，重点在于自律道德与他律道德的区分。无论是出于道德情感，还是出于行为之后果功利考虑，都是出自"幸福"原则而建立在经验之上的他律道德。从这个意义上来讲，原始儒家的道德学说显然更偏向"自律"而非"道德主义"。李明辉进而认为，美德伦理学只是伦理学偌大理论体系当中的一个部分。美德伦理学本身并不是一个完整的系统，因此我们或许可以承认儒家思想中包含一套美德伦理学，但同时又可以将儒家伦理学理解为一套义务论伦理学。

那么，儒家伦理思想究竟是不是一种美德伦理？它们之间的关系又是如何？通过三位知名学者的讨论，我们可以发现，毫无疑问这是近年来学界讨论的一个热点问题，并没有固定的答案。而在回答这个问题的过程中所呈现出来的共识和分歧，不仅涉及哲学层面上的理论判断，也涉及对整个现代儒学研究传统的历史评价。我们同样应当看到的是，美德伦理学作为一个切入点只是儒学在现代发展的众多面向之一，还有众多的儒学固有领域内外的创新比较，如生活儒学、进步儒学、社会儒学等，又如现象学与儒学，甚至人工智能与儒学的讨论都方兴未艾。

现代儒学"花开多枝"的现象，令人欢欣鼓舞。回顾20世纪中国哲学的发展历程，这样的盛况来之不易。从胡适、冯友兰到现当代新儒家们，他们筚路蓝缕，在极为艰难的客观条件下奠定了整个中国哲学后续发展的基本架构。他们作为20世纪中国哲学的重要组成部分，是无法绕过的理论高峰。本期也收入了三篇有关现代儒者终极关怀的论文。刘增光《论严复的孔教观》通过分析严复对中西政教分合关系以及对知识与信仰的区分，认为严复为宗教的永远存在保留了位置。"与人道相始终"而不可废的宗教即为"真宗教"，并且在此基础上进一步确立了儒家或孔教作为"真宗教"的人道教身份。与此同时，严复对西方学教二分、政教二分的理解，并不构成参与立孔教为国教的障碍，因为他认为儒家并不是迷信或神道教，而是一种特殊的"人道教"。廖晓炜的论文《儒学与宗教：唐君毅的宗教论述及其意义》亦对儒学的宗教性问题进行了探讨，他以现当代新儒家中对此阐述最为深入的唐君毅先生为中心，首先介绍了唐君毅与当代另一位重要哲学家劳思光之间有关宗教问题的一场论辩,由之引出儒学宗教性问题可能存在的理论难题;同时,又以宗教意识与道德意识的对比为核心,省察唐君毅对宗教的本质界定,在融摄佛教、基督宗教等"超越的信仰"的基础上对儒学之宗教性及其意义进行了总结。刘乐恒《马一浮与唐君毅人文思想的对比与会通》以整个现代新儒学为背景,梳理出作为现当代新儒家第一代的马一浮与第二代的唐君毅在终极旨趣上有着内在的关联性。唐君毅的人文精神和马一浮的六艺论文化哲学有异曲同工之妙。虽然二人并无直接师承,但根据二者人文思想的相承性,马一浮和唐君毅可以构成现代新儒学中的"心性人文系"。

这三篇有关现代儒学人物的论文从不同角度对现代儒学在终极关怀问题上的发展脉络予以梳理。虽然学界对现代儒学的起源往往有所分歧,但严复、马一浮和唐君毅,无论从著作语言文字的使用,还是思想体系的构成,都非常直观地代表了晚清以来儒学自我革新和发展的三个阶段。笔者近年来一直关注现当代新儒家内部,尤其是牟宗三思想中的儒佛交涉问题。事实上,引入释、道、耶等多元思想对儒学终极关怀问题进行重新回答的尝试不只发生在牟宗三那里,正如上述三篇论文所谈,其实在严复、马一浮和唐君毅那里都有类似的体现,他们都对儒学与宗教终极关怀维度的交织予以了关注。本来这一栏目还有笔者牟宗三佛学的小文,但由于篇幅所限故而舍去,这也是考虑到牟宗三的研究已经汗牛充栋,其他学者如唐君毅、马一浮的研究相比之下更加需要学界同仁的推进。

现当代新儒学诞生于时代激荡之中,相关研究自20世纪末以来已经取得了许多重要的成果。近年来所谓"大陆新儒家"和"港台新儒家"之间的论争也吸引了学界内外不少眼球。如果对比美德伦理学所引发的讨论,我们不难发现虽然两者引起讨论的背景、方式和具体问题、参与人员都大有不同,但这种讨论本身事实上正是儒学在今天仍然具有生命力和号召力的具体例证。

所谓"花开数朵,各表一枝",这种现象背后其实是儒学经典意义在"一以贯之"基础上的不断创新。本期也收入了三篇对儒家经典意义进行重新阐释的论文,周启荣教授的文章《从儒家的"违礼"到法家的"违法"——〈论语〉"其父攘羊"的历史语言学、礼制史与历史史意义刍议》,从千年聚讼不已的"亲亲相隐"问题出发,试图从历史语言学与社会制度史的角度来分析,继而提出"攘羊"中"攘"的语境含义其实特指非礼的宰杀牺牲的行为,结合"羊"的礼制含义,"攘羊"其实最初只是一种"违礼"而不是触犯"刑律"的行为。但是经过《韩非子》和《吕氏春秋》

改写，这个"违礼"的问题逐渐转化为法家的"违法"问题，从而造成了争议的扩大。金瑞的文章《早期"道统"论说中的孔子定位——以"祖述尧舜、宪章文武、宗师仲尼"为中心》针对儒学史中另一个热议话题——孔子的定位问题展开，通过梳理郑玄和朱熹对于孔子所传道统的不同认识，引出道统论在历史上的侧重不同，金瑞继而提出以"祖"—"宗"的关系去理解班固所谓的"宗师仲尼"，可为一家之言。刘崧《"子张问善人之道"章新诠——关于善之可能与限度的一个哲学分析》一文则从耳熟能详的"子张问善人之道"章切入，认为"善人之道"意谓"使人向善之道"。人之"向善"奠基于生存活动的"到时"状态，"过去"通过"到时"不断敞开"未来"，并表现为"是"与"应当"之间的本体论张力。

除了上述以论文为主的常规栏目之外，本期《现代儒学》还开设了"访谈"和"新书介绍"两个栏目。在"访谈"部分，收入了《文汇报》记者对于孙向晨教授的专访，记述了他在德国授课的具体经历和面临的挑战。访谈开始那位德国学生针对圣人、君子、小人等观念的质疑颇具普遍性，不少国内学者其实也或多或少地对中国哲学存有同样的疑问。孙向晨以"孝"的观念作为突破口，将这种"中国观念"背后的思考框架去整体对比和触碰西方主流哲学的思考框架。孙向晨教授对中国传统经典有着数十年来的持续阅读，西方哲学出身的他一方面能够内在地把握到西方所关注的核心问题意识，另一方面又能对包括儒家在内的传统文化有较为深刻的同情理解，他的新著《论家：个体与亲亲》正是这种持续用力的集中体现。儒学在今天走向世界，能否产生真正有价值的文明对话，类似这种入乎其内、出乎其外地沟通中西哲学之间的努力，也是儒学现代发展非常值得开拓的维度之一。

"新书介绍"栏目也是本期开设的新专题，之前几期《现代儒学》也曾有过一两篇书评论文，如第五期对杨泽波教授五卷本《贡献与终结：牟宗三儒学思想研究》之第二卷的评论，但未能形成一个专门栏目。而事实上复旦大学中国哲学学科近几年来新著不断，粗略估计每年都有近十本著作问世，因此有必要设立一个专门栏目，主要向外界介绍复旦大学中国哲学学科的最新动态，并兼及其他兄弟院校的优秀著作；而在形式上似乎也不必拘泥于书评或书评论文，类似自序等序言亦可收入，逐渐形成一种固定模式。当然，书评栏目难免挂一漏万，因为截稿时间关系，这期就未能囊括诸如徐洪兴、林宏星等教授的近期大作，是为本期一大憾也！

文章千古事，得失寸心知。在接受任务之初，本来以为只是科研教学之外一项平常的额外任务，但在敲定选题、联系作者等一系列工作的过程中，这项额外的任务也逐渐变得富有意义。尤其在新冠疫情最为严重的时候,与来自武汉地区高校的刘乐恒和廖晓炜两位联络、商讨,虽然我们彼此熟识多年,但在特殊时期的相互问候中,寥寥数语间格外凝重!

　　最后,需要特别感谢的是,本期提供稿件的作者们尽最大可能保证了文章的新颖程度。例如黄勇教授的论文是他将要出版的新书《美德伦理学:从宋明儒的观点看》中的重要一节,唐文明教授的论文是最新刊出,而李明辉教授的论文是第一次在中国大陆刊出,其他学者的文章也大都是第一次刊出或第一次在中国大陆刊出,在此谨表致谢与敬意。

(作者单位:复旦大学哲学学院)

目 录

专题讨论：美德伦理学与儒学

王阳明论对恶人的"同感" …………………… 黄 勇 著 崔雅琴 译 / 3
美德伦理学、儒家传统与现代社会的普遍困境
　　——以陈来《儒学美德论》为中心的讨论 ………………… 唐文明 / 33
再论儒家、康德伦理学与德行伦理学
　　——评唐文明的《隐秘的颠覆》 …………………………… 李明辉 / 51

时代激荡下的现当代儒学

马一浮与唐君毅人文思想的对比与会通 ……………………… 刘乐恒 / 73
儒学与宗教：唐君毅的宗教论述及其意义 …………………… 廖晓炜 / 98
论严复的孔教观 ………………………………………………… 刘增光 / 120

传统经典的现代解读

从儒家的"违礼"到法家的"违法"
　　——《论语》"其父攘羊"的历史语言学、礼制史与思想史意义刍议
　　………………………………………………………………… 周启荣 / 137
"子张问善人之道"章新诠
　　——关于善之可能与限度的一个哲学分析 ………………… 刘 崧 / 160
早期"道统"论说中的孔子定位
　　——以"祖述尧舜、宪章文武、宗师仲尼"为中心 ………… 金 瑞 / 173

访 谈

现代语境下中国哲学的意义探寻
——《文汇报》记者访谈孙向晨教授 ………………………… 187

新书介绍

问题表象背后的理论意义
——朱子学"思想重读" ………………………… 吴 震 / 199
徐波《由湍水之喻到幽暗意识：理学视域下的人性善恶论新探》序
………………………………………………… 董 平 / 209
技术时代的"生生"与"物化"论题
——丁耘《道体学引论》读后 …………………… 邓 青 / 213
《公羊》学研究的当代视野
——读《春秋公羊学史》 ………………………… 于超艺 / 225

稿约与稿例 ………………………………………………… 229

专题讨论：美德伦理学与儒学

王阳明论对恶人的"同感"*

黄　勇　著
崔雅琴　译

一、导　　论

同感（empathy）是当代道德心理学和道德哲学中比较热门的一个话题。作为人类道德生活中的一种现象，同感当然古已有之。但对同感现象的哲学讨论，则相对不那么古老。根据从哲学角度研究同感现象最重要的学者斯洛特（Michael Slote）的观点，西方哲学中的同感概念最早出现于英国哲学家休谟（1711—1766）的著作中，那是在18世纪。斯洛特承认这个概念在中国出现得更早。程颢（1032—1085）和王阳明（1472—1529）提出的万物一体观念实际上表达的就是同感的概念。这样算来，在中国哲学中同感概念的出现要比西方哲学早七百年左右。斯洛特曾经认为孟子的万物皆备于我的概念也是同感概念，如果这样，同感概念在中国哲学中出现的时间就更早了。不过现在斯洛特改变了看法，认为孟子只是提到了同感现象，但没有相应的同感概念。至于同感（empathy）这个词在英文中的出现则更迟，大概是在19世纪。休谟虽然最早提出了同感概念，但他用的词是我们今天在中文中翻译为同情的sympathy。虽然在中国哲学中同感概念出现很早，但一直没有一个相应的词。我们今天在用中文讨论当代西方心理学和伦理学中的empathy这个概念时往往感到很难找到一个合适的词翻译它就是一个明证。我用"同感"这个词也是权宜之计，主

---

* 本文最初为英文，"Empathy with 'Devils': Wang Yangming's Contribution to Contemporary Moral Philosophy," in *Moral and Intellectual Virtues in Western and Chinese Philosophy*, edited by Michael Mi, Michael Slote, and Ernest Sosa, Routledge, 2015, 第214—234页，其中文版以"对恶人的同感：我们能从王阳明那里学到什么"为题收于杜维明、张广智编：《天人合一与文明多样性》，北京：光明日报出版社，2015年，第651—675页。现经大幅扩充后在这里刊出。

要是避免与同情(sympathy)相混淆。如果同情这个词没有被用来翻译sympathy，我想我们完全可以用它来翻译empathy。至于在美学领域中用来翻译empathy的"移情"一词则显然不适用于伦理学中讨论的empathy。这是因为美学中的移情是审美主体将自己的情移到审美对象上。例如，如果审美主体的心情很高兴，她就倾向于将这种高兴的心情转移到其审美对象上，好像其审美对象也表现出了高兴的样子。但在伦理学中的empathy所表达的也许是相反：empathy的主体感受到其对象所感受到的东西。如一个人有痛苦，另一个人虽然自己没有同样的痛苦却能感受到这个人的痛苦，而这就是empathy。虽然斯洛特考察了同感概念在西方哲学和中国哲学中的历史，但他认为当代心理学和伦理学对同感概念的研究之广度和深度已远远超出历史上所有哲学家对这个概念的探讨。在我看来，尽管这一看法在某些方面不无道理，但是，儒家对同感现象有很多重要的洞见，它们在西方当代的相关研究中却极少引起注意。本文以明儒王阳明的哲学为焦点，讨论儒家对当代道德心理学和伦理学关于同感概念的讨论所能做出的贡献。在本文中，我将讨论王阳明的这样一个洞见：对于那些缺乏同感的人，即本文标题所谓的恶人，我们也可以、能够而且应该具有同感。王阳明在这一问题上的观点是他关于同感的一般看法的一部分，不宜孤立地加以理解，因此，我们先来看一下王阳明对于通常所谓同感的更为一般、更少争议，因而对当代关于同感的讨论不能做出什么特别贡献的见解。

二、王阳明的同感概念

要讨论王阳明的同感概念及其对当代道德心理学和道德哲学中关于同感概念讨论的贡献，首先有必要对同感这种现象有一个清楚的理解。那么，什么是同感呢？不妨看一看当代文献中对于同感的几种有影响的界定。霍夫曼(Martin Hoffman)是这一领域最有影响力的心理学家之一，他认为，同感是"对另一个人感同身受般的情感驱动(affective)反应"，其关键性的必要条件是"进入这样一种心理过程：使其感觉与他人的处境而不是自己的处境相应"(Hoffman 2000：29-30)；巴特森(Daniel Batson)是另一位有影响力的心理学家，他的最重要贡献是通过大量的实验证明，同感具有利他主义的成分。在他看来，"某人需要帮助，我们对他的处境有所感知，由此引发出与之相应的以他人为指向的情感"(Batson 2011：11)，这种情感便是同感。它"产生利他动机,即以改善同感对象的处境为终极目标的动机"(Batson 2011：59);当代关于同感的哲学讨论,斯洛特做出过最重要的贡献,依其之见,同感乃是"当我们看到某个人处在痛苦中,我们内心产生的……对他人的情感"(Slote 2010：15)。他在同感与同情(sympathy)之间做了明确的区分。假设一个人正在经历痛苦,如果我也感受到了这个人的痛苦,这是同感,如果我对这个人的痛苦产生了一些相关的但本身不是痛苦的情感,如遗憾,这是同情。

  以上这些关于同感的界定大同小异。这样理解的同感有几个明显特征。其一,同感意味着同感主体(the empathic agent)感受到的情感与同感客体(the object of empathy)感受到的情感即便不完全等同,至少也是相似或相容的,也就是说同感主体能够感受到同感对象所感受到的。正是在这个意义上。霍夫曼在上面说,与同感主体的感觉相应的不是同感主体自己所处的状况,而是同感对象所处的状况。例如,当我看到一个人切菜时不小心切破了手指,鲜血直流,我作为一个具有同感的人也会感到疼痛。但真正与我的这种疼痛感相应的,不是我自己的状况,因为我的手指没有被割破,而是我的同感对象的状况,因为他的手指确实被切伤了。这使得同感和一些类似的情感,尤其是同情(sympathy)区别开来。一个富有同情心的人会为处于悲伤中的人感到难过,但是,处于悲伤中的人显然没有为自己处于悲伤中感到难过,就此而言,富有同情心的人所感受到的情感与其同情对象所感受到的情感既非完全等同或相似,甚至亦非相容。其二,同感不仅关乎认知,而且涉及情感驱动,所以具有同感的人不仅仅能很好地解读他人的想法,准确地模拟他们的所思所感;而且他还能够分享他们的所思所感,并在必要和可能的情形之下,他会采取相应的行动。①假如我自己背上感到痒,我不只是知道背上痒,而且会很自然地采取行动来解除这种痒。同样,如果他人背上痒,作为具有同感的人,我不仅会知道他人背上痒,而且还会感到他背上的痒,因此也会自然地倾向于采取行动帮他解除这种痒。其三,以上我们看到的这些同感定义几乎是中立的,即强调

---

① 艾森伯格(Nancy Eisenberg)强调了这一点。在她看来,同感是"一种源自对另一个人情感状况的领悟或理解的情感驱动反应(affective response),与另一个人感受到或者应该感受到的情感相同或者极其相似";她强调,"在此定义中,同感兼有认知成分与情感成分"(Eisenberg 2000：677;重点号为引者所加)。相反,达沃尔(Stephen Darwall)在试图区分同情与同感并证明前者优于后者时忽略了这一情感面相:"同感是一个同感主体想象其客体所感受到或应该感受到的情感(例如,恐惧),或者是借助想象对这些情感的模仿,而不管同感主体是否因此关心[作为同感客体的]那个小孩。同感可以与袖手旁观的冷漠甚至施虐狂的残忍并行不悖。"(Darwall 1997：261)

具有同感的人能够感受到他人所感受到的东西,而没有说他人感受到的是积极的情感(如快乐)还是消极的同感(如痛苦)。确实也有人(包括斯洛特和王阳明)认为同感主体因同感对象而感受到的情感也可以是积极的(例如,一个具有同感的人看到别人快乐便自己也感到快乐,即感到他人的快乐),但是,时下心理学和哲学对同感的讨论大多集中于消极情感。这是可以理解的,因为假如人家很快乐,我们作为同感的人,除了也感到他们的快乐以外,似乎也没什么有意义的事情好做。实际上,empathy及sympathy的词根pathos(感伤)就指向某种消极之物。虽然英语词empathy的词源与我们对中国哲学中的同感概念的理解无关,但本文的主题,即王阳明对恶人的同感的概念,如我们下面的讨论将表明的,与对善人的同感相反,涉及的是一个具有同感的人对同感对象的负面情感。

虽然如我们前面提到,直到今天,汉语中仍然没有一个现成的词可以恰当地与英语词empathy互译,但中国哲学中确实存在同感概念。我想最能表达这个概念的就是王阳明的"以万物为一体",以至于我认为在中文中可以将empathy翻译为"一体感"。当然,我们马上就会看到,王阳明的"以万物为一体"概念比我们今天所理解的同感概念更为宽泛。王阳明在一段有名的文字中这样解释"以万物为一体":

> 大人者,以天地万物为一体者也,其视天下犹一家,中国犹一人焉。若夫间形骸而分尔我者,小人矣。大人之能以天地万物为一体也,非意之也,其心之仁本若是,其与天地万物而为一也。(王阳明 1992:968)

在这段文字中,王阳明把"以万物为一体"的概念与儒家思想中最重要的美德及最重要的人性要素"仁"联系起来。为了更好地理解"以万物为一体"和"仁"之间的关联,以及这两个概念如何进一步与本文关注的同感概念相关联,我们需要把"以万物为一体"概念略往前追溯至宋儒程颢(1032—1085),因为是程颢第一次从与万物一体的角度诠释"仁"。程颢著名的《识仁篇》开篇就说:"学者须先识仁。仁者,浑然与物同体。"(程颢、程颐 1981:[2a]16)① 仁者在何种意义上与物同

---

① 《识仁篇》继而把这个概念与孟子及张载联系起来。孟子讲"万物皆备于我",认为关键在于与物无对,即克服我与万物之间的二元对立。张载在著名的《西铭》中说道:"乾称父,坤称母……民,吾同胞;物,吾与也。"因此,我们可能想把中国哲学中的同感概念进一步追溯至张载甚至孟子(Slote 2010a)。不过,我认为只有在程颢的"与物同体"概念中才能找到最清晰、最融贯的同感概念,而王阳明则进一步发展了程颢的与物同体观。

体？程颢诉诸汉字"仁"的一个日常用法("仁"字本指人所特有的人性美德),即能够感觉到痛痒,尤其是从否定意义上说,"不仁"就是感觉不到痛痒:"医书言手足痿痹为不仁,此言最善名状。仁者,以天地万物为一体,莫非己也。"(程颢、程颐1981:[2a]15)。

这里,程颢把医学意义上的"仁"和道德意义和人性意义上的"仁"做了最好的类比。如果我的一只手麻木不仁,我就感觉不到痛痒,在此意义上,这只手就非我所有、与我并非一体(程颢、程颐1981:[2a]15);反过来说,"夫手足在我,而疾痛不与知焉,非不仁而何?"(程颢、程颐1981:[4]74)就是说,如果我不以自己的手足为一体因而感觉不到我自己的手足的痛苦,那就表明我麻木不仁。与之相应,我与某物浑然一体意味着我能感觉到此物的痛痒。既然儒家伦理学所讲的仁者是博爱之人,那么他一定能感觉到万物的痛痒,这就意味着他与万物浑然一体。正是在这个意义上,程颢说,至仁者"品物万形为四肢百体",把外物看作是自己的身体的部分,因而能感觉到万物的痛痒。由于这种感觉既是认知性的又具有情感驱动力,有这种一体感就表明我不仅知道他人有痛痒,而且还感到了他人的痛痒,从而产生了想解除他人痛痒的自然倾向,并做出解除他人的痛痒的实际行动。相反,眼看着他人遭受痛苦而不试着减轻其痛苦的人与自己的手脚麻木无法感知痛痒的人无异:正如后者不能将自己的手脚为一体,前者不能将他人看作与自己为一体,两者都是缺乏仁的表现(程颢、程颐1981:[4]74)。

基于上述理解,我们可以更好地领会王阳明通过将"仁"理解为"以万物为一体"所阐明的同感概念。下面这段著名的文字将这个概念表述得极为生动:

> 孺子之将入井,而必有怵惕恻隐之心焉,是其仁之与孺子而为一体也。孺子犹同类也,见鸟兽之哀鸣觳觫,而必有不忍之心焉,是其仁之与鸟兽而为一体也。鸟兽犹有知觉者也,见草木之摧折而必有悯恤之心焉,是其仁之与草木而为一体也。草木犹有生意也,见瓦石之毁坏而必有顾惜之心焉,是其仁之与瓦石而为一体也。(王阳明1992:968)

虽然我赞同王阳明这里所说的看到草木和无生命的物体摧折毁坏时的情感,但是,如果把同感理解为去感受同感对象所感受到的情感,那么,确实就很难把对草木及无生命的物体的这种情感看作是同感,因为草木和无生命的物体显然自己没有什么感觉，我们作为具有同感的人自然也就不能感到它们所感到的东西。① 这说明王阳明的万物一体概念所包含的东西超出了同感概念所能包含的东西。但王阳明在这段话中讲到的与动物的一体感与我们今天所理解的同感概念是一致的，因为动物确实是有感觉的，因此与动物有一体感也就是能够感到动物所感到的东西，而这就是同感。但我在本文所要关心的甚至也不涉及与动物的一体感即同感，而只涉及与他人的一体感即同感，也就是感到他人，特别是深感痛苦的他人感到的东西。更重要的是，本文所关心的不是对他人身体上的痛苦的同感，因为在这方面，确如斯洛特所说，当代西方道德心理学和道德哲学已经做出了详尽的说明，我很难看到王阳明在这个方面能够做出多少独特的贡献。相反，本文所要讨论的是王阳明关于对那些道德上有缺陷的人、那些对他人的痛苦缺乏同感的人、那些造成他人痛苦的人的同感的讨论，因为这是为当代西方心理学家和哲学家所忽略的同感的一个重要层面。

三、王阳明论对恶人的同感：其所不是

阳明所论的对恶人的同感究竟是什么？为了避免误解，也为了后面更好地说明王阳明这个概念对于当代关于同感的哲学和心理学讨论的独特贡献，在正面阐释这个概念之前，请允许我先来说明一下它不是什么。在当代西方关于同感的讨论中，不少学者提出了一些概念，似乎与王阳明关于对恶人的同感概念十分类似。事实上，虽然王阳明有对恶人的同感概念，但他自己并没有用这个词。我们会看到，这是我从西方学者有关同感的一篇文章的标题借用来的。王阳明只是认为，以万物为一体中的万物应该也包括其良知被私欲遮蔽了的人，而这就是我这里说的

---

① 柯里(Gregory Currie)讨论了他所谓的同感主义者(Empathist)，包括赫德(Herder)、诺瓦利斯(Novalis)、洛采(Lotzel)及利普斯(Lipps)等大约一个世纪以前所阐发的对无生命物体的同感概念。这些同感主义者将同感理解为将我们的情感注入事物之中(Currie 2011)。如果像这样在美学的意义上理解同感，那么我们或许可以对物体有同感。但是，这不仅不同于我们所理解的伦理学意义上的同感(去体验同感对象的体验)，而且也不同于王阳明所主张的对待事物(包括草木和无生命的物体)的伦理态度。在这个意义上，植物也许揭示了同感的限度：我们只能对人和动物具有同感(Marder 2012)。但这并不必然意味着，我们对有情众生之外的事物丝毫没有道德责任，只是我们需要借助同感以外的其他概念去解释这样的责任罢了。

恶人。与恶人为一体也就是要感到恶人之为恶人所感到的痛痒（如我后面要指出的，这种恶人作为恶人所感到的痛痒就是良心之痛），也就是对恶人的同感。但是当代西方文献中这些看起来与对恶人的同感概念很相近的概念实际上表达的是很不相同的意思。

首先，对恶人的同感显然不是指对恶人感到厌恶或愠怒，至少不是通常意义上的厌恶或生气。[①]一方面，不管一个具有同感的人对恶人是否感到愤怒或憎恨，恶人在当恶人或行恶的时候显然没有与之相似或相容的愤怒或憎恨等情感。如果恶人自己不对自己的所作所为感到厌恶和愤怒，那么我们对恶人的所作所为的厌恶和愤怒，不管恰当与否，就不可能是对恶人的同感，因为我们上面已经说明，同感就是具有同感的人感到同感对象所感到的东西。另一方面，如斯洛特所言，"憎恨是同感的严重障碍"（Slote 2007: 59）。如果我们对一个人具有仇恨，那我们就不可能对这个人有同感，因为同感体现了具有同感的人对同感对象的爱。霍夫曼确实提出过"同感的愤怒"（empathic anger），那么这是否就是对恶人的同感呢？在讨论这个问题时，他一开始就指出，"如果有人使受害者陷入困境，那么旁观者的注意力可能会从受害者身上转移到罪犯身上。他会对罪犯感到愤怒，因为他同情受害者，或者对受害者有同感从而感同身受地感到自己受到冒犯，或者两种情感兼而有之"（Hoffman 2000: 96）。具有同感的人在上述情况下可能有这种"同感的愤怒"。然而，在"同感的愤怒"中有两个成分，一是同感，一是愤怒，其中同感指向受害者，即这个具有同感的人感到了受害者所感到的，但在这个时候，那位具有同感的人对于受害者丝毫没有感到愤怒；愤怒指向罪犯，就是说那位对受害者有同感的人，恰恰是因为对受害者的同感，而对加害于受害者的罪犯具有仇恨，但在这个时候，他对这个罪犯没有丝毫的同感。简言之，在"同感的愤怒"中，同感和愤怒指向两个不同的对象：前者是针对受害者，而后者针对加害者即本文所要讨论的恶人。因此，既然霍夫曼所讲的"同感的愤怒"并不是对受害者也不是对加害者的同感，它显然不是我们所讲的对恶人的同感；而且由于它表示的是对恶人的愤怒，而我们上面说，愤怒是同感的绊脚石，那么霍夫曼的"同感的愤怒"与对恶人的同感是矛盾的。

[①] 子曰："唯仁者能好人，能恶人。"（《论语·里仁》）孔子在这里对"恶"有一种独特的理解。既然孔子也讲"仁者爱人"（《论语·颜渊》），那么，"能恶人"中的"恶"显然只是爱的一种形式，它适用于我们这里所讲的无同感的人或恶人。另一方面，此种"恶"显然也不是说去咒骂他们或者希望他们走霉运，而是希望他们不再做恶人，变成具有同感的人，因此它有恨铁不成钢的意思。

第二，我刚提到，本文标题中"对恶人的同感"，英文是"Empathy with Devils"，我在这里得到了莫顿（Adam Morton）的一篇论文的题目"Empathy for Devils"的启发。① 不过，虽然我们的说法类似，我和他的观点即使没有针锋相对也是差别甚大。莫顿这样定义同感："在以下特定心理状态中，甲对乙有同感：乙经验到某种情感或态度，甲再现乙的状态，且分享其情感驱动的基调与取向。"（Morton 2011: 319）应该说这个定义没什么特别，它与我们上一节中讨论的对同感的几个定义相差无几。根据这一定义，莫顿认为对恶人具有同感，就是不仅要像在犯罪心理学意义上那样去体验恶人所经验的，而且要带着同样的情感基调和视角去体验它。体验恶人所经验的一般说来已很困难（尤其是如果恶人的行动非常令人厌恶，那我们就得伤害自尊地去相信我们可能做了类似的事情），不过在某些情形之下或许还是可能的；但是，要带着同样的情感驱动去体验恶人所经验的几乎不可能，除非具有同感的人自己愿意成为恶人，因为这意味着我们也有做恶人所做的那些恶行的欲望和倾向。② 正是在此意义上，莫顿认为，"想对真正的暴徒产生真正的同感是困难的。我们可以描述动机，甚至往往还可以想象做出这类行为的时候究竟是什么情形，但是，要达到同感所要求的同情认同极其困难"（Morton 2011: 321）。就此而言，我赞同莫顿所讲的无法对暴徒怀有同感（Morton 2011: 330），或者说，倘若有可能这样做，那么，我认为我们显然应该抑制对他们的同感，因为这不是值得称道、值得提倡的道德同感。

第三，在思考本文题目的时候，克拉奇（Sören Krach）及其合作者发表的研究项目名称"汝之瑕疵，吾之疾痛"（Your Flaws Are My Pain）也引起了我极大的兴趣。虽然这个名称所表达的观点与王阳明所讲的对无同感的人具有同感的概念更为接近，不过二者之间仍是相去甚远。他们在研究中所讨论的瑕疵并非是不道德的行为，而只是违反了社交礼仪，其中包括：(1)违反者意识到的偶发事件，例如演讲时结结巴巴或是在污泥中滑倒；(2)违反者没有意识到的偶发事件，例如拉链开着，或者后兜搭着厕纸四处走动；(3)违反者意识到的有意为之的事件，例如在高档餐厅打响嗝，把垃圾弃置街头；(4)违反者没有意识到的有意为之的事件，例如在公众演讲中过度地自吹自擂，或者穿一件印着"我本性感"字样的T恤

---

① 卡罗尔（Noël Carroll）写过类似的论文：《对恶人的同情》（"Sympathy for the Devil"）（Carroll 2004）。
② 莫顿举了一个例子。丈夫生同事的气，妻子起初感到很惊讶；不过，当她努力站在她丈夫的立场上想问题，后来不仅理解了丈夫的想法和感受，而且同样生丈夫同事的气（Morton 2011: 321-322）。

衫。如果出现这些情形，一个具有同感的旁观者会替违反社交礼仪的人感到尴尬。这之所以是同感是因为这种尴尬也是违反者要么自己确实感到的（上面的第一类）、要么是它如果意识到自己的处境后会感到的（上面的第二类）、要么是他没有感到但应该感到的（上面的第三、第四类）。但这不是我将要讨论的王阳明对不道德的人的同感。不过，该项研究阐发了一个重要的、有启发性的概念，那就是社会之痛（social pain），它不同于我们通常的同感所体验到的身体之痛（physical pain）："目前的科学进路旨在阐明对他人困境的同感的神经认识论基础，并主要考察身体上的疼痛，比如做饭时割伤了手指……直到最近，杨及其同事才证明，以通情方式感觉到（身体）疼痛的皮质层网状物同样参与对他人社会之痛（比如，遭遇社会排斥等）的同情过程。"（Krach et al. 2011：8）由于我们所熟悉的同感概念所涉及的都是对他人身体上的痛苦的感受，这项研究的成果，即所证实的我们也可以感到他人所感到的社会性的痛苦（具体表现为尴尬），大大扩展了我们对同感的研究范围。虽然我们在本文中要讨论的王阳明关于对恶人的同感还不能归入这项研究所发现的这种新的同感，因为它既非一般讨论的身体之痛，亦非这个研究中所说的社会之痛，但它为我们确定王阳明对恶人的同感的性质提供了非常有益的启发。

最后，在当代同感研究中，斯洛特所讲的第二序同感（the second order empathy）与王阳明对恶人的同感概念在内容上虽并不相同但最为相近，因此我们有必要对此做更为细致的讨论。斯洛特在讨论道德赞同（moral approval）和道德反对（moral disapproval）时，分别针对具有同感的主体和没有同感的主体探讨了两类不同的第二序同感。所谓第二序同感当然是相对于第一序的同感而言的。我们迄今为止讨论的基本上都是第一序的同感。看到一个人甲在受苦，一个有同感的人乙也感到了甲的痛苦并帮助甲解除痛苦，这是第一序的同感。另一个没有同感的人丙对甲的痛苦视而不见或者正是造成甲痛苦的人，这是第一序同感的缺失。现在有第四个、具有同感的人丁，在看到了乙对甲的帮助后对乙产生了一种温暖的感觉，而由于丁对乙产生的这种温暖感是与乙帮助甲的热心是同质的，斯洛特认为可以将它也看作是一种同感，但这是第二序的同感。这种温暖的第二序同感是正面的，它表示了丁对乙的行为的道德赞同。但对本文要讨论的王阳明关于对恶人的同感直接相关的是负面的同感，即丁对丙产生的同感。这里我们看到，没有同感的丙没有感受到甲的痛苦，甚至是他加害于甲，因而也没有帮助甲解除痛苦的欲望和自然倾向。现在有同感的人丁对丙这种没有同感的人产生了一种感觉，斯洛特也称之为第二序的同感，只是这是负面的。关于这种负面的同感，斯洛特有这样的描述："如果一个人对他人的行为显示出他基本上缺乏同感，那么具有同感的人会因为这样的行为感到寒心（至少感到'心凉'），而我想说的是，这些针对行为主体的（反射性）情感构成了道德反对。"（Slote 2010：35）斯洛特强调说，既然我们认为一个具有同感的人能感觉到同感对象之所感，那么，具有同感的人之所以感到寒心，正是因为同感对象"对待他人的态度或情感是冷漠的（或者说，冷血或极其冷淡）"（Slote 2010：37）。换言之，具有同感的人"实际上会从对他人漠不关心的'冷血'对象身上'感染上冷酷'，而这种感染上的冷酷将构成对这些对象（或其行为）的反对"（Slote 2010：37）。

　　这里，斯洛特讲的负面意义上第二序的同感是对缺乏同感的人的同感，因此似乎跟我们要讲的对恶人的同感，至少就这种同感的对象而言，是一样的。更重要的是，它与我们上面讨论的莫顿对恶人的同感不同，因为在莫顿那里，对恶人的同感导致了具有这种同感的人去帮助恶人去做恶事，而斯洛特这里对没有同感的人即恶人的第二序同感则导致了对这种恶人的道德批评。在这一点上，至少较之莫顿的对恶人的同感，斯洛特的这种对恶人的第二序同感与王阳明的对恶人的同感距离不那么远。不过，我们需要澄清一些问题。

　　首先，斯洛特说，具有同感心的人对无同感的人之所作所为感到寒心，而这种寒心感就是第二序的同感。但要成为同感，根据我们在本文一开始的理解，具有同感的人感到的应该与其同感对象感到的是一致的。为了证明这一点，斯洛特认为无同感的人是冷血的或具有冷血感。但具有同感的人对没有同感的人所感到的寒心与这个没有同感的人所感到的冷血，即前者的寒心感与后者的冷血感，应该是很不一样的。一个没有同感心的人有冷血感，但一个具有同感心的人对这个没有同感心的人也有冷血感吗？我不敢苟同。一个具有同感心的人对缺乏同感的人的所作所为感到寒心，但无同感的人对自己的所作所为也感受到了这样的寒心吗？我也不敢苟同。如果一个人对某事在情感上感到寒心会驱使他避免做这件事，那么，无同感的人如果也有这种寒心感的话就不会去做这件事。因此，无同感的人没有同感即其做出没有同感之事（伤害他人）或没有做出有同感之事（帮助他人）这个事实恰恰说明他没有感到寒心，尽管他的所作所为让有同感的人感到某种寒心。在这个意义上，我们不能讲斯洛特所描述的一个有同感心的人对没有同感心的人所感到的东西称为同感。

其次，虽然我们上面刚刚否定了这种可能性，但为讨论计，让我们假定无同感的人的确因自己是无同感的人，即因自己做出没有同感的事（伤害他人）或没有做出有同感的事（帮助他人），而感到寒心，那么，这个无同感的人因自己的无同感而感受到的这种寒心和具有同感的人对无同感的人感受到的寒心至少相容吗？显然不是，因为无同感的人虽然对自己的无同感感到寒心，却还是会去做无同感的事，或者至少还是不会去做有同感的事，而具有同感的人，恰恰由于对无同感的人而感到寒心，如斯洛特所指出的，会去做有同感的事（帮助他人），或者至少不会去做没有同感的事（伤害他人）。

第三，与此相关，因为第二序同感仿照第一序同感，所以这两类同感之间应该有着根本的相似性。也就是说，在第二序同感中的两种寒意感（即具有同感的人对于没有同感的人的所作所为所感到的寒意和这个没有同感的人对自己的所作所为感到的恶意）之间的关系与第一序同感中两种痛苦感（即具有同感的人对一个痛苦的人感同身受般感受到的痛苦与这个痛苦的人自己切实感受到的痛苦）之间的关系应该是相似的或对称的。① 但事实上不是如此。在第一序同感中，具有同感的人和他的同感所指向的人有一个共同的动机，即摆脱同感对象的不利状况（如痛苦）。然而，在斯洛特所描述的第二序同感中这一点并不存在：即使无同感的人确实因自己作为无同感的人或做出没有同感的事而感受到负面情感，他也没有想去摆脱这些负面情感；另一方面，根据斯洛特的观点，因无同感的人而感到寒心的具有同感的人也没有想去帮助无同感的人去摆脱他的寒心感、使他不再是一个没有同感的人而变成一个有同感的人。

这便引出了第四个问题。本文一开始就已经强调过，同感不仅关乎认知而且涉及情感驱动：一个具有同感的人不仅善于解读他人的想法，而且还想去改变他人的不利状况。这在第一序的同感中表现得非常清楚。假如我是一个有同感的人，在看到一个人在受苦，我当然知道这个人在受苦（认知的层面），但我也感到了这个人的痛，而这种感受会驱使我去帮助这个人解除痛苦（情感驱动层面）。然而，斯洛

---

① 斯洛特似乎在如下意义上承认第一序同感与第二序同感之间的不对称性：有着第二序同感关怀的人"反对某人的动机、性格或者行为时，他们以同感的方式记下那个人的冷漠或冷淡，这与他们一贯的热心或温和至少有点不协调（虽然这种不协调不一定会让人觉得不快或不舒服）"（Slote 2010：40）。

特所讲的具有第二序同感的人似乎只有认知的层面,而没有情感驱动的层面:这样的人(实际上在斯洛特看来只有这样的人)只能做出赞成和反对的道德判断。在一定意义上,这样的批评对斯洛特来说有失公允,因为他本人也强调了同感的情感驱动性质。他认为,"同感是一种心理激励机制,它既构成了通常道德动机的一个关键要素,也构成了做出及理解道德断言的一个关键要素"(Slote 2010:5;重点号为引者所加)。这里,斯洛特讲情感驱动的同感是双重意义上的关键要素:其一,通常的道德动机;其二,做出及理解道德断言。根据我的理解,在斯洛特那里,前者关系到第一序同感,而后者关系到第二序同感。前者比较容易理解,因为这就是斯洛特强调的具有同感的人因对缺乏同感的人的第二序同感而有动机去做这个没有同感的人不做的事情(帮助他人)和不做这个没有同感的人做的事情(伤害他人)。不过,关于第二序同感,我们不免要问:做出及理解道德判断在何种意义上显示了同感的情感驱动性质?斯洛特的答案似乎是这样的:"同感发达的人看到另一个人对第三者做出自私冷漠或恶意的行为,就会反对那样的行为,并会有某种动机/欲望不去做出那样的行为"(Slote 2010:46);而且,"因行为者对他人的漠不关心而感到寒心,这就要求我们有丰富的同感,而这样的同感也使我们自己(作为行为主体)不会对他人漠不关心"(Slote 2010:53-54)。简言之,具有同感的人将不会去做让我们心寒的事(而会去做让我们感到温暖的事),在这一点上,他与缺乏第二序同感的人在其所作所为方面正好相反;在此意义上,斯洛特认为,我们的第二序同感是关乎情感驱动的。

然而,这似乎是对同感之情感驱动要素的错误理解。按照拙见,同感关乎情感驱动是在以下意义上说的:具有同感的人对一个处于不利状况中的人具有同感,因此想去帮助他摆脱不利状况。例如,在第一序同感中,如果有人割伤了手指感到疼痛,具有同感的人会感受到伤指者的疼痛,并因而想去缓解他的疼痛。这正是巴特森和他的团队做了大量的研究想要证明的一点,即同感是利他的。因此,与之相应,在第二序同感中,如果一个人冷血无情,那么具有同感的人应当感受到冷血之人的冷酷(斯洛特认为具有同感的人的确感受到这种冷酷),并因而在情感的驱使之下试图除去冷血之人的冷酷无情(斯洛特没有说具有同感的人会这样做)。然而,斯洛特告诉我们,具有第二序同感的人之所以是有情感驱动力,不是因为他想去帮助无同感的人摆脱冷酷无情、使之不再冷酷无情而成为具有同感的人,而只是因为他不会去做冷酷无情、无同感的事。这就相当于,一个具有第一序同感的人感同身受般感受到另一个处在痛苦中的人的痛苦以后,他不是因此去帮助处在痛苦中的人摆脱痛苦,而是想摆脱他自己感同身受般感受到的痛苦(也许通过把注意力从他感同身受般感受到的痛苦的源头转到别处),或者更确切地说,是想让自己以后避免其同感对象所处的痛苦状态。然而,这是以自我为中心的做法。巴特森和他的团队已经非常有说服力地证明,一个具有同感的人不会那样做。

因此,斯洛特所设想的一个具有同感的人对一个没有同感的人的第二序同感关怀是这样的:具有第二序同感之人不会做任何没有第一序的同感的事,但也不会做任何事情去帮助这个无同感的人走出无同感的状态并成为一个具有同感的人。正是在此意义上,我认为斯洛特的同感伦理——作为一种美德伦理——揭示了由所罗门(David Soloman)提出来的美德伦理学深层次的自我中心问题:

> 问题在于,行为主体对自身品性的关注和他对他人品性的关注之间存在不对称。此处突显的问题有这样的形式:既然美德伦理要求我首先关注我自身的品性,这不就意味着我必须把自己的品性看成是我自己在道德层面最重要的特征吗?但倘若如此,而且我以恰当的方式关心他人,那么,我对他们的关心不应该是不只关心他们的需求欲望有没有得到满足,而且还要关心他们的品性吗?我不是应该像关心自己的品性那样关心邻居的品性吗?
> (Solomon 1997: 172)

之所以称这种自我中心为深层次的自我中心是因为它与我们常见的自我中心不同。日常意义上具有自我中心的人只考虑自己的财富、健康和名声等,而不考虑他人的财富、健康和名声等。这是浅层次的自我中心。深层次的中心,如我们在上引所罗门的话中所见的,是指一个人只追求自己的美德,而不关心他人的美德,虽然他在追求自己的美德时也关心他人的财富、健康和名声等(因为这些美德要求他关心他人的财富、健康和名声等)。但就他们认为美德比财富、健康和名声等更重要、更珍贵而言,虽然他们既关心自己也关心他人,但由于他们在关心自己时着眼的是较重要的东西,即关心自己的美德,而在关心他人时则考虑的是不那么重要的东西,即关心他们的财富、健康和名声等,这些人可以说是自我中心的。所罗门提出这个有关美德伦理的自我中心问题时主要考虑的是康德主义对亚里士多德主义的美德伦理的批评,因为亚里士多德就明确地说,具有美德的人是真正的自爱者,并将其与庸俗的自爱者相区分,前者相当于我们这里说的深层次的自爱者,而后者相当于日常的或浅层次的自爱者。就斯洛特对第二序同感的理解而言,要避免这个深层次的自我中心问题,如果认为冷酷无情是件坏事,那么,一个具有第二序的同感的人就不能只是如斯洛特所说的自己不做冷酷无情之人、不做冷酷无情之事;而应该更进一步尽己所能地帮助他人走出冷酷无情的状态,使他们也不做冷酷无情之人,不做冷酷无情之事,而这一点恰恰不仅是在斯洛特对第二序的具有美德的人的描述中所缺失的,而且也是他后来明确否定的。

这一点说起来非常遗憾,因为在其早期著作讨论自爱与他爱的对称性时,斯洛特自己都接受这个观点。在自爱与他爱问题上,很多伦理学家都持一种不对称的立场。与我们上面提到的深层次和浅层次的自我中心相应,自爱和他爱问题也有两个层次。在浅的层次上,一般认为一个道德的人有义务帮助他人获得幸福,但没有义务追求自己的幸福,所以在这个层次上存在着一个自爱与他爱之间的不对称(爱他人甚于爱自己)。在深的层次上,一般认为一个道德的人有义务使自己达到品德的完善,但没有义务去促进他人的品德完满,所以在这个层次上也存在着自爱与他爱之间的不对称(爱自己甚于爱他人)。在其一部较早的著作中,斯洛特反对这样的一种不对称性,认为无论是在浅的层次上还是在深的层次上,我们都应该在自爱与他爱之间保持一种对称。由于浅层次的这种对称与我们这里要讨论的问题无关,我们可以看一下斯洛特关于深层次上的这种对称性的说法:"在通常的意义上,我们赞赏……一个人能够提升自己或他人的赞赏度。通常我们都会赞赏那些拥有关涉自身(self-regarding)与关涉他人(other-regarding)的美德……而且我们也赞赏那些帮助他人培养令人赞赏的或闪耀美德光辉的品性。"(Slote 1992:111)这里斯洛特明确地说,一个人应当像关心自身的道德完善那样关心他人的道德完善。如果他把这种想法贯彻到他的第二序同感概念中去,他本应该说,具有第二序同感的人不仅想让自己成为一个具有同感的人、不想去做任何没有同感的事,而且还想去帮助他人成为有同感的人,或使他不再是无同感的人。可惜的是,斯洛特不仅自己没有这样做,而且后来可能是意识到了他早期的这种自爱与他爱之间的对称观与我们这里讨论的他关于第二序同感观之间的冲突,他宣称他现在已经放弃了他早期关于自爱与他爱之间应该保持对称的观点(Slote 2020)。正是在这一点上,阳明关于对恶人的同感的思想可谓"及时雨"。

四、王阳明论对恶人的同感：其之所是

我们已经知道，在王阳明看来，仁者是一位具有同感的人，因为他以万物为一体。以某物为一体意味着，如果一物有痛痒疾患，与该物为一体者就能感觉到它的痛痒疾患并试图去除这样的痛痒疾患。例如，如果我的手发痒了，我就能感觉到痒并很自然地抓痒。这是因为我和我的手是一体的。所以，如果我和我的邻居是一体的，要是邻居真有痛痒疾患，我也就能感觉到邻居的痛痒疾患并会很自然地去帮助他解除这种痛痒疾患；如果我与万物是一体的，要是其中的任何一物有痛痒疾患，我也就能感觉到他／它的痛痒疾患并很自然地去帮助他／它解除这种痛痒疾患。本文第二部分已经解释了这一观念，但在那里，我们的关注点只是身体上的痛痒疾患，但阳明所理解的痛痒疾患远远超出纯粹身体上的痛痒疾患。我们先看这段文字：

> 圣人之心，以天地万物为一体，其视天下之人，无外内远近，凡有血气，皆其昆弟赤子之亲，莫不欲安全而教养之，以遂其万物一体之念。天下之人心，其始亦非有异于圣人也，特其间有我之私，隔于物欲之蔽，大者以小，通者以塞，人各有心，至有视其父子兄弟如仇雠者。圣人有忧之，是以推其天地万物一体之仁以教天下，使之皆有以克其私，去其蔽，以复其心体之同然。（王阳明1992：54）

这段文字开头部分提到的"安""全""养"可能让人觉得，王阳明这里所讲的具有同感的人，即以万物为一体的人，也只是关心人们外在的或者身体方面的福祉，但这里的"教"明白无误地说明，一个具有同感的人对他人的关心不限于他人的外在的、物质的、身体的福祉，而一定也关心他人内在的福祉。关于"教"的具体内容，王阳明在该段的后半部分说得更明确，因为在这里他所关注的、作为同感对象的不是那些饥寒交迫的、物质生活上有困难的人，而是那些自私的、其本心为物欲遮蔽了的，甚至将自己的父子兄弟当仇人的人。他们不是物质生活上有困难的人，而是在道德生活上有缺陷的人，即是对他人没有同感的人，也就是本文所说的恶人。王阳明认为，儒家所讲的具有同感的人会竭尽所能地帮助这些人"克其私，去其蔽，以

复其心体之同然",使他们也能以万物为一体,即变成对他人具有同感的人。正是在这个让他人恢复其天地万物一体之仁,即让他人恢复其同感心的过程中,圣人才能"遂其万物一体之念",即实现了真正意义上的第二序的同感。

尤为重要的是,王阳明还认为,去帮助他人成为具有同感的人,乃是做具有同感的人的题中应有之义。换言之,如果一个人能感受到他人身体上的痛苦,甚至进而想去缓解这种痛苦,但是他仅仅做到这一步,而没有进一步帮助他人成为具有同感的人或者至少不再是无同感的人,那么,他还算不上一个具有同感的人。关于这一点,王阳明在下面这一段话中有清晰的解释:

> 夫人者,天地之心;天地万物,本吾一体者也。生民之困苦荼毒,孰非疾痛之切于吾身者乎?不知吾身之疾痛,无是非之心者也。是非之心,不虑而知,不学而能,所谓良知也。良知之在人心,无间于圣愚,天下古今之所同也。世之君子惟务致其良知,则自能公是非,同好恶,视人犹己,视国犹家,而以天地万物为一体,求天下无治,不可得矣。古之人所以能见善不啻若己出,见恶不啻若己入,视民之饥溺犹己之饥溺,而一夫不获,若己推而纳诸沟中。(王阳明 1992:79)

这段话同样辨明,具有一体之仁的人,即有同感的人不但关心他人外在的福利("生民之困苦荼毒""民之饥溺"),而且也关心他们内在的福利(民之"善"和"恶")。用斯洛特的话说,前者是第一序的同感,而后者是第二序的同感。当然本文关心的是第二序的同感。从这段话中我们可以看出,王阳明第二序的同感概念不仅有负面义(见他人行恶便自觉痛苦:"见恶不啻若己入"),而且还有正面义(见他人行善便自觉心情舒畅:"见善不啻若己出")。不过,本文集中讨论它的负面义。就负面义而言,最重要的一点在于,君子即具有同感的人,看到他人行恶时不仅感到痛苦,从而想去帮助恶人克制自己不去行恶,而且还会觉得,如果仍有人行恶,乃是他们的错,是他们自己的一体之仁也即他们的第二序的同感未遂之故("而一夫不获,若己推而纳诸沟中")。如我们上面看到的,斯洛特的第二序的同感概念由于缺乏这些内容而成了一个有问题的概念,而王阳明的对恶人的同感,由于强调了这些内容,反而成了真正意义上的第二序同感。

在上述两段文字中,我们看到,王阳明同时谈论,因而可能还没有清晰地区分具有同感的人所关注的他人的外在福祉和内在福祉。不过,在别处很多地方,他将这两者做了明确的对照,并且用具有同感的人对他人外在福祉的关心(即斯洛特所讲的第一序的同感)来解释具有同感的人对他人内在福祉的关心(第二序的同感),因为前者浅显而后者不易懂。

> 仆诚赖天之灵,偶有见于良知之学,以为必由此而后天下可得而治。是以每念斯民之陷溺,则为戚然痛心,忘其身之不肖,而思以此救之,亦不自知其量者。天下之人见其若是,遂相与非笑而诋斥之,以为是病狂丧心之人耳。呜呼!是奚足恤哉?吾方疾痛之切体,而暇计人之非笑乎!人固有见其父子兄弟之坠溺于深渊者,呼号匍匐,裸跣颠顿,扳悬崖壁而下拯之。士之见者方相与揖让谈笑于其傍,以为是弃其礼貌衣冠而呼号颠顿若此,是病狂丧心者也。故夫揖让谈笑于溺人之傍而不知救,此惟行路之人,无亲戚骨肉之情者能之,然已谓之无恻隐之心,非人矣。若夫在父子兄弟之爱者,则固未有不痛心疾首,狂奔尽气,匍匐而拯之。彼将陷溺之祸有不顾,而况于病狂丧心之讥乎?而又况于蕲人之信与不信乎?(王阳明 1992:80)

在这段话中,王阳明一开始谈论的是第二序的同感。因为见"斯民之陷溺""其身之不肖",王阳明感到"戚然痛心""疾痛之切体",并想以良知来救这些人。这里涉及的是这些人的内在福祉。很显然,这种第二序的同感为常人不易理解,因此天下人都对王阳明"相与非笑而诋斥之,以为是病狂丧心之人耳"。为了说明这种第二序的同感,王阳明在这段话的后半部分就以大家比较容易理解的第一序的同感做类比。假如看到自己的父子兄弟将要掉入深渊,难道会有人不心急火燎地去救的吗?难道有人还会嘲笑这个人如此这般地去救自己的父子兄弟的吗?而在这段话的最后,王阳明更是表明,救道德上陷溺的人甚至比救将要掉入深渊的父子兄弟更重要。紧接着上引的这段话,王阳明还说,孔子周游列国的时候也遭遇了同样的处境,他为其可为,甚至知其不可为而为之,拯民于道德沦丧之中,汲汲遑遑若求亡子于道路。他这样做同样遭人讥毁诋侮嫉仇,甚至包括他最亲密的学生也有不理解他的时候。然而,孔子从未放弃。王阳明的确意识到,将自己与孔子相提并论未免有失狂妄,不过他说道,看到人们道德沦丧,实实在在感到疾痛之在身,所以彷徨四顾,寻求去病之方,狂病以愈,且不快哉。然而,唯一可能的途径在于:

> 共明良知之学于天下,使天下之人皆知自致其良知,以相安相养,去其自私自利之蔽,一洗谗妒胜忿之习,以济于大同。(王阳明 1992: 81)

因此,王阳明所描述的具有同感的儒者显然不同于亚里士多德所讲的有德之士或真正的自爱者。后者只关心自己成为有德之士,没有想让他人变成有德之士;前者却同时有心使他人变成有同感的人。确实,如果一个人只对他人的外在痛苦具有同感,那他就称不上是真正具有同感的人。故而王阳明曰:

> 圣人之求尽其心也,以天地万物为一体也。吾之父子亲矣,而天下有未亲者焉,吾心未尽也;吾之君臣义矣,而天下有未义者焉,吾心未尽也;吾之夫妇别矣,长幼序矣,朋友信矣,而天下有未别、未序、未信者焉,吾心未尽也。(王阳明 1992: 257)

因此,在王阳明看来,那些没有帮助人们实现外在福祉,甚至伤害人们外在福祉的人固然是无同感的人,但如果一个人虽然可能帮助人们实现外在福祉,或至少不会伤害人们的外在福祉,但却无心帮助他人成为有同感的人或至少不再做无同感的人,也就是说不关心他们的内在福祉,那么他也是一个无同感的人。对于这两种意义上的无同感的人,阳明都是反对的。因此,他说:

> 后世良知之学不明,天下之人用其私智以相比轧……外假仁义之名,而内以行其自私自利之实,诡辞以阿俗,矫行以干誉,掩人之善而袭以为己长,讦人之私而窃以为己直,忿以相胜而犹谓之徇义,险以相倾而犹谓之疾恶,妒贤忌能而犹自以为公是非,恣情纵欲而犹自以为同好恶。(王阳明 1992: 80)

五、三点澄清

我们在上文呈现了王阳明的对恶人的同感概念。我们已经看到,对恶人的同感是一种痛感,它有别于身体之痛(physical pain)及社会之痛(social pain),或许我们不妨称之为良心之痛(conscience pain):具有同感的人为一个无同感的人感到痛苦，因此想去帮助他不再做无同感的人或成为有同感的人，从而帮助他摆脱痛苦。在这里我们看到了斯洛特所追寻的不偏于己不偏于人的对称想法：具有同感的人不仅关心自己有同感，而且同样关心如何使他人具有同感。然而，这样一个对恶人的同感的概念固然合理，但为避免误解，还需要做些澄清。

首先，我们可能会问，具有同感的人看到无同感的人即我们所说的恶人确实会感受到某种悲伤或痛苦，即我们所讲的良心之痛，并想帮助恶人消除这种良心之痛，就是说帮助他们成为有同感的人、成为善人，但无同感的人即恶人自己是否也感受到了这种良心之痛呢？回答好像是否定的。实际上，如果无同感的人感受到了这种良心的悲伤或痛苦，他就会试图解除这样的痛苦，从而变成有同感的人，成为善人。但他还是一个没有同感的人、还是一个恶人这个事实就表明他没有为自己是一个没有同感的人、是一个恶人而感到良心之痛。因此，这里我们注意到两类同感对象——经历外部身体之痛的人和遭受内在良心之痛的人——之间的重要差异。遭受外部身体之痛的人，在解除自己的痛苦方面，往往感到无助或需要帮助，因此出现一个能对他们的身体之痛感同身受并帮助他们解除这样的痛苦的、具有同感的人就显得十分必要；与此形成对照，一个真正能够感受到内在良知之痛的人则完全可以自己摆脱这种痛苦，因为摆脱这种痛苦的方式很简单，就是自己不要继续做恶事、做恶人。相应地，出现一个能对他们的良知之痛感同身受并帮助他们解除这样的痛苦的、具有同感的人似乎就没有什么必要。而如果这个没有同感心的人继续做恶事、做恶人并需要有一个具有同感心的人帮助他们停止做恶事、做恶人从而变成一个具有同感心的人，这就表明这个人没有为自己作为恶人所做的恶事感受到阳明所讲的内在良知之痛。而如果这个恶人自己没有为自己的恶感到良心之痛，那么一个有同感心的人为这个恶人而感到的良心之痛就不能算是同感，因为如我们在本文一开头就讲到的，同感的一个显著特征在于，具有同感的人感同身受般感受到的痛苦与同感对象所感受到的痛苦即便不是完全等同，也是相似或相容的。但在这里，如果同感对象作为无同感的人即恶人完全没有感受到良心之痛，那么，同感主体所感受到的恶人的良心之痛与恶人为自己的恶所感到的（如果他真的感到什么的话）就并不相似、相容，因而他对恶人感到的也就不是一种同感。别忘了，我们之所以把草木瓦石排除在我们的同感对象之外，恰恰是因为它们在即将被摧折损坏之际不会感到悲伤或其他任何负面的情感，而由于他们没有任何情感，即使我们对这些东西之被损坏而感到痛心，这种痛心感也不能被称为同感，因为这些树木在被折断时自己没有这种痛心感（事实上我们知道它们不可能有任何感觉）。

这个问题比较容易回答。事实上，我们常常对没有任何负面情感的人具有同感。上面所引王阳明的文字中也用到了孟子所举的一个例子。我们都对即将落入井中的孩子有同感，但这个孩子自己极有可能没有任何负面情感，而且甚至在井边玩得正开心。霍夫曼也举了两个例子：一位得了绝症的人自己并不感到悲伤，因为他没有察觉到疾病；一位得了唐氏综合征的人非常自得其乐（Hoffman 2000：81-82）。斯洛特所引努南（John Noonan）的例子更富戏剧性：一个即将被打掉的胎儿毫无任何负面的情感（Slote 2007：17）。但是，我们显然可以对这些人有同感，这一点很容易理解。虽然即将落井的孩子、没有察觉到绝症的人和即将被打掉的胎儿没有感到任何悲伤，但他们在适当的情形之下都会（would）、能够（could）或应该（should）感到悲伤。霍夫曼就讨论了同感的两个源头：一是一个人生活的大格局，二是这个人当下的处境。如果二者在同是消极的意义上相容，比如在一人即将溺亡的情形中，具有同感的人几乎会不由自主地感受到即将溺亡者所感受到的危难。但是，如果二者相左，那我们就得把这个人当下的处境放到他生活的大背景中。例如，即便即将落井的小孩、患了绝症却不自知的人、得了唐氏综合征的女孩和即将被打掉的胎儿可能没有感受到，而且在某种意义上无法感受到悲伤，甚至还可能享受他们当下的处境，我们也的确会因为同感而为他们感到悲伤，进而想去帮助他们去除他们会、能够或应该感受到的悲伤的源头。① 以上述那位得了绝症因不知道自己的病情而并不感到悲伤的人为例子。他的医生看了他的化验单，知道他患了绝症，没有多少时日可活，就感到了这个病人的悲伤。虽然这个病人自己没有这样的悲伤，但我们还是可以将他的医生的这种情感看作是同感，因为这个医生感到的虽然不是这个病人自己在当下实际上感到的，但是他在恰当的情形下（即在知道了自己的真实病情后）会、能够和应该感到的。王阳明所讲的对无同感的人的同感也属于这一范畴，即具有同感的人因其同感对象之缺乏同感、之为恶所感受到的良心之痛，虽然不是这个作为同感对象的恶人事实上在当下所感受到的，但是这是他在恰当的情形下会、能够或应该感受到的。在这个意义上，这个具有同感的人对没

---

① 达沃尔的同感理论的问题恰恰在于，他没有区分同感对象的实际感受和他在恰当的条件下会有、能有或该有的感受。他说："同感涉及不断地从他人角度分享他人的心理状态。我们的同感对象可能讨厌自己，感到自己没有价值，只想得到她认为她完全应得的痛苦。（以第一人称角色）通过想象分享她的这些顾虑很难说是对她的同情。"（Darwall 2007：264，重点号为引者所加）

有同感的恶人所感到的良心之痛也可以合理地看作是一种同感,即本文所要讨论的对恶人的同感。

然而,如果我们允许自己对实际上没有,但我们认为他们会有、能够有且应该有的负面情感的人抱有同感的关心,并试图帮助他们消除引发这些负面情感的原因,那么,我们似乎有落入家长作风(paternalism)的危险,因为有同感的人即使处于好心想帮助没有同感的人解除的东西可能不是这些没有同感的人自己想解除的。这是我想澄清的与阳明对恶人的同感概念相关的第二个要点。家长作风不都是有问题的。有有问题的家长作风,也有没有问题的家长作风。在上面的例子中,如果我们对即将落井的小孩、身患绝症的人、得了唐氏综合征的女孩和受到流产威胁的胎儿产生情感驱动的同感的关心,人们显然不能说我们的情感和行为是成问题的家长作风。然而,如果我们对一个开始抽烟、有艺术天赋却拒不加以发展,或者退出基督教会的成年人(假定我们是基督徒,相信在教会之外别无救赎之途)产生情感驱动的同感的关心,并努力使他们不抽烟、迫使他们发展自己的艺术天赋,或者硬把他们留在教会里面,这种家长作风也是没问题的吗?我想在这些情形中,我们的情感和行为更像是成问题的家长作风。关于成问题的和不成问题的家长作风的区别,斯洛特已经做了深入的讨论(Slote 2007;2010)。

问题在于,如何划清有问题的家长作风和没问题的家长作风之间的界线,或者说如何保证我们对他人的同感的关心不是成问题的家长作风。如果同感对象没有感受到同感主体认为他会、能够或应该感受到的情感,为了避免有问题的家长作风,同感主体就应该对同感对象采取某种特定的视角。但是,有两种采取视角的方式,一种以自我为导向,另一种以他人为导向。科普兰(Amy Coplan)认为:"如果以自我为导向的方式采取某种视角,一个人会把自己置入另一个人的处境之中。因此,如果我以自我为导向的方式对你采取某种视角,我就会想象,如果我处在你的境况之中我会有什么样的感觉。"(Coplan 2011:9)用这种以自我为导向的方式采取对同感对象的视角相对说来比较容易,但也比较容易出现问题。只有当同感主体和同感对象之间有重要的或者恰当的重叠,也就是说,只有当具有同感的人在特定情形下的感受恰恰就是同感对象在同样情形下的感受,这种方式才行得通。在较复杂的情形下,自我与他人在相关方面有所不同,这种以自我为导向的对同感对象采取的视角就会有问题,因为如果我处在你的位置上我所有的感受很可能与处在你这个位置的你自己所感受到的很不一样。这时,我们就需要难度更大的、以他人为导向的方式采取对同感对象的视角:"一个人从他人的视角呈现他人的处境,进而试图模拟目标……个体的经验,就好像他自己就是目标个体。"(Coplan 2011:9)就是说,采取了以他人为导向的视角采取方式,具有同感的我要感受到我的同感对象所感受的,就不能只是想象如果我自己处在我的同感对象的位置会有什么感受,而是要了解我的同感对象在他这个状况下所实际感受的。在这两种导向之间,我完全同意科普兰的看法,即应采取以他人为导向的视角采取过程:"我们的同感概念需要排除自我导向型的视角采取过程,除非它与他人导向型的视角采取过程相结合"(Coplan 2011:10),而在后一种情况下,自我导向型的视角采取过程与他人导向的视角采取过程就没有什么差别了。

当然科普兰也承认,这一点说起来容易做起来难,因为它要求我们必须进一步了解我们的同感对象,而不只是想象如果我们处在他的境地会何所思何所感。然而,由于我们现在考虑的是对恶人的同感而不是对身体上有痛苦的人的同感,我们面临的困难更大。这里,我们作为有同感的人感受到的是我们认为无同感的人即恶人实际上没有感受到但在恰当情境下会、能够而且应该感受到的悲伤即其良心之痛,这时,我们采取的视角是自我导向型的还是他人导向型的?如何判定?似乎很难判定,尽管对于我们来说,辨别我们对恶人的同感的关心是否为成问题的家长作风是多么重要。在阳明那里,避开这一难题的方法之一也许是区分关涉自我的行为与关涉他人的行为。根据这个区分,主要是对于那些只关涉自我的行为来说,家长作风是成问题的,而自主则是重要的。例如一个人喜欢抽烟,虽然不影响他人,但影响这个人自己的身体。在这种情况下,如果谁采取家长作风,不让他抽烟,这样的家长作风就可能是有问题的,因为这个人的抽烟只影响他自己。然而,就一个人的关涉他人的行为而言,家长作风往往可以得到合理性辩护。例如,如果我们阻止某人伤害他人,甚至使他帮助他人,那么,我们的做法就不是成问题的家长作风,因为这个人的伤害他人的行为和帮助他人的行为都是涉及他人的行为。

不过,我认为王阳明不会采取这一进路。我们以不成问题的家长作风去阻止无同感的人甲去伤害乙,或者使甲去帮助乙(结果甲不再是无同感的人,或者说,变成了有同感的人);这时,如果我们具有同感的话,那也只是对受到伤害或得到帮助的人乙有同感,而不是对无同感的人甲有同感。然而,我们在这里最关心的问题是:王阳明也谈到了我们对无同感的人的也即本文所说的恶人的同感。换言之,每次阻止无同感的人伤害他人或者使他帮助他人的时候,我们同样关心如何提升无同感的人的福祉,或者至少是如何防止他的福祉趋于下降。这是因为,一方面,人各不相同,提升一个人某一方面的福祉的方式可能不会提升甚至还会减少另一个人的福祉(例如我们让一个人去上艺术课可能会增加这个人的福祉,而让另一个人去上这样的课则可能不会增加他的福祉,甚至反而会降低他的福祉),所以我们意识到家长作风的问题;但另一方面,我们在人之为人方面又有共性。在儒家看来,这就是我们的"仁"性,缺乏了仁性,一个人作为人就有了缺陷。在阳明那里,"仁"也就是我们的万物一体感,而我们在前面已经阐明,这种情感进而言之也就是儒家所理解的同感。因此,任何人如果失去仁、失去万物一体感、失去对他人的同感的关心,那么他作为人就有了缺陷,其作为人的福祉就被降低,因而他也会、能够并应该感受到良心之痛,即便他当下并没有感觉到它。这里我们可能会问:从哪个角度来看,究竟是从以自我为导向的角度(即以同感主体为导向的角度)还是从以他人为导向的角度(即以无同感的同感对象为导向的角度)来看,一个人对他人的同感的丧失将被视为良心之痛?答案可能是两者都不是,因为它不是一个专门指向特定人(无论是自己还是他者)的角度,而是一个普遍适用于一切人的角度。就此而言,如果一个有同感的人对一个无同感的人产生同感的关切,那么,他是在采取一种以人性为导向的视角,而不是科普兰所讲的以自我为导向或以他人为导向的视角。这种以人性为导向的视角,用王阳明自己的话说,就是以天地万物为一体的视角:

> 天地万物,本吾一体者也,生民之困苦荼毒,孰非疾痛之切于吾身者乎?不知吾身之疾痛,无是无非之心者也。是非之心,不虑而知,不学而能,所谓良知也。良知之在人心,无间于圣愚,天下古今之所同也。(王阳明 1992: 79)

这里,阳明给我们提供了一个非常有意思又很重要的洞见:我们对无同感的人的同感的关切,我们对受到无同感的人伤害或者没有得到他帮助的人的同感的关切,这两者非但没有任何冲突而且还是相互支持的。实际上,在很多情况下具有同感的人的一个行为同时展现、反映并实现了这两种同感的关切。我们阻止无同感的人去伤害他人,或者促使无同感的人去帮助他人,这一行为同时体现了两种同感的关切:一方面,我们对因得到本无同感的人的帮助而外在福祉得到提升,或者至少因不会受到本无同感的人的伤害而使外在福祉免于下降的人有同感的关切;另一方面,我们关切的也是本无同感的人,由于这种关切,这个人逐渐成为一个有同感的人,从而使其内在福祉得以提高。这一点也可以用亚里士多德所讲的真正的自爱者与庸俗的自爱者之间的区分来加以解释。无同感的人就像庸俗的自爱者,他既伤害他人的外在福祉又伤害自己的内在福祉。相反,真正的自爱者在提升他人外在福祉的同时提升自己的内在福祉。然而,亚里士多德所讲的真正的自爱者还不足以成为王阳明所讲的具有同感的人。如果亚里士多德所讲的真正的自爱者不仅提升他人的外在福祉而且提升他人的内在福祉,也就是,使他人成为像他自己那样的真正的自爱者,那么,他就成为阳明所讲的具有同感的人了。然而,亚里士多德从来没有讲过,真正的自爱者或者说有德之士将会这样去做,或者被要求这样去做。

  这也为我们提供了一个新的视角去看待斯洛特所举的作为新纳粹主义分子的父亲和他女儿的例子。在这个例子中,这个女儿苦苦思索,如果她父亲在大屠杀幸存者的家附近发表仇恨演说该怎么办,假定她对她父亲言论自由的权利和大屠杀幸存者受到演说的羞辱都有同感的关切。虽然比起某人对罪犯和受害者都有同感的关切的例子,这个例子没有那么极端,斯洛特已经发现这个女儿的两种同感的关切之间的冲突。为在父亲和大屠杀幸存者之间做出选择,斯洛特建议她阻止她父亲在大屠杀幸存者的家附近游行示威并表达他的新纳粹主义观点,因为虽然阻止她父亲的行动固然会给她父亲带来伤害,但容许她父亲的行动带给大屠杀幸存者的伤害要深得多;斯洛特还认为,女儿在这样做时很显然是在以同感的方式对待大屠杀幸存者,但她同时并不必然是在以非同感的方式对待父亲,只要她"对她父亲以及/或其他新纳粹分子正在(因无法参加集会而)感受到或将会感受到的挫败感相当敏感"(Slote 2007:69)。① 王阳明会建议用另一种、更好的方式看待这个例子。首先我们需要知道,作为新纳粹主义者的父亲针对大屠杀幸存者的仇恨演说究竟是反映出他对大屠杀幸存者具有同感的关切,还是反映出他缺乏此种关怀。按照

---

① 斯洛特这里可能在讨论赫斯特豪斯(Rosalind Hursthouse)所讲的我们面对道德困境之时的"额外部分"(remainder)(Hursthouse 1999:35-38)。我们可以用斯洛特自己所举的例子来解释这一关于道德困境的概念。我们只能领养两个孤儿中的一个;那么,在领养了其中一个孤儿之后,如果我"以同感方式强烈地感觉到我没有领养的那个孤儿(受伤)的情感"(Slote 2007:69),那这就是赫斯特豪斯所讲的额外部分。如果我这样做了,那么无论是对领养的孤儿来说还是对没有领养的孤儿来说,我都是具有美德(在赫斯特豪斯看来)或具有同感(在斯洛特看来)。

斯洛特的分析,显然是后者。这一点阳明当然也会赞成。倘若如此,作为新纳粹主义者的父亲发表仇恨演说,既会伤害自己(他的人性程度降低了),又会伤害大屠杀幸存者(受到了羞辱)。在这种情况下,如果女儿决定阻止父亲发表仇恨演说,那么她就对父亲和大屠杀幸存者同时表现出了明确的同感(防止父亲的人性程度降低,并使大屠杀幸存者免受羞辱),而且在这两种同感之间完全没有冲突。相反,这两种同感甚至是相互依赖的。一方面,正是由于她对其父亲的良心之痛的同感并努力帮助其父亲解除这样的良心之痛,她对大屠杀幸存者的同感才得以实现;另一方面,正是因为她对幸存者的同感,她才为自己父亲的行为感到良心之痛。

  接下来我想澄清第三点,并以此来结束本文对于王阳明对无同感的人即恶人的同感的讨论。大家普遍认为,甲有某种需求,乙要对他产生同感,很重要的一点在于乙自己以前体验过这种需求。例如,亚当·斯密(Adam Smith)认为,如果一个人以前有过某种需求,那么他更容易对有同样需求的人产生同感。在霍夫曼那里,二者的关联更为紧密:"如果旁观者曾经有过类似的经验,一旦他们从他人或他人的处境那里觉察到相关线索,他们就会做出同感的反应。"(Hoffman 1981:130)这一点看上去比较容易理解。如果我以前生过病、住过院,那么我就比较容易对现在在生病、在住院的人产生同感。但如果真是这样,那么,为了能对无同感的人即恶人产生同感,拥有无同感的经验对我们来说似乎就很重要;更严重的是,为了能对一个残忍的人产生同感,我们得有残忍对待他人的经验,即便我们的目的乃是通过对无同感的人和残忍的人的同感而使无同感的人变成有同感的人、使残忍的人不再残忍。这好像是我们无法接受的。

  幸运的是,要对无同感的人产生同感,同感主体似乎未必需要这样一些过去自己亲身经历的负面经验。显然,我们大多数人并没有坠井、身患绝症或行将溺亡的经验,但这并不妨碍我们对一个即将落井的孩子、身患绝症的人和行将溺亡的人产生同感的关切。不仅如此,最近心理学家已经通过大量的实证研究证实了这些日常观察的结论。例如,霍奇斯(Sara D. Hodges)和她的合作者所进行的一项研究表明,以前有过类似经验的人"觉得他们能更好地理解被研究者,而知道观察者有过类似经验的被研究者也认为这些观察者对他们有更好的理解"(Hodges et al. 2010:407)。这里,霍奇斯等人强调,双方只是对同感有如此的感觉而已:具有同感的人和同感对象只是感觉到同感主体过去的经验强化了自己的这种同感。然而,这项研究也同样表明,过去的经验并不能使具有同感的人经由同感更加准确地感受和理解同感对象的特定情感与想法。这说明,"观察者不能很好判断自己的同感的准确性……而被研究者往往没有意识到观察者在同感方面的误差"(Hodges et al. 2010: 407,重点号为引者所加)。巴特森和他的同事所进行的另一项研究则表明,对于女性来说,过去关于某种需求的经验会增强一个人对有同种需要的人的同感,但对于男性来说情况并非如此(Batson et al. 1996: 481)。更重要的是,他们在研究中发现,"接受调查的男性和女性在没有过去经验的情况下都有相当丰富的同感"。

显然,与特别强调过去经验之重要性的假说不同,要对有某种需求的人产生同感,相似的经验并非必要前提(Batson et al. 1996: 482)。①巴特森在后来的一部著作中认为,"过去经验可能会提高对他人之需求的了解,进而增强对他的同感的关切,但是,这种了解也可能来自其他源头"(Batson 2011: 194)。

那么,我们的同感还有哪些"其他源头"呢? 毕竟,我们似乎都同意说,一个没有过任何痛苦经验的人很难对处在痛苦中的人产生同感,正如一个色盲症患者无法理解红与蓝的差别。霍奇斯等人在上文提到的研究中讨论了其他源头,那就是"熟悉某种特定经验的一般的('固定模式化的')性质"(Hodges et al. 2010: 407);斯洛特也认为,"一般说来,如果我们对世界上的行为和事件的未来结果或假设性结果有更多的了解,那么,我们就会不仅对一个人正在感受的东西产生同感,而且也会对他将会感受到的东西产生同感,对如果我们做了某些事情或某些事情发生了他可能会感受到的东西产生同感"(Slote 2010: 17)。回到阳明对恶人的同感的概念,要能够对恶人产生同感,也就是说,能够感受到恶人会、能够及应该感受到的良心之痛,我们自己的确要有类似的痛苦经历,虽然不必像恶人会、能和该有的良心之痛那么剧烈。如果我们有某种轻度疼痛的经验,就可以通过想象对剧烈的疼痛有一个概念。按照王阳明的观点,除了只有在理论上才能断定其存在的天生的圣人,我们每个人一定有过良心之痛的过去的经验,或者对我们过去的经验感到某种良心之痛。虽然每个人天生就与万物一体,故而会、能和该感受到万物的痛痒,但是,我们都很容易受到私欲的遮蔽,它把我们同其他事物间隔开来,使我们实际上无法感受到万物的痛痒,从而变成无同感的人。只有通过不断的道德修养,去除私欲之蔽,我们才能再次感到与万物一体。到那时,我们开始对我们过去的为人

---

① 实际上,过去的经验太多也可能成为一个问题,因为这可能使一个人的注意力从他的同感对象转移到他自身所感受的痛苦或悲伤(可参见 Hoffman 2000: 56)。

处事感到良心之痛,就好像我们对自己的过去产生同感一样。① 在对于我们过去的自我对这种同感中,我们感受到了自己在过去会、能够或应该但实际上没有感受到的痛苦。在这个意义上,我们对过去自己的同感也是一种延迟的同感。② 正是这种我们通过对自己过去的同感或者说延迟的同感所感受到的痛苦,即良心之痛,成为我们能够对恶人产生同感的主要源头。

六、结　论

本文讨论了王阳明对恶人的同感概念。通过上述的讨论,我们看到,这里所谓的对恶人的同感不是指对恶人的外在福祉的关心。例如,它指的不是当一个恶人在饥饿、挨冻或生病时我们能不能、该不该对他的痛苦感同身受并试图为他提供食物、衣服或药物等来消除这样的痛苦。在这个意义上,对恶人的同感与孔子的以德报怨和耶稣转过另一边脸不同(当然也不一定矛盾)。同时,我们也看到,这里所谓的对恶人的同感也不是指对恶人之作恶的理解、宽容、怂恿甚至参与。在这个意义上,我们讲的对恶人的同感同我们上面讨论的莫顿讲的对恶人的同感不同。相反,我们在王阳明思想中发现的对恶人的同感指的是一个具有同感的人对恶人所处的负面境况(即其内在福祉被损害的情况)而感到的这个恶人虽然在还是恶人是没有,而且不可能有,但在恰当的条件下会、能够和应该感到的痛苦,并试图帮助恶人将这种痛苦解除的努力。在这个意义上,王阳明的对恶人的同感概念是对当代同感理论的一个重大贡献。我们知道,几乎所有关于同感的讨论围绕着对经历身体之痛(physical pain)的人同感。有这样的同感的人不仅知道有人经历这种身体上的疼痛,而且自己还感到这样的疼痛,并因此而产生帮助这个人消除这种身体上的

---

① 据我所知,戈尔迪(Peter Goldie)首次阐发了我们对过去的自我产生的同感。他举例如下:"昨晚我参加公司聚会。一两杯酒下肚之后,我喝高了,在席间站起来高唱《爱如蝴蝶》(*Love is Like a Butterfly*)。当时我醉醺醺的,兴奋异常,以为朋友们非常喜欢我的演唱。但第二天当我回想起昨晚的事情,就有一个极具讽刺性的差距。现在我认识到,他们当时都在嘲笑我,而不是像当时我所想的那样和我一起欢笑:这是一个认知上的具有讽刺意味的差距——我现在知道了我当时所不知道的东西。"(Goldie 2011: 201-202)
② 在布鲁恩(Brunn)和侯尔本(Wholeben)看来,"延迟的同感乃是对以下经验的同情的理解:先前因缺乏某种经验或视角而没有产生同感"(Brunn and Wholene 2002: 22)。

疼痛的欲望和行动。唯一超出这种狭隘的对身体上的疼痛的关心的，是我们在上面看到的由克拉奇及其合作团队提出的社会之痛（social pain）概念。根据这样一种概念，当我们看到有人因有意或无意地违背了某种社交礼仪时，如果我们有同感心的话，我们不仅知道这些为违背了某些社交礼仪，而且会感到这些人或者是实际上感到的或者是虽然没有实际上感到但在恰当的条件下会、能够或应该感到的社会性的疼痛，具体表现为尴尬的感觉，并有帮助这些人走出这种尴尬境地的欲望和行动。而王阳明的对恶人的同感讲的是，当我们看到一个人在作恶时，如果我们有同感心的话，我们不仅知道这个人的作为人性的良知或良心受到了伤害，而且我们会感到这些恶人自己虽然实际上还没有感到但在恰当的条件下会、能够和应该感到的良心的疼痛，并有帮助这些恶人改恶从良从而消除这种良心之痛的欲望和行动。王阳明对这种良心之痛（conscience pain）的强调在当今的所有同感理论中都是付诸阙如的，但很显然又是非常重要的。正是在此意义上，我们认为王阳明的对恶人的同感思想是对当代同感理论的一个重要贡献。

参考文献

Batson, C. D. 1991. *The Altruism Question: Toward a Social-Psychological Answer*. Hillsdale, NJ: Erlbaum.

_____. 1997. "Self-Other Merging and the Empathy-Altruism Hypothesis: Reply to Neuberg et al." *Journal of Personality and Social Psychology* 73.3: 517–522.

_____. 2011. *Altruism in Humans*. Oxford: Oxford University Press.

Batson, C. D., J. G. Batson, C. A. Griffitt, S. Barrientos , J. R. Brandt, P. Sprengelmeyer, and M. J. Bayly. 1989. "Negative-State Relief and the Empathy-Altruism Hypothesis." *Journal of Personality and Social Psychology* 56: 922–933.

Batson, C.D., J. G. Batson, J. K. Singlsby, K. L. Harrell, H. M. Peekna, and R. M. Todd. 1991. "Empathic Joy and the Empathy-Altruism Hypothesis." *Journal of Personality and Social Psychology* 61: 413–426.

Batson, C. D., B. D. Duncan, P. Ackerman, T. Bucldey, and K. Birch. 1981. "Is empathic Emotion a Source of Altruistic Motivation?" *Journal of Personality and Social Psychology* 40: 290–302.

Batson, C. D., I. L. Dyck, J. R. Bran&, J. G. Batson, A. L. Powell, M. R. McMaster, and C. Griffitt. 1988. "Five Studies Testing Two New Egoistic Alternatives to the Empathy-Altruism Hypothesis. *Journal of Personality and Social Psychology* 55: 52–77.

Batson, C. D., K. O'Quin, J. Fultz, M. Vanderplas, and A.Isen. 1983. "Influence of Self-Reported

Distress and Empathy on Egoistic versus Altruistic Motivation to Help. *Journal of Personality and Social Psychology* 45: 706–718.

Batson, C. D., and L.L. Shaw. 1991. "Encouraging Words concerning the Evidence for Altruism." *Psychological Inquiry* 2: 159–168.

Baston, C. D., Susie C. Simpson, Jennifer L. Hindman, et al. 1996. "'I have Been There, Too': Effects on Empathy of Prior Experience with a Need." *Personality and Social Psychology Bulletin* 22: 474–482.

Batson, C. D., Karen Sager, Eric Garst, Misook Kang, Kostia Rubchinsky, and Karen Dawson. 1997. "Is Empathy-Induced Helping Due to Self-Other Merging?" *Journal of Personality and Social Psychology* 73.3: 495–509.

Berenguer, Jaime. 2010. "The Effect of Empathy in Environmental Moral Reasoning." *Environment and Behavior* 42. 1: 110–134.

Brunn and Wholeben. 2002. "Deferred Empathy: A theoretical Model," *The Gerontologist* 42.1: 22.

Carroll, Noël. 2004. "Sympathy for the Devil," in *The Sopranos and Philosophy*: I Kill Therefore I Am," ed. by Richard Greene and Peter Vernezze. Chicago and La Salle, IL: Open Court.

Cialdini, Robert B., Stephanie L. Brown, Brian P. Lewis, Carol Luce, and Steven L. Neuberg. 1997. "Reinterpreting the Empathy-Altruism Relationship: When One Into One Equals Oneness." *Journal of Personality and Social Psychology* 73.3: 481–494.

Coplan, Amy. 2011. "Understanding Empathy: Its Features and Effects," in *Empathy: Philosophical and Psychological Perspectives*, ed. by Amy Coplan and Peter Goldie. Oxford: Oxford University Press.

Currie, Gregory. 2011. "Empathy for Objects," in *Empathy: Philosophical and Psychological Perspectives*, ed. by Amy Coplan and Peter Goldie. Oxford: Oxford University Press.

Darwall, Stephen. 1997. "Sympathy, Empathy, and Care." *Philosophical Studies* 89: 261–282.

Eisenberg, Nancy. 2000. "Empathy and Sympathy." In *Handbook of Emotions*, 2nd edition, ed. By Michael Lewis and Jeannette M. Haviland-Jones. New York and London: Gilford Press.

Eklun, Jakob, Teresia Andersson-Stråberg, Eric M. Hansen. 2009. "'I've Also Experienced Loss and Fear': Effects of Prior Similar Experience on Empathy," *Scandinavian Journal of Psychology* 50: 65–69.

Goldie, Peter. 2011. "Empathy with One's Past." *The Southern Journal of Philosophy* 49 (Spindel Supplement): 193–207.

Hodges, Sara D., Kristi J. Kiel, Adam D. I. Kramer, Darya Veach, and B. Renee Villanueva. 2010. "Giving Birth to Empathy: The Effects of Similar Experience on Empathic Accuracy, Empathic Concern, and Perceived Empathy." *Personality and Social Psychology Bulletin* 36.3: 98–409.

Hoffman, Martin L. 1981. "Is Altruism Part of Human Nature?" *Journal of Personality and Social Psychology* 40.1: 121–137.

_____. 1991. "Is Empathy Altruistic." *Psychological Inquiry* 2.2: 131–133.

_____. 2000. *Empathy and Moral Development: Implication for Caring and Justice*. Cambridge, UK: Cambridge University Press.

Huang, Yong. 2010. "The Self-centeredness Objection to Virtue Ethics: Zhu Xi's Neo-Confucian Response." *American Catholic Philosophical Quarterly* 84.4: 651–692.

Hursthouse, Rosalind. 1999. *On Virtue Ethics*. Oxford: Oxford University.

Krach, Sören, Jan Christopher Cohrs, Nicole Cruz de Echeverría Loebell, Tilo Kircher, Jens Sommer, Andreas Jansen, and Frieder Michel Paulus. 2011. "Your Flaws Are My Pain: Linking Empathy to Vicarious Embarrassment." *PLoS One* 6.4: 1–10.

Marder, Michael. 2012. "The Life of Plants and the Limits of Empathy." *Dialogue* 51: 259–273.

May, Joshua. 2011. "Egoism, Empathy and Self-Other Merging." *The Southern Journal of Philosophy* 49 (Spindel Supplement): 25–39.

Morton, Adam. 2011. "Empathy for the Devil," in *Empathy: Philosophical and Psychological Perspectives*, ed. by Amy Coplan and Peter Goldie. Oxford: Oxford University Press.

Solomon, David. 1997. "Internal Objections to Virtue Ethics." in *Virtue Ethics: A Critical Reader*, edited by Daniel Statman. Washington, D. C.: Georgetown University Press.

Slote, Michael. 1992. *From Morality to Virtue*. Oxford: Oxford University Press.

_____. 2007. *Ethics of Care and Empathy*. Oxford: Routledge.

_____. 2010. *Moral Sentimentalism*. Oxford: Oxford University Press.

_____. 2010a. "The Mandate of Empathy." *Dao* 9.3: 303–307.

_____. 2020. "Replies." In *Michael Slote Encountering Chinese Philosophy*, ed. Yong Huang. London: Bloomsbury.

程颢,程颐:《二程集》,北京:中华书局,1981年。

王阳明:《王阳明全集》,上海:上海古籍出版社,1992年。

杨伯峻:《论语译注》,北京:中华书局,1980年。

(作者单位:香港中文大学哲学系;

译者单位:华东政法大学校报编辑部)

美德伦理学、儒家传统与现代社会的普遍困境

——以陈来《儒学美德论》为中心的讨论*

唐文明

儒家伦理思想是不是一种美德伦理？这是近年来学术界讨论的一个热点问题。在回答这个问题时所呈现出来的争议，不仅涉及哲学层面上的理论判断，也涉及对整个现代儒学研究传统的历史评价。陈来的新著《儒学美德论》，在回答这个问题的过程中涵盖了学界已有的主要观点，并提出了自己独特的看法，为我们继续深入探究这个问题提供了一个非常适合的讨论样本。本文即以《儒学美德论》为中心，就此问题展开详细探究。由于涉及古今之变的公德与私德问题是大家都关心的一个焦点性的问题，也是陈来在《儒学美德论》中所讨论的一个重点问题，所以我将以整整一节的篇幅对之进行更详细的讨论与辨析，而这一节仍从属于对整个主题的探究。

一

一言以蔽之，陈来承认儒家伦理思想包含一种狭义的美德伦理，但他又特别强调，不能将儒家伦理思想完全归结为美德伦理。在表述他的完整结论时他提出应当以"五个统一"来把握儒家伦理思想，认为最好用"君子伦理"等术语来刻画"儒家伦理的形态"：

---

* 原刊于《文史哲》2020年第5期。

相对于刘余莉所说的原则与美德的统一，我认为儒家伦理还是德性与德行的统一，道德与非道德的统一，公德与私德的统一，道德境界与超道德境界的统一。把握了这五个统一，才全面掌握了儒家伦理及其与美德伦理的关系。如果我们不用统一这个词，则可以说，儒家伦理思想，既重视美德也重视原则，既重视德性也重视德行，既重视道德也重视非道德，既重视私德也重视公德，既重视道德境界也重视超道德境界。①

得出这个结论的前提正是对以美德伦理学来诠释儒家伦理思想这一进路的高度认可："无疑，美德伦理这一观念和运动，比起任何其他西方哲学或伦理学来说，对认识中国文化带来的积极效应，即它带来的对儒家伦理的可能的肯定，都是很突出的。"② 大概是因为很容易看到儒家伦理思想对美德的高度重视，陈来并没有花多少笔墨去辨析儒家伦理思想为何是一种美德伦理，也没有详细分析在这个问题上存在的争议，而是进一步去思考"儒家伦理能不能全部或整体归结为美德伦理"的问题。③ 这是我们正确理解"五个统一"论首先需要澄清的。以下我将详细分析，从美德伦理学的立场应当如何看待陈来所提出的"五个统一"。

规则与美德的统一指向规则与美德的关系问题。这是伦理学领域的基础性问题。在当代西方学术界的美德伦理学话语中，美德伦理学作为一种门类，正是在与规则伦理学的比较与区分中才得以成立。规则伦理学以规则为伦理学的核心概念，像义务论和功效主义，都是聚焦于行为的正当规则，因而都是典型的规则伦理学。相比之下，美德伦理学不是以规则，而是以美德为伦理学的核心概念。④ 于是就有一个相应的质疑：美德伦理学如何给出行为的正当规则？对此，美德伦理学家已有深入的分析，如陈来提到过的赫斯特豪斯，就针对学术界的质疑专门探讨了这个问题。⑤

---

① 陈来：《儒学美德论》，北京：生活·读书·新知三联书店，2019年，第300页。引文中的"原则"一词，刘余莉的原文是"规则"，这也是美德伦理学讨论中常见的词汇。陈来该书中的表述有使用"规则"一词，有时使用"原则"一词，以下我将按照美德伦理学的惯例使用"规则"一词。
② 同上，第279—280页。
③ 参见同上，第284页。
④ 认为义务论和效果论(功效主义是其典型形态之一)已经穷尽了伦理学的类型划分从而要求美德伦理学必须选择站队的看法其实是固执于行为的正当规则这一划分标准。不难看到，美德伦理学的成立恰恰在于不以行为的正当规则为伦理学类型的划分标准。
⑤ 罗莎琳德·赫斯特豪斯：《美德伦理学》，李义天译，南京：译林出版社，2016年。

既然判断一种伦理思想属于美德伦理学还是规则伦理学主要是看其思考的进路是聚焦于践行者的美德还是行为的正当规则，那么，当我们将儒家伦理思想置于这一判断标准面前，能得到什么样的结论呢？鉴于我对此问题已经有过较详细的分析，在此我只聚焦于陈来论述中所呈现出来的主要理论关切。[①] 既然儒家伦理思想有对义务的高度重视，这一点也并不难看到，那么，疑问就在于：将儒家伦理思想完全归结为美德伦理是否妥当？无疑，这正是陈来运思于"儒学美德论"时历经的一个问题节点。

除了刘余莉，陈来还引用了李明辉的看法，试图说明将美德伦理学与康德式的义务论伦理学对立起来有其不妥之处。但是我必须要指出，刘余莉的调和论并不彻底，李明辉的看法更存在严重的问题，完全无法得出他所预想的结论。指出康德思想中包含一种关于美德的伦理学论述，这自然会增加、完善我们对康德道德哲学的认识，这也是英美伦理学界的康德主义者在回应美德伦理学的挑战时已经做过，且做得有些过头，后来自己有所反悔的事情（此处特别指奥诺拉·奥尼尔），但如果因此忽视美德伦理学与义务论伦理学的差异，则只能得出和稀泥的结论。

在康德那里，美德主要来自义务感，即"对道德法则的敬重"，也就是说，康德的美德概念是关联于其义务概念而被确立的。这是和康德的义务论伦理学完全一致的。在这样一个理论脉络中呈现出来的概念图景完全是以义务为核心的，我们甚至可以说，在其中美德概念完全基于道德义务而被定义。因此，正确的推论应当是，揭示出康德思想中存在的美德理论，恰恰说明康德的道德哲学是一种典型的、不同于美德伦理学的规则伦理学，而绝不可能得出相反的结论。李明辉在分析这个问题时只是停留于批评，在我看来正是因为他意识到他不能也不可能得出相反的结论，所以只能止于提出一个看似有效的批评性意见。[②] 至于李明辉用康德意义上的道德之善与自然之善来诠释儒家传统中的义利之辨，其实更为恰当的理解是，义指向善，但义在儒家传统中更是一种和仁、礼、智、信并列的美德。李明辉所提出的另一个对他的论证更为关键的例子是对孔子回答宰我三年之丧的分析，他以康德意义上的"存心伦理学"（即一般所谓与效果论相对而言的动机论）诠释之，其实对这个例子的更好诠释恰恰是基于孝这个儒家传统中特别看重的美德来理解孔子

---

① 参见唐文明：《隐秘的颠覆》，北京：生活·读书·新知三联书店，2012年，第111页以下。
② 参见李明辉：《儒家、康德与德行伦理学》，《哲学研究》2012年第10期。

的回答：正是孝的美德提供了一种非功利性的动机。① 简而言之，美德伦理学从来不会忽略动机问题，一定包含一种基于美德概念而提出的关于伦理行为之动机的理论说明。②

其实，要说明义务观念在儒家伦理思想中的重要性，最好的例子莫过于指出儒家传统所特别看重的人伦规范。以父子一伦为例，在父与子之间当然存在着对双方的义务要求，尽管从孝与慈这一对成就父子之伦的美德来理解父子之伦中的"应然"更为全面。在我看来，李明辉之所以刻意回避涉及人伦规范此类重要例子，正是因为他忠于康德式的普遍主义主张从而不愿呈现此类义务观念背后的人伦基础。这种为了追求普遍性而放弃特殊性的主张绝非儒家伦理思想的特点，以宋儒为例，只要我们想想程颐对"理一分殊"的辨正即可。那么，在儒家伦理思想中，是否包含一种无关乎人伦的、面向所有人的普遍义务呢？仅从理论分析的角度看，我们是可以从儒家伦理思想传统中提取出这样一种面向所有人的普遍义务，但这显然并不是儒家传统中进行伦理考虑和道德推理的运思之路。③

澄清了义务论伦理学如何处理美德概念，让我们再来看美德伦理学如何看待义务概念。在《追寻美德》中论述"亚里士多德对诸美德的解说"的第12章，麦金太尔专门讨论了美德与规则之间存在的两种"至关重要的联系"。他首先指出，"《尼各马可伦理学》通篇都很少提到规则"，然后说明，"亚里士多德把服从规则的那部分道德，看作是服从城邦所颁布的法律"。④ 也就是说，一种亚里士多德意义上的美德伦理学充分认可规则的重要性，但在说明规则的重要性时并非像现代以来的规则伦理学那样诉诸人类理性的绝对命令或人类行为的效果考量，而是诉诸美

---

① 参见李明辉：《再论儒家、康德伦理学与德行伦理学——评唐文明的〈隐秘的颠覆〉》，《台湾东亚文明研究学刊》第12卷第2期。陈来对李明辉的这两个例子都有引用（参见陈来：《儒学美德论》，第297—298页）。
② 在动机问题上，美德伦理学对批评义务论伦理学提出的批评是在后者的理论中存在动机与理由严重不统一的问题，这是迈克尔·斯托克尔在《现代伦理理论的精神分裂症》一文中提出的著名观点，可参见我在《隐秘的颠覆》（第124页以下）的论述。
③ 按照威廉斯的看法，这种运思就是从关乎人的完整性的伦理考虑中不恰当地萃取出一种扭曲人的完整性的道德考虑。更详细的分析见下文。另外，主要基于对人伦观念的反思而提出来的一种主张是将儒家伦理思想厘定为一种角色伦理学，如安乐哲与罗思文。这种主张似乎又倒向了特殊主义一边。在《儒学美德论》第十五章，陈来回应了这种主张，其主要思路是基于具有普遍主义诉求的美德伦理学来容纳作为一种特殊主义主张的角色伦理学。
④ 麦金太尔：《追寻美德》，宋继杰译，南京：译林出版社，2003年，第190页。

德赖以可能且美德能够成就的共同体生活的维系与繁荣。在将美德伦理学的规则关切转换为共同体赖以维系的法律关切后,麦金太尔说:

> 要阐明美德与法律的道德性之间的关系,就要考察在任何一个时代建立一个共同体——为了实现一种共同的筹划,这一筹划旨在产生某种被所有那些参与这一筹划的人公认共享的善——所要涉及到的东西。……那些参与这类筹划的人必须发展两种不同类型的评价性实践。一方面,他们必须看重——作为优点加以赞扬——精神和性格中那些有助于实现其共同善的品质。也就是说,他们必须承认某一系列品质为美德、与此相对的一系列缺点为恶。然而他们还必须能够辨识出某些行为会损害并危及这样一种秩序,它们至少在某些方面、某些时候妨碍善的获得,从而破坏共同体的链接纽带。这类违法行为的典型例子可能是滥杀无辜、偷盗、伪证与背叛。在这样一种共同体中所颁布的德目表会教导其公民何种行为将给他们带来功绩和荣誉;而违法行为一览表则教导他们何种行为不仅被视为恶的,亦且是不可容忍的。①

不难看出,康德在说明他的道德法则理论时所举的关于义务的例子大多可归于麦金太尔这里所谓的"违法行为一览表",这也正是黑格尔批评康德的道德哲学在精神实质上止于摩西律法的重要原因。② 如果说通过区分两种不同类型的评价性实践从而承认立法层面的规则的重要性是美德伦理学重视法律或规则的第一要义,那么,麦金太尔式的美德伦理学还认为,"美德与法律还有另一种至关重要的联系,因为只有那些拥有正义美德的人才有可能知道如何运用法律"③。对此,麦金太尔适时而恰当地强调了人类社会遭遇的古今之变:在古代社会,"法律和道德并非如现代社会那样是两个分离的领域"。在《追寻美德》第14章,麦金太尔将他在第12章所展开的上述论说概括为:"美德伦理需要道德法则概念作为其补充。"④ 可

---

① 麦金太尔:《追寻美德》,第190—191页。
② 可参见我在《隐秘的颠覆》一书中(第113页)的引用和分析。另,按照康德对义务的划分,麦金太尔所提到的"违法行为一览表"基本上对应于对人、对己的完全义务,而不可能包括在对人、对己的不完全义务中。
③ 麦金太尔:《追寻美德》,第192页。
④ 同上,第254页。

见，美德伦理学不仅不排斥立法层面的必要规则，而且相当重视规则，只是其重视规则的理由是基于美德概念而来，具体来说，即诉诸美德赖以可能和美德能够成就的共同体生活的维系与繁荣来理解规则的重要性。

因此，对于美德与规则如何统一的问题，其实有两种不同的进路，一种是像康德那样，基于规则而理解美德，从而可以说是将美德统一于规则，另一种则是像麦金太尔所论述的亚里士多德那样，基于美德而认可规则，从而可以说是将规则统一于美德。陈来虽然没有详细论述美德与规则究竟如何统一，但在他的论述中不仅注意到古今社会的巨大差别，而且也明确意识到儒家伦理思想在这一点上与亚里士多德伦理学存在更多相似之处，如他说："西方美德伦理运动对德性和规则两分对立的框架加以反省，这是上世纪80年代以来美德伦理运动中兴起并刻意凸显的模式，并非亚里士多德伦理学和儒家伦理的事实。"[①] 鉴于这一点，再加上本文一开始就指出的，陈来对以美德伦理学来诠释儒家伦理思想这一理论进路高度认可，我认为有充分的理由断言，如果进一步展开的话，陈来对儒家伦理思想中美德与规则的统一性的强调不可能走向一种康德式的理解，也不应该是一种调和式的论调，而只能采取一种麦金太尔式的或类似于麦金太尔式的理解。

鉴于"德性""德行"和"美德"都可能是对英文"virtue"的不同翻译，陈来在书中也明确提到了这一点，当我们看到陈来强调儒家伦理思想中包含着"德性与德行的统一"时，我们首先要辨析在这个表述中的"德性"与"德行"究竟何指。在下面这段话中我们可以找到答案：

> 早期儒家不明确区分德性与德行，这也是在比较德性伦理学研究中应当注意的。心与行不分，心与身不分，做人和做事不可分，西方文化中那种尖锐对立的东西，在中国古代儒家中却并非如此，而是在统一体中包含的，品质和行为是一致的，并没有离开行为去专注品质，如《礼记》的"儒行篇"，《周易》的"象传"，都是如此。故君子的德行是其品质的实现和发显，而君子的品质必然表现在其行为里。[②]

---

① 陈来：《儒学美德论》，第285页。
② 同上，第286页。

"德行"指向行为,"德性"指向品质,这是陈来基于"在心为德,施之为行"的古注而对这一对概念做出的区分。这一区分也涉及陈来在中国伦理思想史研究上的一些重要观点。早在2000年前后,陈来就以亚里士多德伦理学和试图重构亚里士多德伦理学的麦金太尔的美德伦理学为理论资源,将春秋时代刻画为"德行的时代",即以"德行伦理"为主的时代,相对于此前以"仪式伦理"为主的时代。① 在2002年发表的一篇文章中,陈来又提出,春秋时代的德行伦理被孔子发展为一种更为全面的、注重整体人格的君子伦理,而这意味着儒家伦理思想对更早的德行伦理传统的继承和超越。② 在《儒学美德论》中,陈来再一次重申了这个观点,并明确使用"后德行时代"这个术语来刻画孔子在中国伦理思想史上的意义:"春秋时代的中国文化已经进入德行的时代,而到孔子已经进入后德行时代,故孔子思想虽然包含德行部分,但已经在整体上不属于德行伦理,而进入一个'君子人格'的新形态,是与君子人格结成一体的。"③

由此可见,陈来对于儒家伦理思想是不是一种美德伦理这个问题的回答不仅仅是或首先不是在哲学层面所做出的一个理论判断,他其实很早就将美德伦理学的理论资源运用到他的中国伦理思想史研究中去了,且正是基于他多年来扎实、精深的中国伦理思想史研究,他才得出了本文一开始就陈述过的论断。④ 在对德性与德行的区分中,陈来也将他的论断扩展到孔子以后的时代。比如在谈到孟子时,他强调"孟子提出的性善论是美德伦理的根基","由孟子学派代表的儒家很注重从德性展开为德行的身心过程,包含了道德心理学的生成和延展,这是一种由内而外的'形于外'的过程"。在谈到宋明理学与先秦儒学的继承关系时,他说:"如何成为君

---

① 参见陈来:《古代思想文化的世界——春秋时代的宗教、伦理与社会思想》,北京:生活·读书·新知三联书店,2002年,第15页。根据作者在后记中的说明,该书在出版前两年已经完成。另,根据作者在引言中的说明,该书其实是1995年完成的《古代宗教与伦理》(北京:生活·读书·新知三联书店,1996年)的"第二部",而《古代宗教与伦理》以巫觋、祭祀和礼乐刻画春秋之前的宗教和伦理思想发展的三个不同阶段,可见,第二部中所提到的"仪式伦理"正与第一部中的礼乐阶段相接。
② 参见陈来:《古代德行伦理与早期儒家伦理学的特点》,《河北学刊》2002年第6期。
③ 陈来:《儒学美德论》,第300页。
④ 可以看出,《儒学美德论》下篇的整体布局正是基于这一论断被安排的:首先阐明儒家伦理思想与美德伦理的关系从而将儒家伦理定位为君子伦理或一种广义的美德伦理学(第九章),然后是儒家的人论(第十章)和儒家的实践智慧(第十一章),再转到狭义的美德论(第十二章)和孔、孟的美德论以及新出土文献中的美德论(第十三、十四、十五章),最后以两个现代哲人的美德论作为补充(第十六、十七章)。作者对下篇各章次序安排的更详细的说明见《儒学美德论》的序(第3页)。

子或圣贤,就是中国哲学的工夫论问题。工夫论占了宋明理学的大部分。美德伦理在从孔孟到程朱的过程中一贯传承,但在宋明理学中已不占主要部分。"①

其实,品质与行为的统一正是美德伦理学所主张的,美德伦理学并不割裂二者的关系,而是强调注重品质比注重行为更为根本,且品质最终还是要通过行为展现出来。陈来区分广义的和狭义的美德伦理学,认为儒家的君子伦理学是一种广义的美德伦理学,由此我们可以见到他立论的分寸。当陈来说儒家伦理思想超越了狭义的美德伦理学时,是为了突显儒家伦理思想的特质以及儒学的整全性,由此我们可以见到他立论的关切。于是,我们看到,当比较的对象是立足现代性的美德伦理学理论时,陈来会强调孔子与亚里士多德在伦理教诲上的相似处,但当直面孔子与亚里士多德的伦理教诲的关系时,他更会强调二者之间的差异。②至于在儒学史上发展出来的、至关重要的心性论与工夫论,尽管除了呈现出"文明与文化的不同"外,也呈现出"哲学思考的不同",但稍加联想,我们仍然可以在西方美德伦理传统中找到这些对应于实际生活经验的符号化等价物。比如,柏拉图、亚里士多德都有一套灵魂分析学说,正如孟子在继承孔子思想的基础上发展出一套心性学说。另一个或许更能说明问题的参照对象是西方基督教神学传统,既然神学与儒学都是整全性学说。比如在托马斯·阿奎那的伦理神学中,不仅有对诫命的遵守,还有俗世美德(基本对应于希腊的四主德)和神学美德(信、望、爱)的教导,以及完全可以被看作功夫论之等价物的灵修论。

在论述儒家伦理思想不限于道德行为,也包含非道德领域的考虑时,陈来也是基于美德伦理学的理论资源展开的:

> 亚里士多德与广义的美德伦理学重视的……是人的整个生活……也因为这样,有的人认为,美德伦理学是一种"非道德的理论"。同样,儒家的伦理学,明显地不限于道德行为,而关注德行、人格和实践的工夫。本书所说的儒家伦理学也是在这个意义上使用的,其生活不是以"正当""正确"为焦点,而是以"高尚""君子"人格为整体的伦理学形态。③

---

① 陈来:《儒学美德论》,第286、285页。
② 参见同上,第285—286页。
③ 同上,第293—294页。

关于美德伦理学对于非道德美德的重视，陈来主要援引迈克尔·斯洛特的看法以及黄慧英的相关研究来说明。① 问题在于，基于道德与非道德的区分，如何去理解道德与非道德的统一呢？直观的看法似乎并不错，正如陈来所论：要成就圣贤人格，首先要做一个道德的人，但绝不止于做一个道德的人。不过，如果这里的"道德"是作为"morality"的翻译或更明确地讲指向康德意义上的义务观念，那么，在此我想提供来自伯纳德·威廉斯对这种思路的一个批评。

威廉斯认为，我们完整的人生考虑尚不限于伦理方面的考虑，而康德为了强调道德的纯粹性又从伦理考虑（ethical consideration）中萃取出道德考虑（moral consideration），于是就践行力的概念而言，就存在道德践行力（moral agency）、伦理践行力（ethical agency）和更为一般的践行力（general agency）三个不同范围的概念。对道德考虑或道德践行力的特别强调其实是为了突出道德的重要性，因此我们很容易看到，与这种理论萃取相应的另一个理论举措是必然将道德宣布为最高价值。在威廉斯看来，这种做法严重地扭曲了我们的伦理审思（ethical deliberation），因为如果不是出于某种特别的动机，一个正常的人几乎不会把道德作为生活的目标，而将道德作为最高价值正是要求人们去过那样一种不正常的生活。威廉斯当然并不是彻底的非道德主义者，尽管他的确深受尼采的影响，在这个问题上他的正面看法是，在更为广义的伦理考虑中，已然可以满足被道德理论家萃取出来的道德考虑背后的关切，且将这一层面的考虑置于一个关涉个人完整性的伦理考虑中更为恰当。因此，威廉斯主张基于伦理而废除道德，他更将道德作为一种奴役人的奇特制度来看待。②

在现代以来的汉语学术界，对于"道德"一词的使用往往是含混的，这是因为"道德"既是古代中国已有的词汇，也被用来作为西方现代话语中的"morality"一词的翻译，而不同时空中的这两个词的含义其实相去甚远。因此，惯常见到的现象是基于西方现代的道德概念而将儒家伦理思想化约为一种现代意义上的道德哲学。③ 由上所论，如果威廉斯对以康德为典型的道德主义主张的批评是有效的，那么，谈论道德与非道德的统一就不是最好的立论方式，因为根本没有必要将道德考虑从更为整全的伦理考虑中萃取出来。从另一方面来说，如果试图说明对"道德"

---

① 更详细的分析在《儒学美德论》上篇第一章（第24—28页）。
② 参见B.威廉斯：《伦理学与哲学的局限》，陈嘉映译，北京：商务印书馆，2017年，第209页以下。
③ 我在《隐秘的颠覆》第一部分"道德的化约"中已详细批评了这种倾向。

的理解应当回到其在古代中国文献中原来的含义,那么,道德与非道德的区分就可能不成立了,因为由古代文献中的"道"与"德"连用在一起而形成的"道德"概念本来就包括了现代区分中的非道德领域。

综上所述,对于陈来提出的儒家伦理思想中存在"道德与非道德的统一"的看法,我的理解是,陈来从现代以来关于道德领域与非道德领域的区分出发,经由美德伦理学的助缘式思考,走向了对儒家伦理思想中非道德因素的关注和重视。这无疑是个非常重要的主题,尤其有助于我们彻底抛弃道德主义的窠臼来理解儒家伦理思想。至于"道德境界与超道德境界的统一"这一议题,我认为也应当基于类似的辨析加以重新理解和重新刻画,尽管"超道德境界"可能指向本体而与"非道德领域"并非完全对应或至少侧重不同。鉴于在《儒学美德论》中并未有涉及此议题的专章,此议题也非三言两语所能说清,本文不再展开讨论。

关于公德与私德的关系及其在儒家伦理思想中的表现,在《儒学美德论》下篇,陈来只是概括性地指出,儒家美德伦理传统在现代所遭遇的一个重大问题,正是"公德与私德的严重失衡,同时也隐含了现代社会的普遍困境"[1]。而这正是《儒学美德论》上篇详细讨论的主题。进一步来说,这一主题可细分为三个问题:首先,如何看待由古今之变所引发的公德与私德观念兴起的意义与局限?其次,如何理解儒家伦理思想传统中"公德与私德的统一"?最后,基于对前两个问题的恰当回答,如何基于儒家的美德伦理思想揭示现代社会的普遍困境?现在我就转向这些问题。

二

自梁启超在《新民说》中提出公德与私德的区分,后来者对此主题的讨论源源不断。但是,回溯一下时间跨度超过一个世纪的讨论的历史,会发现一个令人困惑的现象,即对公德与私德的区分一直缺乏清晰、严格的界定,而且大家对这一点似乎不甚措意。这当然表明公德与私德的区分出自强烈的实践动机,且正是这种实践动机的紧迫性使得大多数论者并未措意于对公德与私德进行更为严格的区分。

---

[1] 陈来:《儒学美德论》,第301页。

但或许还有更深层次的原因？既然反思是哲学的恰当功能，那么，为了揭示公德与私德的区分背后的实践动机，让我们首先来对这一区分进行一些必要的辨析。

区分公德与私德的一个直观的标准是二者所对应的不同生活领域。公德对应于社会和政治生活这两个公共性的领域，而私德则对应于个人和家庭生活这两个私人性的领域。既然对于公共领域与私人领域的区分存在着古今之别，那么，我们必须指出，正是现代以来对公私领域的区分构成了公德与私德区分的基础。换言之，公德与私德的区分，具有鲜明的现代性特征。在以往讨论公德与私德问题的大量文献中，这一点往往被当作一个不需要讨论的先在信念和进一步讨论的共识性前提了，当然也谈不上对此有什么严肃的反思了。

区分公德与私德的另一个标准是基于伦理对象的不同类型而呈现出来的不同伦理形式。这一点是梁启超明确提出来的，即公德是个人对团体的，是以团体为伦理对象，而私德是个人对个人的，是以个人为伦理对象。在这个区分中，个人与团体，被认为是两种不同的伦理对象的类型；相应地，个人对个人，与个人对团体，就呈现为两种不同的伦理形式。以君臣之伦为例，如果说君臣之伦是个人对个人的伦理，而不是个人对团体（如个人对政治体）的伦理，那么，规范并成就君臣之伦的美德就不属于公德，而只能归于私德。梁启超之所以得出古代中国有私德而无公德的结论，就是基于他对不同伦理对象的类型和不同伦理形式的分辨，其背后当然还是与他对现代社会的基本特征的理解有很大关系。就是说，这里的"团体"指向一种社会学意义上的理性建构，不再是基于人的实际生活经验的伦理建构，所以他才会以家族伦理、社会伦理和政治伦理来重新刻画传统的五伦。

实际上我们可以看到，关于五伦观念，在梁启超提出这一看法的十几年后，在西方学术界出现过一个类似的看法。在出版于1915年的《儒教与道教》的结论部分，马克斯·韦伯以"人格主义"来刻画儒教伦理，就是着意于以"纯个人关系"来理解五伦，而他的目的，是为了批评儒教伦理因人格主义这一特征而不能成就经济生活的理性化：

> 就经济观点而言，人格主义无疑是对客观化的一种限制，同时也是对客观理性化的一种限制，因为它力图将个人一再地从内心上与其氏族成员和以氏族方式与其联系在一起的同事牢系在一起；不管怎么说，他是被系于人，而非系于客观上的任务。这种人格主义的限制，正如全文所揭示的，是和中国宗教

特有的性质密切联系在一起的。人格主义是宗教伦理之理性化的障碍,是权威性的知识阶层为了维护自己利益与地位的一道屏障。这一点对经济有相当重要的影响,因为作为一切买卖关系之基础的信赖,在中国大多是建立在亲缘或类似亲缘的纯个人关系的基础之上的。①

对于梁启超所谓的五伦皆是私人之间的伦理这一看法,或韦伯所谓的儒教伦理具有人格主义特征这一看法,我们在承认其深刻性的同时,也会产生一个巨大的疑虑:仍以君臣之伦为例,难道君臣之伦完全是私人之间的伦理吗?在君臣之伦中难道不包含任何公共性因素吗?如果将君主理解为一个政治体的合法代表,对臣也做类似的理解,那么,我们很难说君臣之伦就是一种毫无公共性因素的、完全私人性的伦理。②因此,对于梁启超和韦伯的类似看法,理解上的一个必要澄清在于,正如梁启超基于现代以来对公私领域的区分而提出公德与私德的区分,韦伯所青睐的生活领域的客观化、理性化,其实也是基于他对现代社会的理解。换言之,梁启超和韦伯都是基于类似的"现代社会想象"(查尔斯·泰勒的概念)才提出了类似的观点。以此观之,对个人对个人与个人对团体的伦理形式的区分,或者说对儒教式人格主义与清教式理性主义的伦理形式的区分,背后仍与现代以来对公私领域的区分有密切关系。③

基于以上两个应当按照词典式顺序排列的标准,我们大概可以得出结论说,公德就是在社会和政治生活领域中以个人对团体之伦理形式而呈现的美德,私德就是在个人和家庭生活领域中以个人对个人之伦理形式而呈现的美德。但这个结论仍远远不够。比如说,一个基督徒从自己的信仰出发,认为自己对所处社会和国家具有种种责任,由此而生出一系列面向公共领域的美德,但我们绝不会把此类基于自己特殊信仰而面向公共领域的美德称作公德,反而会认为这是不折不扣的私德。其实,正如我已经指出过的,梁启超提出公德与私德的概念,在很大程度上是受到

---

① 马克斯·韦伯:《儒教与道教》,洪天富译,南京:江苏人民出版社,2010年,第242页。
② 人格主义的政治伦理并非只为儒教所特有,也并非只为古代社会所特有。如果以主权建构与代表问题来看待君臣之伦,那么,儒教的君臣之伦与卡尔·施密特所谓的"天主教的政治形式"在重视人格这一点上有很大类似,而众所周知,霍布斯正是主张这种人格主义主权理论的现代政治思想家。
③ 韦伯在解释这个差异时也诉诸儒教与基督教有无超越性维度的问题,即他认为,超越性维度导致清教的理性主义,而缺乏超越性维度导致儒教的人格主义(参见韦伯:《儒教与道教》,第242页)。

孟德斯鸠的影响。孟德斯鸠认为共和政治需要美德的支持，但这种美德是爱国、爱平等等政治性的美德，并非那些出于私人信仰的美德。梁启超正是在孟德斯鸠的强烈影响下、在鼓吹共和主义的中国语境中提出了公德与私德概念的区分。①

由此我们就触及了区分公德与私德的另一个重要标准，即不同的规范性来源。在公德概念中，规范性来源就是被理性化地加以理解与建构的社会，于是，理解了社会何以成立，也就理解了公德的规范性来源。比如说，既然现代社会被认为是基于个人权利而建构起来的，那么，权利观念就是公德的第一要义。而在私德概念中，规范性来源则是一些非常个人化的信念，这些信念或者来自继承自祖辈的文化传统，或者来自自己主动委身的信仰，往往会诉诸形而上的或宗教性的信念。比如说，一个天主教徒可能出于信仰而捍卫一种基于人格尊严的权利观念，尽管这种权利观念和现代社会对权利的重视非常合拍，但这种出自信仰的权利观念不可能被归为公德，恰恰是不折不扣的私德。

对于公德与私德这一对概念，还有一点需要澄清。基于对"道德"与"美德"的不同理解，一个可能的问题是，"公德""私德"中的"德"究竟是"道德"之"德"还是"美德"之"德"？如果我们说"道德"一词更多指向规则，而"美德"一词更多指向品质，那么，这个问题就变成："公德""私德"中的"德"究竟是指规则还是指品质？既然前面我们已经对规则伦理学处理美德的方式与美德伦理学处理规则的方式做出了明确的辨析，那么，对这个问题的更加严谨的理解就是："公德""私德"中的"德"首先都是指品质，但对于这里的品质是来自对规则的尊重还是来自成就美好生活的客观要求，才是争议所在。在这种争议背后，显然还是对社会的不同理解，用费孝通翻译滕尼斯（Ferdinand Tönnies）的概念时所使用的术语来说，一者是法理社会，一者是礼俗社会。尽管并未明言，但既然陈来将公德与私德的问题放在"儒学美德论"这一总标题之下讨论，那么，这似乎表明，他正是将"公德""私德"中的"德"主要理解为"美德"之"德"。

分析到这里，我们应当看到，公德与私德并非是由一个美德系统里仅仅由于生活领域的区分而来的区分，因为公德与私德不仅对应于不同的生活领域，而且其规范性来源也根本不同。既然公德主要来自现代社会的规则要求，那么，公德与私德

---

① 唐文明：《共和危机、现代性方案的文化转向与启蒙的激进化》，《古典学研究》第3辑，上海：华东师范大学出版社，2019年。

的区分的真相就是：现代社会基于理性的权威对其公民提出了规则性的道德要求，并将这种规则性的道德要求称为公德，从而使得古代社会种种更为深厚的美德传统全部变成了私德。质言之，公德与私德的问题实际上就是古今之争在伦理学上的直接反映。

在古今之变的历史语境中区分公德与私德，显然主要是为了提出公德，对应于现代社会的想象与建构，尽管像梁启超这个时代的先觉者很快就意识到不能因为提倡公德而忽略私德。在标题为"中国近代以来重公德轻私德的偏向与流弊"的第二章，陈来批判性地分析了从晚清到现在一个世纪多以来关于公德与私德的理论论述与规范性主张。① 我们看到，这一批判性分析的对象不仅包括学术界的一些重要思想家，如晚清民国时期的梁启超、刘师培、马君武、章太炎等，也包括1949年以来的一些重要政治人物和来自官方的一些重要文件，这个名单当然还包括在改革开放时代非常重要的思想家李泽厚，《儒学美德论》上篇的第六章和第七章都是来讨论李泽厚的"两种道德论"及其相关问题的。

根据陈来的梳理，我们看到，一个确凿的历史事实是，在已超过了一个世纪的中国现代历程中，一直存在着重公德轻私德的偏向与流弊。那么，我们该如何理解这个确凿的历史事实呢？一种可能的解释是诉诸中国社会的特殊性和历史变迁的偶然性，就是说，并不从根本上质疑现代性的生活谋划，而是从特殊的历史经验来解释公德与私德的"严重失衡"，相应的补救措施则是基于更为审慎的反思吁求公德与私德的平衡。这正是陈来的一个立论地带。在《儒学美德论》第二章末尾，我们看到陈来基于他所理解的"个人基本道德"提出了一个关于公德与私德应当达到平衡的建设性意见：

> 总之，我们的视角是真正伦理学和道德学的，以个人基本道德为核心，近代以来最大的问题是政治公德取代个人道德、压抑个人道德、取消个人道德，并相应地忽视社会公德，使得政治公德、社会公德和个人道德之间失去应有的平衡。因此，恢复个人道德的独立性和重要性，并大力倡导社会公德，是反思

---

① 现代以来重公德轻私德的问题，陈来在《仁学本体论》中已经提出（参见陈来：《仁学本体论》，北京：生活·读书·新知三联书店，2014年，第465页）。另，在讨论美德伦理学的现代意义时，万俊人也提出过类似的观点（参见万俊人：《美德伦理的现代意义——以麦金太尔的美德理论为中心》，《社会科学战线》2008年第5期）。

当代中国道德生活的关键。①

很显然，吁求公德与私德的平衡仍然基于对公德与私德的现代区分，因而仍然是一种基于现代性立场上的纠偏之举。大概是出于知识分子参与社会建设的积极姿态，陈来提出了这个建设性主张。但若从他的论证过程来看，我认为他的观点并未停留于此，也不可能停留于此。在《儒学美德论》第二章一开始，陈来就对现代以来出现的"公德—私德"框架进行了反思，而反思的主要内容则是同时援引亚里士多德的"好人"概念和儒家传统的"君子"概念指出"公德—私德"框架的"重大局限"：

> 公德—私德的区分虽然有一定意义，但如果把公德—私德作为全部道德的基本划分，则会遗失一大部分基本道德，这也证明这种公德—私德划分法的重大局限。②

必须指出，前面一段引文中的"个人基本道德"其实就是对应于"好人"或"君子"概念的成人之德，而绝不是某些浅薄的现代心灵一看到这个词就想到的任何意义上的底线道德。③ 如果我们在此恰当地指出，无论是亚里士多德的"好人"概念还是儒家传统的"君子"概念都内在于其古典立场，那么，关于陈来的观点及其论证，我们就能得到一个合理的推论：陈来对于"公德—私德"框架的反思实际上是他基于古典立场而对现代性提出的批判。

运思于此，就到了明确回答如何看待儒家伦理思想传统中"公德与私德的统一"这个问题的恰当时机了。诚如我们在《古代宗教与伦理》和《古代思想文化的世界》中早已看到的，陈来在论述儒家传统的美德思想时早已建立了自己的美德分类体系，而这一美德分类体系在《儒学美德论》中又被多次重申。④ 尽管在各处的论述或有小异，但基本上以《古代思想文化的世界》中明确提出的性情之德、道德

---

① 陈来：《儒学美德论》，第80页。区分公民美德与公共道德，或政治公德与社会公德，也是陈来《儒学美德论》中的一个要点。
② 同上，第33页。
③ 在《仁学本体论》中，"个人基本道德"就是指私德（参见陈来：《仁学本体论》，第467页）。
④ 参见陈来：《古代宗教与伦理》，第306页以下；《古代思想文化的世界》，第289页；《儒学美德论》，第33、90页等。

之德、伦理之德与理智之德为这一美德分类体系的定论。① 就是说,陈来其实并不在"公德—私德"的框架下讨论儒家伦理思想传统,尽管他有时也承认个人道德与社会道德的区分也适用于言说儒家伦理思想传统。因此,严格来说,所谓儒家伦理思想传统中"公德与私德的统一"的问题,按照陈来自己的观点,其实并不是一个真问题,或者至少并不是对相关问题的一个足够严谨的表述。而按照美德伦理学的古典传统,恰当的提问和思考方式其实是美德的统一性问题,这也正是陈来处理儒家传统中类似问题的实际路径。

概言之,《儒学美德论》是我们迄今为止所看到的陈来著作中最具批判性的一部。如果说梁启超在写作《论公德》的第二年就写作《论私德》是对现代性的纠偏之举的话,那么,在近两个甲子之后,陈来不仅继承了梁启超对现代性的纠偏之路,且进一步将之扩展为一个对现代性更具批判性的质疑之路。在陈来关于公德私德问题的思想史分析中,从有些表述中我们还能注意到,其中所呈现出来的批判性,由于紧贴着时代的变迁,从而呈现出非常鲜明的针对性,显示出相当程度的尖锐性:

> 就问题来看,在一个市场经济体系为主的社会,政府并没有必要制定职业道德,社会的每一个行业单位都会有自己的职场要求,适应自己的需要。这似乎还是全民所有制留下的习惯思路。家庭美德更应该由文化传统来保障,而不是由政府来规定,政府制定家庭美德,这反映了长期以来忽视社会文化传统的习惯路径。②

从这段文字中透露出来的社会构想,是什么样的呢?关联于前面那段"政治公德取代个人道德、压抑个人道德、取消个人道德"的引文,或许有人会说,陈来的这个批判,与当下自由主义者的说法类似。如果再考虑到,陈来这里所说的"政治公德",主要是指现代共和主义主张中的公民美德,那么,这个批判似乎就成了自由主义者对共和主义的批判。在此我必须指出,这个理解完全是错误的,完全是对

---

① 不难看到,这一美德分类体系的提出,明显借鉴了亚里士多德将美德分为伦理美德与理智美德的看法。麦金太尔也指出,基于一种重新构思的社会目的论,亚里士多德的美德分类法仍然有其重要意义(参见麦金太尔:《追寻美德》,第250页)。
② 陈来:《儒学美德论》,第77—78页。

陈来的误解。

在《儒学美德论》上篇第八章，陈来通过评论迈克尔·桑德尔（Michael J. Sandel）的《民主的不满》一书来阐述他对共和主义的看法，而共和主义与美德的关联当然是其中的一个重要主题。身处美国社会，持共和主义立场的桑德尔将自己的理论对手确定为自由主义。桑德尔对自由主义的政府中立性主张提出了尖锐的批评，强调了公民美德的政治价值与重要性。在评论桑德尔对自由主义的政府中立性主张的批评时，陈来说："儒家的立场与共和主义的德行主张有亲和性。"[①] 在评论桑德尔对公民美德的强调时，陈来说："对丧失公民德行的担忧成为共和主义经久不衰的主题。共和主义的政治理想是革新公民的道德品质，强化公民对共同善的归附……这种理解至少在形式上很像从早期儒家（《大学》）到梁启超的《新民说》之一贯主张。……共和主义反对把汲汲谋利作为核心价值观，相信普通公民德行能够胜于自利心，主张以公民德行来维护自由，相信政府应由有德者统治，政府应以超越私人利益总和之上的共同善为目标，不放弃以共和政治塑造公民的主张。这些与儒家的立场都有相通之处。"[②]

由以上引文可以看到，基于儒家立场，陈来对共和主义多有肯定。因此，陈来针对中国现代社会而提出的公德压倒私德的批判性观点就不可能与自由主义者对共和主义的批判同一旨趣。毋宁说，像桑德尔那样的共和主义者对自由主义的批判，陈来大都能够接受，而他更试图在此基础上进一步反思共和主义。于是我们也能看到，在第八章这篇以评论形态呈现的，并不很长的文章中，针对共和主义的主张，陈来也明确提出了疑问：

> 桑德尔指出，为什么要坚持把作为公民的我们和作为人的我们分开呢？我们要问，为什么要把公民德行和人的德行分开，只关注培养公民德行呢？除了个人的德行，共和主义赞同的价值是什么？[③]

其实，顺着陈来的思路，对现代社会公德压倒私德的批判还有进一步推进的不小余地，或者说，陈来的批判或许还有未曾明言的部分。明确提出公德概念从而将

---

① 陈来：《儒学美德论》，第263页。
② 同上，第264页。
③ 同上，第269页。

儒家传统中的美德划为私德，并大力提倡公德的建设且基于公德的重要性而重视私德的建设，这似乎是梁启超就已达到的一个认识高度。但是，既然公德概念的提出和提倡是为现代社会张目，在理论和实践上服务于现代社会的秩序转型，那么，公德与私德的关系就不可能只是一个失衡的问题。质言之，公德根本上来说会摧毁私德，不仅因为公德会压制个人美德，而且也因为公德的规范性来源是一个被理性化地认知与构想的现代社会，而被划入私德的传统美德在这个被理性化地认知与构想的现代社会中其实毫无容身之地。① 不难想到，梁启超正是在《论公德》一文中洞察到了对一场轰轰烈烈的道德革命的历史性需求，即使他很快就意识到了纠偏的必要，而现代中国的道德革命在梁启超之后的展开也正是以很多人都未曾想到的、空前剧烈的形态呈现出来的。

　　这似乎已经触及了共和主义的极限：以公德的名义，重新安排人的伦理生活，这是可能的吗？如果现代语境中的公德本质上是摧毁私德的，而公德的建设又离不开私德，那么，现代共和主义所试图依赖的公民美德从何而来呢？有理由断言，现代共和主义在美德问题上存在着一个巨大的悖论，恰恰表现于公民美德的教育困境：现代社会结构使美德传统失去了其存在和生长的土壤，从而也断绝了公民美德的真正来源。② 这或许正是现代政治越来越激进、从美德的关切来看每况愈下的重要原因之一。正如前面所引用的，在谈到公德与私德的严重失衡时，陈来已经明确提出了"现代社会的普遍困境"的问题。尽管在《儒学美德论》中他似乎并未明确指出他所说的"现代社会的普遍困境"究竟是什么，但通过以上分析和推论，我们至少已经看到了答案所在的方向和区域。

（作者单位：清华大学哲学系）

---

① 这可以说就是麦金太尔《追寻美德》一书的核心主题。
② 这个对共和主义的麦金太尔式的批判性论断来自李天伶，在此我感谢她在这个问题上对我的启发。

再论儒家、康德伦理学与德行伦理学

——评唐文明的《隐秘的颠覆》*

李明辉

不久前,笔者发表了《儒家、康德与德行伦理学》一文①,质疑近年来在中西学界流行的以德行伦理学来诠释儒家思想之思潮。笔者的质疑主要涉及两点:第一,德行伦理学与康德伦理学的关系;第二,德行伦理学的定义。这两点在逻辑上是相关联的。西方当代的德行伦理学系借由对以康德伦理学为代表的义务论伦理学及以功利主义为代表的目的论伦理学之批评而被提出的。康德伦理学尤其成为德行伦理学的提倡者之批评对象。批评者极力强调康德伦理学与德行伦理学之差异,借以凸显德行伦理学的特色。在某一意义下可以说,德行伦理学是借由与康德伦理学的对比来界定自己的。如果德行伦理学的提倡者对康德伦理学的诠释有偏差,其自我界定也会受到质疑。近年来在西方出现了一批杰出的康德研究者,如柯尔斯嘉(Christine M. Korsgaard)、欧尼尔(Onora S. O'Neill)、赫尔曼(Barbara Herman)、贝朗(Marcia Baron)、薛尔曼(Nancy Sherman)、艾瑟(Andrea Marlen Esser)、贝兹勒(Monika Betzler)等。他们回应德行伦理学的提倡者对康德伦理学之批评,为康德伦理学提出有力的辩护。

笔者在上述的论文中进而质疑德行伦理学的定义。笔者指出:在西方伦理学中,"义务论伦理学"与"目的论伦理学"之划分是一种以二分法为依据的类型学划分(typological distinction)。在这种类型学划分当中,德行伦理学如何为自己定位

---

* 原刊于《台湾东亚文明研究学刊》第12卷第2期(总第24期),2015年12月,第327—349页。
① 刊于《哲学研究》2012年第10期。此文有英文版 Ming-huei Lee, "Confucianism, Kant, and Virtue Ethics", in Stephen Angle/Michael Slote (eds.), *Virtue Ethics and Confucianism* (New York: Routledge, 2013), pp. 47-55。

呢？它是介乎两者之间呢，还是两者之混合呢，抑或是在两者之外呢？德行伦理学的提倡者最能接受的可能是第三种解释。但是这种解释势必与"义务论伦理学"与"目的论伦理学"之二分相抵牾。对此，德行伦理学的提倡者始终未能提出令人信服的说明。在当代西方伦理学的发展中，德行伦理学的定义与定位已备受争议。可以想见，当如此备受争议的概念被用来诠释儒家思想时，更是治丝益棼。

几乎在笔者发表上述论文的同时，清华大学的唐文明教授出版了其《隐秘的颠覆——牟宗三、康德与原始儒家》（北京：生活·读书·新知三联书店，2012年）一书。众所周知，牟宗三援引康德哲学的概念与架构来诠释儒家思想。由于此书旨在批评牟宗三对儒家思想的诠释，势必要涉及康德哲学。此书涉及的范围非常广，它除了讨论牟宗三的道德哲学之外，也论及其政治哲学与历史哲学。当然，它也涉及康德哲学（尤其是康德伦理学）与当代西方哲学（尤其是德行伦理学）。此外，唐文明自己对原始儒家有一套独特的看法。平情而论，唐文明对牟宗三的思想有一定程度的理解。譬如，他在此书第四章"历史的嫁接"中对牟宗三历史哲学的评论显示出他对此一主题并未停留在泛泛的理解层面。本文无意全面评论此书涉及的所有问题，而将评论的重点仅集中于以下两个问题：第一，唐文明对康德伦理学与德行伦理学的理解；第二，唐文明借德行伦理学诠释原始儒家的进路。

先谈第一个问题。唐文明系在康德伦理学与德行伦理学的对比中来界定后者，因此他对康德伦理学的理解非常具关键性。在全书中不断出现的一个语词是"道德主义"（moralism）。唐文明将"道德主义"视为"由康德所肇始的一个不折不扣的现代观念"（《隐秘的颠覆》，第1页）。在这个脉络下，唐文明说："从形式的角度上看，道德的根本特征在于理性的自律（autonomy），尤其是与宗教的信仰—顺从精神相比照而言。"（第1页）接着，他指出：

> 实际上，无论是诉诸道德情感还是诉诸善良意志，无论是采取义务论（deontology）的形式还是采取效果论（consequentialism）的形式，为他主义（altruism）都是现代道德的要义之一。……道德的这种为他主义倾向有时会通过道德观念的普遍性要求而体现出来，或者是道义的普遍性，或者是功利的普遍性，但隐含在其中的为他主义倾向始终是道德价值的一个实质性要素。（第2—3页）

第一章第一节的标题便是"自律与为他：对儒家思想的道德主义解释"，可见他将理性的自律与为他主义视为"道德主义"的两项主要特征。

由以上的引文可知：唐文明所谓的"道德主义"同时包括义务论（如康德）与效果论（如功利主义）。但是对康德而言，无论是道德情感，还是行为之后果（功利），都是出自"幸福"原则，因而是建立在经验原则之上的；两者都属于"他律"（Heteronomie）①。若如唐文明所言，自律原则与为他主义是"道德主义"的两项主要特征，至少前者就不适用于道德感学派与功利主义。

牟宗三借康德的"自律"概念来诠释孔、孟的道德观，唐文明在其书的第二章"自律的挪用"则全面质疑这点。众所周知，在西方伦理学史中，康德首先借"自律"概念来说明道德的本质。但唐文明对康德的"自律"概念之理解却极为混乱。他引用了麦金太尔（Alasdair McIntyre, 1929—　　）、黑格尔（Georg Wilhelm Friedrich Hegel, 1770—1831）、蒂利希（Paul Tillich, 1886—1965）、列维纳斯（Emmauel Levinas, 1906—1996）等人的说法来批评康德的"自律"概念。唐文明认为："自律道德的背后其实是一种律法主义思想，换言之，律法的概念成为这种伦理思想的主导概念。"（第112页）继而又说："康德所提出的绝对命令看起来是人作为理性存在者向自己发出的道德命令，实际上正是对神命论的现代改造，尽管康德在建构自己的义务论体系之时曾非常明确地批评神命论，将神命论排除在道德之外。"（第112—113页）唐文明显然知道康德将神命论归诸道德的他律，但他偏偏要强作解人而说："康德虽然不承认神命论有道德的合理性，但是，他所做的并不是完全推翻神命论，而是通过改造神命论而为神命论找到理性的辩护，也就是为之提供道德的合理性证明。"（第113页，注1）唐文明的说法无异于说：尽管康德反对道德的他律，但他并不是要完全推翻道德的他律，而是要通过对他律的改造而为他律寻求理性的辩护。他的逻辑实在很奇怪。

更离谱的是：唐文明为了要证实他对康德的观点之解读，引述了康德在《道德

---

① Kant, *Grundlegung zur Metaphysik der Sitten* (GMS), in: *Kants Gesammelte Schriften*(KGS) (Berlin: Walter de Gruyter, 1968, Aademie-Ausgabe),Bd. 4, S. 441f. 康德在此处的正文中虽仅将道德情感归入他律原则，而未谈及功利原则，但在批注中却写道："我把道德情感底原则归入幸福底原则，因为每项经验的兴趣均透过仅由某物带来的适意（不论这种适意之发生是直接而不考虑利益的，还是顾及利益的）而可望对福祉有所帮助。同样地，我们得像赫其森（Francis Hutcheson）一样，将对他人幸福的同情之原则归入他所假定的同一种道德感。"（S. 442）由此可以推断：功利原则亦属于他律原则。此书有笔者的中译本：《道德底形上学之基础》（台北：联经出版公司，1990年）。此译本之边页附有原书之页码，故读者不难根据其边页找到引文。

底形上学之基础》中的一段文字并说：

> 康德又说,道德感概念和一般意义上的完善概念(关联于上帝的神圣意志)尽管都不能为道德奠基,但是二者也不会削弱道德,因此,如果要他在二者之间作一取舍,那么,他"将选择后者,因为它至少使问题的裁决离开感性,并引导到纯粹理性的法庭上"。(第113页,注1)

唐文明在此引述之康德的文字见于该书的第二章末尾。康德在那里列举出四种他律原则之后,对它们加以比较。康德先比较两种经验的他律原则,即自身的幸福与道德情感,并认为后者"较接近道德及其尊严"①。接着,他比较两种理性的他律原则,即"圆满性底形上学概念"与"由一个最圆满的神性意志推衍出道德的那个神学概念"②。他认为前者犹胜于后者,因为虽然前者的内容是空洞的,而难以避免概念上的循环,但后者若非陷于概念上的恶性循环之外,则"我们对于上帝底意志还能有的概念(出于荣耀狂和支配欲底特性,且与权力和报复底恐怖表象相结合)必然构成一个与道德正好相反的道德系统底基础"③。根据康德在《实践理性批判》中的说明,"圆满性底形上学概念"系指沃尔夫(Christian Wolff, 1679—1754)与斯多亚学派的"圆满性"原则,"神学概念"则是指克鲁修斯(Chritian August Crusius, 1715—1775)与其他神学的道德家所诉诸之"上帝意志"。④随后,康德写道:

> 但是如果我必得在道德感底概念和一般而言的圆满性底概念(尽管这两者均完全不适于作为道德底基础来支持它,但至少不损害道德)之间作个选择,我将取后者。因为既然后者至少使这个问题底裁决摆脱感性,而诉诸纯粹理性底法庭,则尽管它在这方面也无所决定,却真实地保存(一个自身即善的意志之)不确定的理念,以待进一步的决定。⑤

---

① GMS, KGS, Bd. 4, S. 442.
② Ibid., S. 443.
③ Ibid.
④ Kant, *Kritik der praktischen Vernunft*, KGS, Bd. 5, S. 40.
⑤ Ibid., S. 443.

从上下文可以清楚地看出：康德在这段文字中比较的是赫其森的"道德感"概念与沃尔夫等人的"圆满性"原则，而认为后者更为可取。唐文明竟然误以为这里所谓的"一般而言的圆满性底概念"是"关联于上帝的神圣意志"，从而将这段文字误解为康德对神命论的某种肯定，可谓张冠李戴。

唐文明又引述蒂利希的说法，即将神律理解为自律与他律的统一（参见第113页），并指摘牟宗三说："就此而言，牟宗三将基督教的神律道德归于他律道德，并非持平之论而有轻率之嫌。"（第113页，注3）但问题是：在康德的系统中，自律与他律是互相排斥的，如何能统一？而牟宗三将神律道德归诸他律道德，系根据康德的观点，何轻率之有？康德的"自律"原则不是不可批评，但是像唐文明这样，不顾康德文本的含义与脉络，随便援引一些反对康德伦理学的说法来批评康德的观点，实在没有多大的说服力，这才是轻率。

接着我们可以讨论为他主义的问题。在谈到为他主义是道德主义的要义时，唐文明引述尼采在《快乐的科学》(*Die fröhliche Wissensnschaft*)中的说法："尼采曾概括说，根据这种流行的现代道德风尚，'道德行为的本质特征在于无私、自我牺牲，或者是同情和怜悯'。"（第2页）但问题是：唐文明在此却完全曲解了尼采的意思。尼采的完整说法如下：

> 这些道德史学家（尤其是英国人）无足轻重；他们自己通常仍轻信地遵从一套特定的道德之命令，不自觉地充当其持盾牌的扈从与追随者——比方说基督教欧洲之那种迄今仍如此忠实地被传布的民间迷信：道德行为的特征在于无私、自制、自我牺牲，或是在于同感、同情。①

从这段较完整的引文可知：尼采在此所谈论的，根本不是"现代道德风尚"，而是传统的基督教道德观。唐文明居然将尼采对古代基督教道德观的批评移花接木，嫁接到包含康德思想在内的现代道德观之上。

再者，将康德的道德观化约为"为他主义"，也是大有问题的。在其1797年出版的《德行论之形上学根基》(*Metaphysische Anfangsgründe der Tugendlehre*，以

---

① Friedrich Nietzsche, *Die fröhliche Wissensnschaft*, Buch 5, §345, in Nietzsche, *Sämtliche Werke* (Berlin: Walter de Gruyter, 1980, dtv, Kritische Studienausgabe), Bd. 3, S. 578.

下简称《德行论》）一书中，康德的确将"促进他人的幸福"视为一项"德行义务"（Tugendpflicht），但他也同时将"促进自己的圆满性"视为另一项"德行义务"。① 后者包括：（1）陶冶自然的圆满性，亦即陶冶我们创造文化的才能；（2）陶冶我们内在的道德性，亦即陶冶我们的道德情感。② 此外，他还进一步由"促进自己的圆满性"这项义务推衍出一项间接的义务，即促进自己的幸福。③ 在《德行论》中，康德在谈到"仁慈底义务"时写道：

> 我意愿其他每个人都对我仁慈（Wohlwollen/benevolentiam）；因此，我也应当对其他每个人都仁慈。但既然除了我之外的所有其他人不会是所有人，因而格律不会具有一项法则底普遍性，但这种普遍性对于责成却是必要的，故仁慈底义务法则将在实践理性底命令中把我当作仁慈底对象而包括进来；并非仿佛我因此而会有责任爱我自己（因为没有义务法则，我也不可避免地会爱自己，且因而对此并无责成可言），而是立法的理性（它在其一般而言的"人"底理念中包含整个种属，因而也包含我）、而非人，作为普遍法则之制定者，在相互仁慈底义务中根据平等原则，将我与我以外的其他所有人一起包括进来，并且在"你也愿意善待其他每个人"的条件下，容许你对你自己仁慈；因为唯有如此，你的（施惠底）格律才有资格制定普遍的法则，而一切义务法则均以此为依据。④

康德甚至说："如果我们使'牺牲自己的幸福（其真正的需求），以促进他人底幸福'这项格律成为普遍法则，这将是一项自相矛盾的格律。"⑤ 因此，康德的伦理学既不属于为我主义（egoism），亦不属于为他主义，而是将我与他人共同纳入道德法则的适用范围内。由此可见，唐文明对康德伦理学的了解是多么片面！

唐文明对康德伦理学的误解还见诸以下的一段话：

---

① Kant, *Metaphysik der Sitten* (MS), KGS, Bd. 6, S. 391ff. 此书有笔者的中译本：《道德底形上学》（台北：联经出版公司，2015年）。此译本之边页附有原书之页码，故读者不难根据其边页找到引文。
② Ibid., S. 386f. & 391f.
③ Ibid., S. 388.
④ Ibid., S. 451.
⑤ Ibid., S. 393.

如果说仁与道德主义的善良意志或同情心都包含着对他人的某种关怀的话，那么二者之着意则是迥异的。道德主义的善良意志或同情心乃是因弱者之处境而发，而仁则是指向特别的个人。这就是说，道德主义只是一种普泛的意愿或情感，对于所施加之对象为谁是无所谓的，实际上是着意于他人不幸落入的某种苦弱处境。而仁则不然，仁作为一种基于人伦之理的差等之爱是因对象的不同而有所不同。故而，仁爱之差等不仅表现在程度上，同时也表现在方式上。对父、母、兄、妹的爱与对师、友乃至对国人的爱不仅在程度上有差异，而且在方式上也有差异，而方式上的差异也正是来自于爱者与被爱者的特殊关系。（第39—40页）

唐文明在这里将儒家的"仁"与他所谓的"道德主义"对立起来。他又将善良意志与同情心相提并论。"善良意志"显然是就康德而言。至于"同情心"，是何所指，则不清楚。在康德以前，以同情为基本的道德原则的是卢梭（Jean Jacques Rousseau, 1712—1778），在康德之后，则是叔本华（Arthur Schopenhauer, 1788—1860）。

在18世纪60年代前半叶，康德曾被卢梭的同情伦理学所吸引，而深受其影响。唐文明所不知道的是：不久之后，康德便放弃了卢梭的观点。唐文明说："道德主义只是一种普泛的意愿或情感，对于所施加之对象为谁是无所谓的，实际上是着意于他人不幸落入的某种苦弱处境。"他所不知道的是：就在一段出自18世纪60年代的文字中，康德也对"普遍的人类之爱"提出了类似的批评。其文如下：

> 普遍的人类之爱在人类身上具有某种高贵之物，但它是妄想的。当人们趋向于它时，他们习惯于以渴望和平凡的愿望来欺骗自己。只要他们自己太过依待于事物，他们就无法关切他人的幸运。①

三十多年之后，康德在《德行论》中再度表达了类似的看法：

> 如今，在对人的普遍之爱中的仁慈固然在范围上最大，但在程度上却最小；

---

① Kant, *Bemerkungen zu den Beobachtungen über das Gefühl des Schönen und Erhabenen*, KGS, Bd. 20, S. 25. 这是康德为其拥有的《关于美与崇高之情的考察》一书所作之眉批，出自1764/1765年。

再者,如果我说:我只是根据对人的普遍之爱而关心此人底安康,则我在此所怀有的关心是可能的关心中最小的。我对其安康只是并非无所谓而已。①

由于唐文明对康德伦理学只有片面的理解,他将康德早已批评过的看法硬是塞给康德,可说对康德极不公平。

至于同情心,康德在《德行论》中固然以"人道"(Menschlichkeit/humanitas)之名将同情感视为一种义务,但他明白区别两种不同意义的"人道":

> 同甘(Mitfreude)与共苦(Mitleid)(sympathia moralis[道德的同情])诚然是对于他人之喜悦与痛苦底状态的一种愉快或不快(因此可称为感性的[ästhetisch])底感性情感(同感、同情的感觉),而自然已在人之中赋予对于这些情感的感受性。但是利用这些情感作为促进实际的且理性的仁慈之手段,在"人道"(Menschlichkeit/humanitas)底名义下仍是一项特殊的(尽管只是有条件的)义务;因为在这里,人不仅被视为有理性者,也被视为禀有理性的动物。如今,人道可被置于彼此互通情感的能力与意志(humanitas practica[实践的人道])之中,或是仅被置于对喜悦或痛苦底共通情感的感受性(这是自然本身所赋予的)(humanitas aesthetica[感性的人道])之中。前者是自由的,且因此被称为同情的(teilnehmend)(communio sentiendi liberalis[自由的感通]),并且以实践理性为根据;后者是不自由的(communio sentiendi illiberalis, servilis[不自由的、奴性的感通]),并且可称为传播的(mitteilend)(如温度或传染病之传播),也可称为共感(Mitleidenschaft);因为它以自然的方式在比邻而居的人当中扩散。只有对于前者才有责任可言。②

康德在这里提到的"对于他人之喜悦与痛苦底状态的一种愉快或不快"其实便是唐文明所谓的"着意于他人不幸落入的某种苦弱处境"之"普泛的意愿或情感"。康德将这种情感视为感性的,因而是不自由的,并将它与"以实践理性为根据"之"实践的人道"严格区别开来。对康德而言,后者才是一种义务。

---

① MS, KGS, Bd. 6, S. 451.
② Ibid., S. 456f.

再者，唐文明将"道德主义的善良意志或同情心"视为"因弱者之处境而发"的"普泛的意愿或情感"，而将儒家的"仁"视为"指向特别的个人"且"基于人伦之理的差等之爱"。然而，这种对比并不能成立。《论语·雍也》记载：

> 子贡曰："如有博施于民，而能济众，何如？可谓仁乎？"子曰："何事于仁，必也圣乎！尧、舜其犹病诸！夫仁者，己欲立而立人，己欲达而达人。能近取譬，可谓仁之方也已。"

《孟子·离娄下》亦载孟子之言曰："禹思天下有溺者，由己溺之也；稷思天下有饥者，由己饥之也，是以如是其急也。"这些话都不是指向特别的个人，而是指向所有的人。根据唐文明对儒家之"仁"的看法，儒家的伦理观是一种特殊主义（particularism）。这也是社会学家韦伯（Max Weber, 1864—1920）与帕森思（Talcott Parsons, 1902—1979）的看法。但是已故的林端教授在讨论韦伯对儒家伦理学的诠释时，则特别强调：儒家的"仁"是"普遍主义与特殊主义之综合"①。因此，他将儒家与清教之对比理解为"脉络化的普遍主义"与"去脉络化的普遍主义"之对比。②在这个意义下，唐文明仅强调儒家之"仁"是"一种基于人伦之理的差等之爱"，仅是一偏之见。

在另一方面，康德伦理学固然是一种普遍主义的伦理学，但这绝非意谓它完全不考虑人际关系的具体脉络。这种考虑具体地见诸康德在《德行论》中提出的"德行义务"概念。根据康德的说明，"德行义务"是一种"宽泛的义务"，因为它仅规范行为之格律，而非行为本身，故在义务之遵循方面留下回旋的余地。③康德将"爱底义务"——包括慈善、感恩与同情之义务——均归诸"德行义务"。以"慈善底义务"为例，如果我身上带了一笔钱要去买药治我儿子的病，在路上碰到一个需要帮助的乞丐。假设我身上的钱刚好只够买药，我可以不给他钱。如果我身上有多余的钱，我可以考虑给这个乞丐一部分钱。我也可以不买药而将全部的钱给他。总而言之，为了履行"慈善底义务"，我的抉择有很大的弹性。我的抉择端视我对具体

---

① Duan Lin, *Konfuzianische Ethik und Legitimation der Herrschaft im alten China. Eine Auseinandersetzung mit der vergleichenden Soziologie Max Webers* (Berlin: Duncker & Humblot, 1997), S. 44-56.
② Ibid., S. 56-58.
③ MS, KGS, Bd. 6, S. 390.

情境的考虑而定。在这个意义下,"慈善底义务"是宽泛的义务。

在这个脉络下,康德谈到对其他人的"爱底义务",并且写道:

> 但是一个人却比另一个人对我更为亲近,而且我在仁慈中是对我最为亲近的人。如今,这如何与"爱你的邻人(你的同胞)如爱你自己"这项程序相吻合呢? 如果(在仁慈底义务中)一个人比另一个人对我更为亲近,因而我有责任对一个人比对另一个人有更大的仁慈,但是我公认对我自己比对其他任何人更为亲近(甚至就义务而言),则我似乎无法说:我应当爱每个人如爱我自己,而不与我自己相矛盾;因为我爱(Selbstliebe)底标准不会在程度上容许任何差异。人们立即了解:这里所指的,不单是愿望中的仁慈——它其实只是对其他每个人底安康的一种惬意,而甚至可以对此毫无贡献(人人为己,上帝为我们所有人)——,而是一种主动的、实践的仁慈,亦即使他人底安康与福佑成为自己的目的(施惠)。因为在愿望中,我能对所有人同等仁慈,但是在作为中,程度却可能依所爱者(其中一个人比另一个人与我的关系更为亲近)之不同而极其不同,而无损于格律之普遍性。①

康德虽然未像儒家一样,具体讨论五伦的关系,但至少讨论过亲子、夫妇、朋友三伦,也像儒家一样,提出"爱有差等"的观点,并且强调这种差别待遇无损于其格律之普遍性。在这个意义下,康德的伦理学可说也包含对脉络性的考虑,而与儒家之"脉络化的普遍主义"相去不远。根据以上所述,唐文明对儒家之"仁"与康德之"道德主义"所做的对比可说完全站不住脚。

关于儒家之"仁"与现代"道德主义"的区别,唐文明还有如下一段令人费解的话:

> 仁与道德主义的善良意志或同情心之间的巨大差异还表现在后者是以虚无主义的态度对待自身与他人的。道德主义的精神旨趣就在于纯粹自觉自愿的为他主义倾向,在这种精神氛围中,无论自我,还是他人,都因其作为纯粹的道德主体而被赋予人格的尊严和高贵性。这样,无论自我还是他人,实际上都

---

① MS, KGS, Bd. 6, S. 451f.

是被当作潜在的弱者而看待；而将对于自我与他人之本真性至关重要的人伦之理弃之一旁而罔顾。所以，道德主义实际上是以虚无主义的态度来看待人的，其背后的精神实质就是虚无主义。（第40页）

关于康德伦理学与为他主义的关系，前面已讨论过了，此处不再赘述。这段文字包含四个主要命题：

命题一：道德主义具有为他主义的倾向。

命题二：因此，道德主义对于自我与他人，都因其作为纯粹的道德主体而赋予人格的尊严和高贵性。

命题三：因此，道德主义实际上将自我与他人都当作潜在的弱者来看待。

命题四：因此，道德主义是以虚无主义的态度对待自身与他人。

表面看来，唐文明的逻辑是跳跃的，这四个命题之间的逻辑关联并不清楚。但其实，它们预设了尼采的道德观。尼采从"权力意志"（Wille zur Macht）出发，批判基督教的"奴隶道德"（Sklavenmoral）。在他看来，唐文明归诸"道德主义"的几项特征——为他主义、人格尊严、虚无主义——都是基督教在"上帝死亡"之后所残留下来的。

但问题是：从尼采的观点来诠释儒家传统，是适当的吗？尼采与儒家的距离远远超过康德与儒家的距离。就"人格尊严"的问题而言，尼采严厉批评"人格尊严"之说①，但孟子却肯定人有尊严。在孟子，相当于"尊严"的概念是"良贵"："人人有贵于己者，弗思耳矣。人之所贵者，非良贵也。赵孟之所贵，赵孟能贱之。"（《告子上》）这也就是他所谓的"所欲有甚于生者"（《告子上》）。在同一章中，孟子还提到："一箪食，一豆羹，得之则生，弗得则死。嘑尔而与之，行道之人弗受；蹴尔而与之，乞人不屑也。"为的就是尊严。② 依唐文明的说法，孟子岂不也是"以虚无主义的态度对待自身与他人"？

---

① Stefan Lorenz Sorgner, *Menschenwürde nach Nietzsche. Die Geschichte eines Begriffs* (Darmstadt: Wissenschaftliche Buchgesellschaft, 2010), S. 109-211.

② 关于孟子对人性尊严的肯定，参见 Heiner Roetz, "The 'Dignity within Oneself': Chinese Tradition and Human Rights", in Karl-Heinz Pohl (ed.), *Chinese Thought in a Global Context* (Leiden: Brill, 1999), pp. 236-261; Irene Bloom, "Mencius and Human Rights", in Wm. Theodore de Bary/Tu Weiming (eds.), *Confucianism and Human Rights* (New York: Columbia University Press, 1998), pp. 94-116。

现在让我们看看唐文明如何界定"义务论伦理学"与"德行伦理学"(唐文明译为"美德伦理学")。他将两者的对比归纳为以下三点:

> 首先,义务论与功效主义(Utilitarianism)一样,对行动的关注甚于对作为行动者的人的关注;而美德伦理学则相反,对作为行动者的人的关注甚于对行动的关注。换言之,前者着意于行事之规矩,后者则着意于成人之教导;前者关注行为之正当与不当,后者关注人格之美善或丑恶。(第114—115页)

> 其次,义务论与美德伦理学的根本性差异表现在基本术语的不同上。义务论的基本术语是正当与不当、职责与义务,美德伦理学的基本术语则是美善与丑恶、有德与缺德。(第120页)

> 再次,义务论与美德伦理学对于伦理或道德生活中行为动机的解释很不相同。前者认为,道德行为的动机在于对义务的遵从,也就是义务感;后者则认为,与践行者自身之所是密切相关的欲望和目的乃是行为之动机所在。(第123页)

在所谓"德行伦理学的复兴"(revival of virtue ethics)之前,西方伦理学的教科书通常区分两种伦理学的类型,即"义务论伦理学"与"目的论伦理学"。例如,法兰克纳(William K. Frankena, 1908—1994)在其1963年初版的《伦理学》一书[1]中,便将伦理学理论区分为"义务论理论"与"目的论理论"两种。直到此书于1973年出第二版时,书中才出现"关于德行的伦理学"(ethics of virtue)一词。但"关于德行的伦理学"显然不等于"德行伦理学"(virtue ethics),因为法兰克纳并未将"关于德行的伦理学"视为"义务论理论"与"目的论理论"之外的第三种伦理学理论。

借由上述的对比,唐文明似乎像当代"德行伦理学"的提倡者一样,将"德行伦理学"理解为"义务论伦理学"与"目的论伦理学"[2]之外的第三种伦理学类型。依法兰克纳,目的论的理论主张:一事之所以在道德上是对的、错的或当为的,其基本的或终极的判准或标准是它所产生的非道德价值。[3]反之,义务论的理论则主张:

---

[1] Frankena, *Ethics* (Englewood Cliffs/N.J.: Pentice-Hall, 1963).
[2] 在晚近西方的伦理学讨论当中,"后果论"(consequetialism)一词往往取代"目的论伦理学"一词。
[3] Frankena, *Ethics* (2nd edition), p. 14.

要判定一行为或规则是对的或当为的,除了要考虑其结果之好坏(即它所产生的价值)之外,还要考虑该行为本身的某些特质。① 基本上,这种区分是建立在二分法(dichotomy)之上。问题是:在这个类型学的(typological)划分当中,"德行伦理学"的系统位置何在? 若以亚里士多德伦理学来代表"德行伦理学",其伦理学的终极目标是"幸福"(eudaimonia),则将它视为一套目的论伦理学,似乎是顺理成章之事。但唐文明与当代"德行伦理学"的多数提倡者显然都不会同意这点,而倾向于将"德行伦理学"理解为"义务论伦理学"与"目的论伦理学"之外的另一套独立的伦理学,而以三分法来取代二分法。但问题是:这种三分法的类型学依据何在? 对此,唐文明与当代"德行伦理学"的提倡者从未提出充分的说明。②

前几年,克罗地亚学者拉迪克(Stjepan Radić)出版了《当代哲学中德行伦理学之复振:伦理学中的当代理论之一个必要的补充》一书。③ 在此书中他讨论了古典的德行伦理学(如亚里士多德与阿奎那)与当代的德行伦理学(如麦金太尔与傅特[Philippa Foot]),也以一节的篇幅讨论康德的德行观。拉迪克虽不否认德行对于道德生活的重要性,但他谈到一种"纯粹的或激进的德行伦理学",即主张:一个行为的道德性无法根据规范、原则或规则,而只能根据行动主体的道德状态(德行)来证成。他认为:由于拒绝规范面,这种德行伦理学对我们的道德生活是不充分的,它会沦于相对主义并失去方向。④ 他套用康德的名言说:若无规范与法则,价值态度与德行是盲目的;而若无价值态度与德行,规范与法则是空洞的。⑤ 因此,拉迪克归结说:"一套纯粹的德行伦理学不能是一套独立的道德理论,且因此也不能如其所求,取代现行的道德理论。"⑥ 换言之,德行伦理学并非在义务论与后果论之外

---

① Frankena, *Ethics* (2nd edition), p. 15.
② 当代德行伦理学的重要代表赫斯特豪斯(Rosalind Hursthouse)便抱怨:人们不要求义务论者与功利主义者为义务论与功利主义提出明确的定义,唯独要求德行伦理学的提倡者为德行伦理学提出简明的定义,这是过分的期待;参见其 *On Virtue Ethics* (Oxford: Oxford University Press, 1999), p. 4。关于"德行伦理学"的定义,可参见 Christine Swanton, "The Definition of Virtue Ethics", in Daniel C. Russell (ed.), The Cambridge Companion to Virtue Ethics (Cambridge: Cambridge University Press, 2013), pp. 315–338。
③ Stjepan Radić, *Die Rehabilitierung der Tugendethik in der zeitgenössischen Philosophie. Eine notwendige Ergänzung gegenwärtiger Theorie in der Ethik* (Münster: Lit, 2011).
④ Ibid., S. 172.
⑤ Ibid., S. 173f.
⑥ Ibid., S. 172.

的另一套独立的道德理论；它不能取代义务论或后果论，充其量只能补充它们。[1]

德国学者波尔切尔斯（Dagmar Borchers）在其《新的德行伦理学——在激愤中倒退？分析哲学中的一项争论》一书中也得到了类似的结论。她虽然承认德行伦理学在伦理学讨论中是不可或缺的，但是却否认它可以作为关于道德之一套独立的理论。[2] 她甚至明白地表示："德行伦理学不能是义务论与后果论之另外选项。"[3] 她并且建议："一套德行伦理学的理论最好能在一个后果论的框架中，作为关于道德之一套多元论的整体构想之部分而有意义且有成果地被继续推进。"[4] 换言之，德行伦理学的理论可以被整合进后果论伦理学之中。徐向东也有类似的看法。他在分析了"德行伦理学"（他译为"美德伦理学"）的优点与缺点之后，归结道："总的来说，我们应该把美德理论看做是一个伦理学理论的一部分，而不是把它视为一个本身就已经很完备的理论，因而构成了对其他伦理理论的一个'取舍'。"[5]

对笔者而言，拉迪克、波尔切尔斯与徐向东的分析颇有说服力。如果我们同意他们对德行伦理学的看法，唐文明对儒家伦理学的说明势必会受到质疑，因为他坚持，"只能将儒家伦理思想归入美德伦理学而非义务论"（第130页）。唐文明的坚持预设德行伦理学是义务论之外的另一套独立的道德理论。若根据拉迪克、波尔切尔斯与徐向东对德行伦理学的看法，我们或许可以承认儒家思想中包含一套德行理论，但同时将儒家伦理学理解为一套义务论伦理学，正如康德伦理学一样。

以孔、孟为代表的儒家伦理学的确具有明显的义务论特征。首先，义务论伦理学之所以有别于目的论伦理学的特征之一是：前者承认"善"之异质性，即分别道德意义的"善"与非道德意义的"善"——以康德的用语来说，即是"道德之善"（das moralische Gut）与"自然之善"（das physische Gut）[6]。孟子的"义利之辨"便是分辨"道德之善"与"自然之善"。其实，孔子早已有"君子喻于义，小人喻于利"之

---

[1] Stjepan Radić, *Die Rehabilitierung der Tugendethik in der zeitgenössischen Philosophie. Eine notwendige Ergänzung gegenwärtiger Theorie in der Ethik*, S. 173f.
[2] Dagmar Borchers, *Die neue Tugendethik – Schritt zurück im Zorn? Eine Kontroverse in der Analytischen Philosophie* (Paderborn: Mentis, 2001), S. 317.
[3] Ibid.
[4] Ibid., S. 346.
[5] 徐向东：《自我、他人与道德——道德哲学导论》，北京：商务印书馆，2007年，下册，第648页。
[6] Kant, *Anthropologie in pragmatischer Hinsicht*, KGS, S. 277.

说(《论语·里仁》)。但最明显地表现出义务论的特征的是孔子与宰我关于三年之丧存废的辩论(《论语·阳货》)。① 宰我要求缩短三年之丧的理由有二：第一是"君子三年不为礼，礼必坏；三年不为乐，乐必崩"；第二是"旧谷既没，新谷既升，钻燧改火，期可已矣"。前者由行为的结果去证成其道德性，显然是一种目的论的观点；后者由"实然"（自然规律）去论证"应然"（伦理规范），也预设一种目的论的观点。反之，孔子要求宰我自问其心安不安，即是将三年之丧的合理性建立在行为者的存心之上。这是一种"存心伦理学"（Gesinnungsethik）的观点，因而蕴含了义务论的观点。在这场师生间的辩论中，孔子也提出"子生三年，然后免于父母之怀"的理由为三年之丧的合理性辩护。这是诉诸"感恩原则"（principle of gratitude），而此一原则又预设了"报偿性正义"（retributive justice）的原则。由此可见，唐文明一再强调："在儒家思想中，'德'的概念远比'法'的概念更为重要"（第114页），是多么无谓！儒家根本不需要在德行与规范之间做"非此即彼"的选择。康德的自律伦理学也是一种义务论伦理学，同时也包含一套德行理论。② 因此，牟宗三借用康德的"自律"概念来诠释儒家思想，殆非偶然。

在唐文明的论述中，与他所谓的"道德主义"形成对比的是原始儒家。他在诠释原始儒家时，特别强调两点：一是它与原始宗教的关联，二是它与人伦的关联。先论第一点。徐复观在《中国人性论史·先秦篇》中根据周初文献中出现之"敬"的观念提出"忧患意识"之说。根据徐复观的解释，"敬"的观念之出现代表中国古人由原始宗教向人文精神的转化。③ "忧患意识"之说后来为牟宗三所采纳，以对

---

① 关于这场辩论涉及的哲学问题，参见拙作：《〈论语〉"宰我问三年之丧"章中的伦理学问题》，收入锺彩钧编：《传承与创新："中央研究院"中国文哲研究所十周年纪念论文集》（台北："中央研究院"中国文哲研究所，1999年），第521—542页；亦刊于《复旦哲学评论》第2辑（上海：上海辞书出版社，2005年），第35—50页。此文有德文版 Ming-huei Lee, "Das Motiv der dreijährigen Trauerzeit in Lunyu 17.21 as ethisches Problem", in Ming-huei Lee, *Konfuzianischer Humanismus. Transkulturelle Kontexte* (Bielefeld: transcript, 2013), S. 21–41。
② 康德研究者赫尔曼（Barbara Herman）在其《道德判断的实践》（*The Practice of Moral Judgment* [Cambridge/Mass.: Harvard University Press, 1993]）一书的最后一章"摆脱义务论"（"Leaving Deontology behind"）中质疑将康德伦理学归诸"义务论"的主张，但她所意指的"义务论"是"一套不以一种'价值'观念作为其基本理论概念的道德理论"（p. 208）。但就弱义的"义务论"（它是一套关于价值的论旨）而言，她承认康德伦理学是义务论的（p. 210, footnote 5）。因此，她的说法涉及对"义务论"一词的不同理解，未必与本文的观点直接冲突。
③ 参见徐复观：《中国人性论史·先秦篇》第二章"周初宗教中人文精神的跃动"，台北：台湾商务印书馆，1969年。

照于佛教的"苦业意识"与基督教的"恐怖意识"。① 对牟宗三而言,"忧患意识"是道德意识,后两者则是宗教意识。

对于徐复观与牟宗三的"忧患意识"之说,唐文明很不满。对此,他批评说:

> 很显然,把忧患意识中的"自觉"理解为现代道德主义意义上的、以为他主义为根本的精神旨趣的"道德自觉",实在是牵强附会的。忧患意识中的"自觉"其实就是"自觉地"服从于神灵的权威而已,而且这种"自觉"还是在害怕惩罚的心理动机的驱使下产生的,也就是说,实际上是在神灵的强力之下被迫产生的。(第13—14页)

基于同样的理由,唐文明又说:

> 虽然周人的"敬"的观念与宗教意义上的虔敬意趣不同,但其仍然是一种宗教性情感,而非道德情感。周人的"敬"实际上就是对神灵的敬畏,而且,其中的"敬"正是来自于"畏",也就是说,"敬"的情感仍然来自于恐惧,来自对外在的、更高的神灵之强力的恐惧。(第14页)

其实,徐复观并不否认唐文明所描述之周人的宗教性情感,只是徐复观将这种情感归诸尚未经过人文精神之转化的周人,而唐文明却完全否认这种转化。因此,唐文明认为:主张儒家的忧患意识可导向道德自律的观点是"立足于现代人本主义立场而得出的似是而非的结论"(第17页)。

再论原始儒家与人伦的关联。如上文所述,唐文明强调儒家之"仁"是一种有差等的爱,这就暗示儒家之"仁"是以人伦为基础的。因此,他说:

> 如果说仁意味着人人皆有的一种卓越能力的话,那么,人伦就是仁的能力施为、发用的坚实地基。质言之,仁并不是无差别地指向所有人的一项绝对命令,而是基于本真的人伦之理的一种美德。(第34页)

---

① 参见牟宗三:《中国哲学的特质》,《牟宗三先生全集》,台北:联经出版公司,2003年,第28册,第12—14页。

在这段引文中的重点号为笔者所加。唐文明的书中不断出现"本真的"或"本真性"一词,可能是来自现代性之批判者泰勒(Charles Taylor)习用的authenticity一词。①

唐文明进而将原始儒家与原始宗教的关联及其与人伦的关联结合起来,来界定人的"本真性"。他说:

> 用我们现在熟悉的话来说,以天命的人伦之理为基础、从而强调差等之爱的仁也关联于人对自我之本真性(authenticity)的领会。正是人与上天之间的终极真理规定了人的本真性,换言之,人正是通过领会天命之理去领会自我之本真性、去回答"我是谁"的问题的。既然对自我之本真性的领会在某种意义上就是对天命之理的领会,那么,人领会自我之本真性也就是领会自我之天命在身。关联于实际生活经验而言,人天生就是伦理的动物,但重重复杂的伦理网络不仅构成人实际的生活处境,而且也规定了人的本真性。(第37页)

故对他而言,既然脱离了这两种脉络的伦理学无法把握人的本真性,故必然沦为虚无主义。

唐文明对原始儒家的诠释有两项特点,笔者分别称之为"原教旨主义"与"脉络主义"。所谓"原教旨主义"是说:唐文明在诠释儒家思想时强调要回到其原初的历史根源,即是以天命为依归的原始宗教与以血缘身份为基础的封建制度。这两个历史根源同时也是儒家之所以形成的历史脉络,故"原教旨主义"与"脉络主义"是一体之两面。因此,唐文明批评牟宗三的儒学诠释,认为这是一套脱离历史脉络的诠释。《隐秘的颠覆》一书的四个章节标题分别是"道德的化约""自律的挪用""良知的僭越"与"历史的嫁接",都明显透露出作者对普遍主义的不满与对脉络主义的坚持。既然唐文明如此重视思想之所以产生的历史脉络,我们不免要问:就历史脉络而言,难道他认为亚里士多德所谓的aretē就是儒家的"德"吗?唐文明自己也承认:"儒家与亚里士多德代表着中西美德伦理学的两大传统,二者之间存在着深刻的差异。"(第130页,注1)果真如此,唐文明对牟宗三借康德诠释儒家的

---

① Charles Taylor, *The Ethics of Authenticity* (Cambridge/Mass.: Harvard University Press, 1991).

进路之质疑方式便会回到他自己身上。而在笔者看来,这种质疑用在唐文明身上,无疑更有说服力。

其实,牟宗三从未否认孔子所开创的儒家传统脱胎于先前的原始宗教,也从未否认儒家的学说在人伦关系中的根源。但如果只是这样,我们要如何去理解孔子的开创性角色呢?笔者在拙作《从康德的"道德宗教"论儒家的宗教性》中曾指出:透过他的学说与道德实践,孔子一方面将周文中之外在的礼乐秩序,另一方面将《诗》《书》中作为人格神之超越的"天"或"上帝",一起内在化于人的本性及其道德实践之中,而内在化之关键便在道德主体所体现的"仁"。[1]换言之,孔子并未否定原始宗教的"天命"概念与礼乐所规范的人伦秩序,而是透过"仁"的概念来点化这两者,重新赋予它们以生命。由于不了解这种点化,唐文明所理解的"仁"基本上是没有生命的。

唐文明强调:儒家论"仁"往往关联着人伦秩序,这固然不错。但这并非意谓:儒家之"仁"不能超越人伦秩序。朱熹在《四书集注》中批注《论语·学而》有子的"孝弟也者,其为仁之本与?"一语时,将它解释为:"为仁,犹曰行仁。……孝弟乃是为仁之本。"换言之,孝弟是行仁之本,而非仁之本。这意谓孝弟是"行仁"的入手处,而非意谓:孝弟是"仁"的基础。换言之,儒家论"仁"时,孝弟是思考的起点,而非终点。[2]

儒家传统如果不能超越中国早期的自然宗教与周代的人伦秩序,就无法脱离黑格尔在讨论基督宗教时所谓的"实定性"(Positivität)[3],更谈不上人的"本真性"。如果耶稣当年执着于犹太教的律法与宗派主义,基督宗教就不可能发展成普世宗教。这种超越,正如孔子对中国原始宗教的转化一样,都意谓某种"去脉络化"(de-contextualization)。这种"去脉络化"与"脉络化"之间虽有一定的张力,但却非对立。牟宗三在阐释儒家之"仁"时便充分把握了这种思想特色。例如,他在谈到儒家的"道德之情与道德之心"时写道:

---

[1] 参见拙作:《从康德的"道德宗教"论儒家的宗教性》,拙著:《儒家与康德》,台北:联经出版公司,2018年,增订版,第233—286页。
[2] 关于这个问题,可参见林启屏:《理分——血缘关系架构中的"仁义"观》,《中国文哲研究集刊》第44期(2014年3月),第143—171页。
[3] 依黑格尔,如果一种宗教的教条或一套法律的法条是由一种权威强制地加诸人,这便是这种宗教或法律的"实定性"。参见 Peter Jonkers, "Positivität", in Paul Cobben u.a. (Hg.), *Hegel-Lexikon* (Darmstadt: Wissenschaftliche Buchgesellschaft, 2006), S. 361.

> 这种心、情,上溯其原初的根源,是孔子浑全表现的"仁":不安、不忍之感,恻怛之感,悱启愤发之情,不厌不倦、健行不息之德等等。这一切转而为孟子所言的心性:其中恻隐、羞恶、辞让、是非等是心、是情,也是理。理固是超越的、普遍的、先天的,但这理不只是抽象地普遍的,而是即在具体的心与情中见,故为具体地普遍的;而心与情因其即为理之具体而真实的表现,故亦上提而为超越的、普遍的、亦主亦客的,不是实然层上的纯主观,其为具体是超越而普遍的具体,其为特殊亦是超越而普遍的特殊,不是实然层上纯具体、纯特殊。这是孟子盘盘大才的直悟所开发。①

"具体的普遍"是黑格尔习用的词语。它所表达的正是林端所谓的"脉络化的普遍主义"。当代新儒家则习于以"内在而超越"来表达此义。因此,唐文明将牟宗三,乃至当代新儒家的儒学诠释理解为脱离生活脉络与历史脉络之所谓的"现代道德主义",并非持平之论。

总而言之,唐文明的儒学诠释系以他所谓的"现代道德主义"作为对照,而康德伦理学被归入其中。因此,在唐文明的眼中,牟宗三的儒学诠释只是将这种"现代道德主义"强加于儒家传统的结果。但问题是:唐文明对康德伦理学的理解受限于长期以来流行于西方学界的成见,当代德行伦理学的提倡者如麦金太尔亦不能免于这种成见。由于当代德行伦理学的刺激,近年来西方的康德研究者(如本文开头所提到的几位)极力发掘康德伦理学中的德行理论,尤其是其《德行论》中丰富的思想资源,在一定程度上修正了"康德伦理学尖锐对比于德行伦理学"的夸张图像。例如,唐文明以义务论对"行动"(action)的关注对比于德行伦理学对"行动者"(agent)的关注。但是英国的康德研究者欧尼尔在探讨了康德的德行理论之后,归结道:"他(康德)的立场是以行动为中心的,并且能容许以行动者为中心的思考方式;但是它的基本架构并非明确地以行动者为中心的。"② 从而将"行动/行动者"的僵硬模式相对化了。英国学者贝朗甚至认为:主张康德伦理学的主要关切是"行动"而非"性格"的观点是错误的。③ 这也凸显出引发"德行伦理学之复兴"

---

① 牟宗三:《心体与性体》(一),《牟宗三先生全集》,第5册,第131—132页。
② Onora S. O'Neill, *Constructions of Reason: Exploration of Kant's Practical Philosophy* (Cambridge: Cambridge University Press, 1989), p. 162.
③ Marcia W. Baron, "Kantian Ethics", in Marcia W. Baron/Philip Pettit/Michael Slote, *Three Methods of Ethics: A Debate* (Malden: Blackwell, 1997), p. 34.

的英国学者安斯孔(G.E.M. Anscombe, 1919—2001)所预设的"现代道德哲学/古代道德哲学"的二元思想架构只是对问题的过度简化。可惜这些最新的研究成果几乎都未曾进入唐文明的视野之中。就问题意识而言,唐文明对"原始儒家"的诠释其实也暗中预设了"现代道德哲学/古代道德哲学"的二元思想架构。因此,他对原始儒家的诠释、对康德伦理学的批评,以及对牟宗三的批评,都是问题重重、值得商榷的。

(作者单位:"中央研究院"中国文哲研究所)

时代激荡下的现当代儒学

马一浮与唐君毅人文思想的对比与会通

刘乐恒

学界普遍认为,"现代新儒学"(Contemporary New Confucianism)中的最大流派,莫过于由熊十力(1885—1968)所开启,由熊门弟子唐君毅(1909—1978)、牟宗三(1909—1995)、徐复观(1903—1982)所阐扬的"当代新儒学"(Contemporary Neo-Confucianism)。① 此派旨在强调"心性"的根本地位,并在现代的脉络中展示心性之学的价值。对此学界多有研探,毋庸赘言。不过,对于现代新儒学内部各派及其思想关联的问题,笔者认为尚有研究的空间。具言之,当我们的研究将"当代新儒学"扩展至整个"现代新儒学",那么我们可能还会清理出一些重要的脉络。本文的任务,就是以整个现代新儒学为背景,梳理出第一代新儒家马一浮(1883—1967)与第二代唐君毅的儒学思想之间所具有的内在的关联性。唐氏最重视"人文精神",这与马一浮"六艺论"的文化哲学可谓异曲同工。更值得注意的是,马、唐二先生在"人文"的论题上,都阐发出了相近、相通、互补、互成的思想系统。因此,虽然马、唐二氏并无师承关系,但根据两者人文思想的相承性,我们可将马、唐的新儒学思想合为一系。本文将试图对此做一具体的辨析。

一、"人文"与"六艺"

众所周知,"人文"一词本自《周易·贲卦》"文明以止,人文也……观乎人文以化成天下"②语。对此,笔者认为,戴琏璋先生的解释可得其意蕴。其云:

---

① 参见刘述先:《论儒家哲学的三个大时代》,香港:香港中文大学出版社,2008年,第192页。
② 孔颖达:《周易正义》卷三,北京:中华书局,1980年影印本,第37页下。

《贲》卦的结构是离下艮上☲☶。离,象征火,又有文明的意思;艮,象征山,又有止、落实的意思。《象传》作者用文明描述人的德性,取美善、明达之意。"文明以止,人文也",是说:美善明达的德性适当地呈现乃是"人文"。依儒家传统,人们纯真的性情、虚静的心灵,都是美善的,明达的。①

通过这一解释,兼对比原文,我们可以概括出《周易》"人文"一义所蕴含的三个关键。首先,人文以德性为根本。人文的呈现,不能离开人的德性。德性有通明、照澈、虚灵、光辉之义,所以能够自内而外地做扩充、条达、散发之功。其次,人文以养成人格为第一要务。《贲》卦中的离,体现出人的内在德性具有通明光辉之征象。而《贲》卦中的艮之止则有二义,其中第一义是止息义,具言之就是德性内蕴于己,美在其中,从而让自己成就德性,养成人格,立己成人。这就是"文明以止"。最后,人文以化成天下为第二要务。艮之止不仅有止息义,而且还有安顿、落实义。人是一个活人,人有视听言动、人伦生活,同时德性之通明光辉当然也是活的,德性不会只润己而不及物,故在本源本真的状态中,人之明德也会直内而方外,逐渐地扩充、发散、落实至人的生活的方方面面,发诸事业,从而让德性之光通澈整个生活世界。这就是"化成天下"。笔者认为,如果一个学者能够对这三方面都有相当的关切,同时兼能通过系统的方法思想将这三方面融合而思,那么我们可以说他是一位人文思想哲学家。

在现代新儒家中,最能体现出人文思想的学者应数马一浮与唐君毅。他们两人都以"性德"或"道德"作为天地宇宙、生活文化的大本大源,他们各自的学术思想系统都是围绕这一大本大源而展开的。他们两人都将成就德性、养成人格作为第一要务。这当然也是毋庸置疑之事。另外,更值得注意的是,两人皆在"化成天下"的层面上措意用心,都阐发出生活世界、人文世界、意义世界皆离不开性德或道德的流行与呈现。就此而言,他们皆应是牟宗三所说的"文化意识宇宙中之巨人"②。据此,马、唐两人皆是人文思想哲学家,其人文思想具有可对比性。

据此,笔者进一步认为,马一浮与唐君毅之间不仅其人文思想具可比性,而同时还具有前后相承性,马一浮为新儒家的人文思想做出奠基与开拓,唐君毅

---

① 戴琏璋:《关于人文的省思》,《政大中文学报》第12期(2009年12月),第3页。
② 牟宗三:《牟宗三先生全集》,台北:联经出版公司,2003年,第23册,第298页。

则做出扩展与落实。而实际上，两人的这种继承关系已经构成了新儒家人文思想的一个传统，只是当代学界未能充分自觉将其显豁出来而已。两者的相承性，主要体现在其人文思想的方法视野与基本规模上。在方法视野上，两人皆通过"感通"的脉络而展开其人文之思；在基本规模上，两人皆以"六艺"也即"诗""书""礼""乐""易""春秋"作为人文思想的基本内容和论题。当然，"六艺"是传统说法，它实际上就是现代所说的文学、艺术、哲学、科学、宗教等内容。马一浮的重要著作《泰和宜山会语》与《复性书院讲录》便主要阐发其六艺论思想。而唐君毅中年的巨著《文化意识与道德理性》也同样于此着力。他开宗明义地指出此书的主要规模：

> 儒家思想始于孔子。孔子之功绩，一方在承继以前中国之六艺之文化。（原始之六艺为：礼、乐、射、御、书、数。礼即道德法律，乐为艺术，文学，射御即军事体育，书是文字，数是科学。后来之六艺为：《诗》《书》《礼》《乐》《易》《春秋》。《诗》属文学、艺术；《礼》属道德伦理、社会风俗、制度；《书》属政治、法律、经济；《易》属哲学、宗教；《春秋》即孔子依其文化理想所以裁判当世、垂教当世之教育法律也。）而孔子则统六艺之文化于人心之仁。以后中国儒家论文化之一贯精神，即以一切文化皆本于人之心性，统于人之人格，亦为人之人格之完成而有。①

上述这种人文思想的思路与规模正是之前马一浮一生念兹在兹的事业。马氏欲通过对六艺的阐发，揭示中国传统学术或国学皆是六艺之学，而六艺之学皆归成德之教，从而自人文的角度，培养德性，树立人格，善化生活，挽救近现代国人以至于全人类的意义危机。而同时，这六艺之教因为具有人文性、涵盖性、融通性，所以自然地能与西方与现代的学术思想进行会通，并超化其局限、偏颇、缺失，从而使之皆归于第一义，也即全幅的性德流行之世界。就六艺能融通并涵盖西方与现代的学术的问题，马一浮指出：

> 举其大概言之，如自然科学可统于《易》，社会科学（原注：或人文科学）

---

① 唐君毅：《文化意识与道德理性》，台北：学生书局，1986年，第7页。

可统于《春秋》。因《易》明天道，凡研究自然界一切现象者皆属之；《春秋》明人事，凡研究人类社会一切组织形态者皆属之。……文学、艺术皆统于《诗》《乐》，政治、法律、经济统于《书》《礼》，此最易知。宗教虽信仰不同，亦统于《礼》，所谓"亡于礼者之礼"也。哲学思想派别虽殊，浅深大小亦皆各有所见，大抵本体论近于《易》，认识论近于《乐》，经验论近于《礼》；唯心者《乐》之遗，唯物者《礼》之失。凡言宇宙观者皆有《易》之意，言人生观者皆有《春秋》之意，但彼皆各有封执而不能观其会通。庄子所谓"各得一察焉以自好""各为其所欲以自为方"者，由其习使然。若能进之以圣人之道，固皆六艺之材也。①

对比而观，显见马、唐二人皆有相近的人文意识、思想取向、学理规模。虽然两人在六艺与当代文化各领域如何相配的问题上略有出入，但这并不妨碍两者的思想实具有密切的内在继承性。同时，唐君毅的人文思想则是在马一浮的基础上做出实质性的调整与扩展。实际上，马一浮毕生主要关注传统六艺的活化问题，而并不特别注重活化后的六艺之道如何通于当代文化诸如哲学、科学、政治等各层面的问题。因此，马氏上述的这段话仅仅是他的直观洞见的一个表达，他没有同时也不太可能完全论证和落实他的这一洞见。但唐君毅不一样，他对于现代哲学与现代文化的各领域都具有相当深入系统的研探，同时都能够从各个具体的文化领域中，通过运用本文化领域的语言和论证方式，最终显出其皆蕴含着道德理性之根，从而以"摄用归体"的方式，引申马一浮六艺论的上述洞见。在下文，我们将以马、唐二人人文思想的继承关系为背景，具体阐发当中的各种论题。

二、"性德"与"德性"

前文已经提及，马、唐二人的人文思想的根据皆在于"德性"，但两人对于"德性"的理解各有侧重。

对于"德性"，马一浮是以"性德"一语揭示出来的。"性德"与"德性"虽然都

---

① 马一浮：《泰和宜山会语》，《马一浮全集》，杭州：浙江古籍出版社，2013年，第1册，第17—18页。

是"德"与"性"二字之结合,但是侧重有所不同。"性德"即《礼记·中庸》所说的"性之德",其义与佛家所谓"自性功德"相近,不仅提示出"性"之"体",而且还可揭示出其"相"与"用"。马一浮指出,如果我们对于孔子六艺有深刻全面的理解与体认,就能体会到六艺之道皆根于性德,六艺皆是性德之流行展示。性德蕴含着仁、义、礼、智等无穷无尽的德相,但这些德相最终可会为"仁"这一德之总相中。因此,仁是性德之全体,仁德因感通而流出诸德的过程,就是六艺呈现出来的过程,这一过程则是生活世界与意义世界的源泉。马一浮说:

> 以一德言之,皆归于仁;以二德言之,《诗》《乐》为阳是仁,《书》《礼》为阴是智,亦是义;以三德言之,则《易》是圣人之大仁,《诗》《书》《礼》《乐》并是圣人之大智,而《春秋》则是圣人之大勇;以四德言之,《诗》《书》《礼》《乐》即是仁、义、礼、智;(原注:此以《书》配义,以《乐》配智也。)以五德言之,《易》明天道,《春秋》明人事,皆信也,皆实理也;以六德言之,《诗》主仁,《书》主知,《乐》主圣,《礼》主义,《易》明大本是中,《春秋》明达道是和。①

上述这段话,体现出马一浮在研探六艺经典的过程中,理解到六艺的义理中蕴含诸德,并体会到诸德摄归于仁。同时,他又将视野倒转过来,从仁出发,揭示出仁作为性德之全,而涵摄诸德、流出六艺的过程与脉络。这些具体的诠释和阐发皆在《复性书院讲录》一书中。这是马氏对于中国经学与经典诠释的一大贡献。这同时也促使我们有理由相信六艺之教确然是从性德中流淌出来的,因此中国传统文化是活泼、系统、有机的文化系统。

正因为性德涵摄并流淌出六艺,而六艺则又体现出人类生活的方方面面,所以性德自然地蕴含着真、善、美及其内在相通性。马氏云:

> 西方哲人所说的真、美、善,皆包含于六艺之中,《诗》《书》是至善,《礼》《乐》是至美,《易》《春秋》是至真。《诗》教主仁,《书》教主智,合仁与智,岂不是至善么?《礼》是大序,《乐》是大和,合序与和,岂不是至美么?《易》穷神

---

① 马一浮:《泰和宜山会语》,《马一浮全集》,第1册,第17页。

知化,显天道之常;《春秋》正名拨乱,示人道之正,合正与常,岂不是至真么?①

六艺之道蕴含着真、善、美及其内在融通,这无疑即是说六艺之本体即性德也是蕴含着真、善、美及其内在融通的。但这里的问题是,我们如果要问,为何性德本体会蕴含着真、善、美及其内在融通?这个问题,马一浮并没有做出论证与阐发。也许在他看来,这个问题属于不言而喻者。学者之要务,并非要问这一问题,而首先需要通过切实的德性修养功夫,达致见性、复性、尽性,然后性德的真、善、美便能得到直接的呈现与流露。

综上,马一浮之六艺论的人文思想以"性德"为根本与中心。他通过德性修养的功夫,体会出性德是一个由诸多德相相涵相摄所构成的本体,性德蕴含着真、善、美及其内在融通性,据此也包含了六艺人文世界的所有意蕴。这是马一浮对于现代儒学的贡献。不过,马一浮并未通过修养功夫之外的方式(例如哲学思辨),证立性德实涵具真、善、美及其内在相通性;兼未进一步将这一问题置于现代学术、现代文化的各个领域,显豁出性德的根本性作用,而仅满足于对传统儒释道经典文本的诠释与心证。因此,马一浮是现代新儒学人文思想传统的开拓者,其留下的许多问题则为唐君毅拓展与论证。

对于人文思想的根源即"德性",唐君毅并不直接采取马一浮的"性德"之说。通观唐氏关于"德性"的观点,我们看到唐氏的相关思想取向并不如马一浮那么稳定。可以说,围绕着"德性"的论题,唐氏的思路经历了三个阶段。在早年,他以"道德自我"为主要思路,特别显出道德的主体性、自觉性、超越性,其代表作是《道德自我之建立》。在中年,他以"道德理性"为主要思路,特别显出道德理性与道德意识的涵盖性、遍运性、不息性,论证出文化、人文、生活之方方面面皆有道德理性的作用,道德理性在文化的各层面的作用,真可谓虚而不屈、动而愈出,这一思想的代表作是《文化意识与道德理性》。在晚年,他以"心境感通"为主要思路,指出心与境互为体用,在心与境之虚实、阴阳、屈伸的动态感通历程中,心灵不断得到提升与超化,此感通之流依次成就出知识概念、道德实践、形上境界,历经九境,而最终归于天德流性、尽性立命的至极至高之境。由此可见,唐氏毕生皆以"德性"为主要着眼点,但他勇于不断提升思想造诣,敦厚致思深度,扩展运思境界,所以会形

---

① 马一浮:《泰和宜山会语》,《马一浮全集》,第1册,第19—20页。

成三个阶段。不过，正因为唐氏思想有此三个阶段，所以他的人义思想也是在不断变化和提升之中的。笔者认为，如果唐先生明确地以"心境感通"为根本线索和思路，那么他在中年的《文化意识与道德理性》一书中所做的文化哲学上的论证，也将有所调整。因此，我们可以说，唐氏关于"德性"的思想难以一概而论，需要分别而观，同时也需要融通而思。在这里，我们主要选取其中年的"道德理性"之说，以总结其关于"德性"的论述，因为《文化意识与道德理性》正是唐氏展示其文化哲学的主要著作。

在此书中，唐君毅指出道德意识是一关于善之意识，道德价值是一关于善之价值；同时，道德意识、善之意识中蕴含着理性、普遍性、客观性、超越性的意涵，所以道德意识包含道德理性。可见，道德理性不是如马一浮之性德，可广泛包含真、善、美及其融通者，而是以善为本。这个出发点，更可为人所共同承认者。在这基础上，唐君毅要进一步论证出，人类的各种文化活动皆包含或者需要道德理性与道德意识，同时道德理性也是这些文化活动的本根本源。人类的文化活动当然包含了求真、求善、求美的活动。求善的活动为道德实践和道德生活，求真的活动则为求知识的活动，求美的活动则为文艺性的欣赏美之活动。而唐君毅认为所有人类文化活动皆包含着道德理性，则需要论证出求真、求美之活动中也蕴含着求善。首先，唐氏论述求知活动（包括知识、科学、与科学意识关联之哲学等）中蕴含着道德理性。在《文化意识与道德理性》中，唐君毅用了巨量的篇幅，阐发人们的求知识、求真理之心，其实是一道德的心灵之表现，而并非如一般人所理解的求真之心与道德之心相异相违。因为在求知识之活动中，人们往往执着于知识而形成法执，求知活动之所以能够不断进行，就在于人们的心灵能够不断地消除和超越执着，这就显出求知活动蕴含着大公无私之心与不断求超越的道德理想在其中。同时，就人们一般所认为的"求知活动是纯为真理而求真理的活动"的见解，唐君毅也做出批评，他指出以求真活动非含道德之观念之说，乃体现出求知者之求知活动之停止，也即求知真理之意识之退堕。其云：

> 而此道德性之所以可不发展出，或若可不呈现而未尝存在，实原于吾人在自以为已知客观对象之真理之后，即以真理在吾人之观念知识中，而失去真理客观性之肯定。然当吾人失去真理之客观性之肯定时，即吾人忘掉观念知识之所对之客观对象之存在之时。而当吾人忘掉知识观念所对对象之存在时，

即吾人不复以知识观念判断对象时。亦即吾人求知之活动停止,而只反省吾人以往求知之结果,吾人已成之知识,而自陷于其中之时。①

对真理之客观性之肯定体现出心灵之公而无私的道德理想,这种道德理想可谓内在地与求知的活动相融相润,最终保证求真活动的进行。因此,"为求真而求真"之说,实际上是有内在的问题的。由此,唐君毅从他独特的视角和论证,证立求真与求善之内在相通性,求真活动不能脱离道德理性、孤悬而出。

其次,求美的活动也离不开道德意识、道德理性。求美活动也即欣赏美或艺术创作的活动。许多人认为这种活动也与求真、求善之活动不相关。唐君毅也否定这种观点,并认为欣赏美的活动也内在地蕴含道德理性。不过他并不采取直接自欣赏美的活动中论证道德理性的存在的方式,他指出如能论证出求美与求真活动具有内在相通性即可,因为求美与求真既相通,那么求美与求善必相通。这是因为他已经证立求真活动中实已蕴含了道德理性。在他看来,求真意识与求美意识确实有性质上的不同之处。例如求真活动须先有判断然后才有谓某理为真之事,但对于美的判断乃后于欣赏美之事;又如求真之判断活动须做主客、物我之对待,但求美活动中则原无与美之境相相对待之觉识;再如各真理之知识可互涵而成为一真之知识系统,然各种美之境相则不能互涵而仍为美,美之境相为各各独特者,等等。不过,唐氏在这个基础上进一步指出,虽然求真与求美两种意识具有上述性质之异,但这并不表明两者不可内在贯通。例如,在求真活动中我们有一超越的理想,而这一理想正是要达到主客对待之泯除之绝对真理,这当中正蕴含着绝对美;又如,作品之美在其形式构造,此形式构造乃表现生命与精神之理,亦即绝对真理者,因此美之活动即所以实现求真理活动之本质;再如,求真活动包含反省,反省所成之观念与实在之合一即成真理,此合一中实有心境冥合之直观在其中,故求真意识即在求美意识之中,只不过人们在其求真活动中对此直观并不觉察而已。由此,唐氏通过揭示求美与求真两种意识之内在贯通,最终展示出善(道德理性)与真、美的内在融通性。道德意识与道德理性中蕴含着真、善、美及其内在融通。

由此可见,唐君毅人文思想中的"道德理性",是对马一浮人文思想中的"性德"的进一步继承与扩展。马一浮单刀直入地体会出性德内在地蕴含真、善、美,从

---

① 唐君毅:《文化意识与道德理性》,第383页。

而性德流淌和展示出全幅真善美的人文世界。但是马一浮并没有证立为何性德中蕴含真、善、美及其内在融通,唐君毅则不取马氏的思路,而通过系统充分的思辨论证之方式,自求真、求美之活动中显出其活动内在地蕴含求善的道德意识与道德理性,从而为文化世界、人文生活奠立一个坚厚的理论基础。这无疑是对马一浮人文思想的补足、延伸与扩展。

三、"从体起用"与"摄用归体"

马一浮与唐君毅除了在人文思想之根据即"德性"的论题上有所互补之外,他们各自的人文思想的主要取向也是互补的。简言之,马氏人文思想的主要取向是中国传统式的"从体起用",唐氏则采取西方哲学式的"摄用归体"。对此,唐君毅在《文化意识与道德理性》的自序中说得很清楚:

> 然本书之论文化之中心观念,虽全出自中国儒家之先哲。然在论列之方式,则为西方式的,并通乎西洋哲学之理想主义之传统的。西方哲人之论文化,与中国哲人之论文化之方式有一大不同。中国哲人之论文化,开始即是评判价值上之是非善恶,并恒是先提出德性之本原,以统摄文化之大用。所谓明体以达用,立本以持末是也。而西方哲人之论文化,则是先肯定社会文化之为一客观存在之对象,而反溯其所以形成之根据。本书之作法正是如此。①

这段话恰当地显豁出唐君毅自己与其前辈、前贤在学术取向上的差异。马一浮人文思想的取向大体上也是继承传统特别是宋明理学一路,他在其《泰和宜山会语》《复性书院讲录》二书中,强调通过德性修养功夫的提点与引导,为学者先要立乎其大、发明本体,深切体会到仁心、性德的至极至深义;然后再通过经典诠释与文本互发(特别是对《礼记·孔子闲居》《尚书·洪范》《礼记·仲尼燕居》《易传》《论语》《孟子》《孝经》等经典的诠释),从而显出性德流出六艺以及六艺之间相互涵摄之理,最终揭示出一个本源本真的意义机制与人文网络,从而试图超化现代人类的

---

① 唐君毅:《文化意识与道德理性》,第9页。

意义危机。这是典型的明体达用的取向。

可见,马一浮作为第一代现代新儒家,继承传统的学问较多,顾及现代与西方的学问较少。这也是新儒学在其发展过程中可以理解的情况,我们不应对前贤过分地求全责备。但是,随着中国曲折的现代性进程不断地延伸与演进,随着中国现代学术话语体系的不断形成,随着西方哲学对中国文化的碰撞与冲击的加深,中国传统的学术方式虽然理应被继承,但也需要有人做出调整与应对,乃至做全面的"外推"的工作,也通过他者的语言、社会与实践脉络、本体体证等方式,让自身的文化传统的生命力得到更丰富的显豁。①况且,中国在其现代性的进程中,西方与现代的文化、思想、哲学、科学、文明已经逐渐不是"他者"了,而成为自身传统的一部分,并与之前的传统形成复杂的动态性关系。在这个背景下,传统的纯粹的明体达用的思想取向,往往为现代的中国人所不理解,难有契会。因此马一浮也感叹道:"今人受科学影响太深,习于分析,于六艺内容一无所知,而轻视渐甚,故于六艺统摄一切学术之说必不肯信。"②面对这种"今人受科学影响太深,习于分析"的实际情况,他显然略有无力应对之感。

其实,人们"受科学影响太深,习于分析",并不必然导致"于六艺统摄一切学术之说必不肯信"。我们大可通过印度与中国古代佛教的开权显实之法,以子之矛,陷子之盾,让人们理解到科学与分析离不开性德之功。不过,如果要达到这种效果,则需要我们首先对"权"法有一个深入客观的研究和理解,然后才有"开权显实"之事。这就必然要求我们转换视野、方法、取向,从"从体起用""明体达用"的传统取向,转至"摄用归体""即用显体"的现代取向。对此,唐君毅明显是有相当的自觉的,因此他撰写《文化意识与道德理性》一书对马一浮的人文思想做出系统性的推进。

在此书中,唐氏并不采取马一浮先立其大者、先拈出仁心性德以作为六艺之大本大源的取向,他先顺着人们的文化与人文生活中的若干重要内容和论题,如家庭意识、经济意识、政治与国家、哲学科学意识、艺术文学意识、人类宗教意识、体育军事法律教育等,分别做出具体系统的描述和论证,并皆最终不得不显出人类文化的各种意识中蕴含着道德意识与道德理性。此后,唐氏再通过一章的篇幅,论证道德意识的内涵,指出此道德意识,其最根本的内容是仁德,然后再论证仁德如何转出义、礼、智之德,从而基本完成摄用归体、即用显体的文化哲学工作。这一工作,尽管其中不无牵强曲绕之说,但不仅接受中国传统文化的人们可以理解,而且受到西

---

① 参见沈清松:《沈清松自选集》,济南:山东教育出版社,2005年,第39—60、445—449页。
② 马一浮:《语录类编》,《马一浮全集》,第1册,第575页。

方与现代的科学、思辨、分析洗礼过的人们也是同样可以理解的。这无疑在某种程度上完成了马一浮所未能完成的人文思想的愿望。

在此，我们可以举一例而论。马一浮的六艺论是要揭示出《诗》《书》《礼》《乐》《易》《春秋》之教皆是性德、仁心之流行与展示。在《书》教的内容上，马一浮通过对《尚书·洪范》的充分诠释，最终得出结论：

> 六经总为德教，而《尚书》道政事皆原本于德。尧、舜、禹、汤、文、武所以同人心而出治道者，修德尽性而已矣。离德教则政事无所施，故曰"为政以德"。此其义具于《洪范》。①

马一浮在此的贡献，是通过对经典的诠释，让《尚书》与《论语》得到融通，从而提点和总结出原始儒家已经形成"政事皆原本于德"的深厚传统，并由此提示出其当代性意义；换言之，就是让人们理解到：就算是在当代社会，这仍然具有深度的价值与意义。不过，由于不能与西方及当代的政治哲学理论对显，所以马一浮的工作并不一定能让现代人所全然信服。相对之下，唐君毅则不首先采取经典诠释的方式，而是从对一般现代人们所承认的权力意识的描述和论证出发，揭示出权力意识中多少蕴含着一种道德意识；进而论团体之性质，显出团体与组织的建立和持续须以公心为本；再则论国家建立与存在之必然性，并在国家起源论上独具慧眼，论证出国家之建立不能出乎道德理性自我的一念之外，西方哲人包括黑格尔在内也不能真实理解到此义；最后在政体的问题上，他倾向于民主政治，但同时论证出民主政治需要也理应通过充润之以道德意识为本的文化教育的作用，而形成"透过法治民主政制之礼治人治德治的政治社会"②，最终体现出理想的民主政治下之政治意识。我们可暂不问唐氏这些论证如何如何、是否合理，但不可否认的是，他的这种即用显体、开权显实的做法，确实让马一浮的观点顿然充满了现代性的生机与妙用。③

---

① 马一浮：《复性书院讲录》，《马一浮全集》，第1册，第269页。
② 唐君毅：《文化意识与道德理性》，第192页。
③ 除了政治的论题外，马一浮还曾谈及经济，因为天地间皆为性德之流行，因此马一浮也主张现代社会在经济上应该"财可私有，产不可得而私有。井田之制不可复，井田之意在均平，仍当取法"（马一浮：《语录类编》，《马一浮全集》，第1册，第677页）。这里蕴含了深入的洞见，可惜马氏并未解释为何应当如此，此中有何道理。而唐君毅则独立一章，充分论述人类的经济活动不可没有道德理性，进而提出人文经济社会之说。唐氏的这一论证可以说就是马氏此说的引申。

综上可见，马一浮与唐君毅在人文思想的取向上实可谓构成一个回环。一为明体达用，从体起用；一是摄用归体，即用显体。两者正好构成互通互补的可能。马一浮开启出仁心性德流出六艺世界、生活世界、人文世界的方向；而唐君毅则先从人文世界的各方面思考并超化之、提升之，以达到下学上达，归于仁心性德。唐氏人文思想的终点是马氏人文思想的起始，马氏人文思想的开展需要唐氏的人文思想做出论证与引申。就后者而言，只有落实唐氏的论证工作，马氏六艺论人文之教的价值方能在对比之下显出。不然，其现代性的意义与价值将隐而弗彰。

四、"寂感"与"感通"

要论证马一浮与唐君毅人文思想的相承性，最重要的一点，是要理解到马、唐二氏在人文思想的视野和方法上，都以"感"为关键性的内容。只不过马一浮是通过"寂感之理"以展开他的"六艺论"人文哲学的，而唐君毅则是通过"感通之理"来贯通他的"心通九境"大系统的。下面分别就马一浮六艺论与唐君毅心通九境做出说明。

根据笔者的研究，马一浮的六艺论呈现出一个以"性德"为根基的本源而本真的意义机制。人们通过体会和践行六艺之道，则可以养成人格，善化生活，安顿意义。而六艺论作为意义机制，是由六艺之为全体、六艺之为大用、六艺之为功夫三个向度所构成的。而全体、大用、功夫这三个向度则是相互涵摄、内在关联的。马氏六艺论思想的起始，是从六艺之为全体这一向度着眼的。他认为，"性具万德，统之以仁"[①]。性德作为天地人生之意义的本体与源泉，可谓蕴含万德，含藏六艺。万德是德之总，六艺是艺之全，因此性德本体即是六艺之全体。同时，性德未有所感发，体现为寂然不动的精微幽深状态。这种寂然不动的状态具有《易传》所说的"诚""神""几"诸义，因此性德作为寂然不动之体，自然就蕴含有能感、能生的潜能与方向。马一浮对性德之寂的状态，有着很深的体会，他展示道：

《易·系辞》曰："唯深也，故能通天下之志；唯几也，故能成天下之务；唯

[①] 马一浮：《童蒙箴》，《马一浮全集》，第4册，第14页。

神也,故不疾而速,不行而至。"深是志至诗至,儿是礼至乐至,神则乐至哀至。诚于此、动于彼之谓通,举因该果之谓成,无声无臭之谓速。通即是至,成亦是至,"不疾而速、不行而至",则是理无不通,诚无不格,"范围天地之化而不过,曲成万物而不遗",心体无亏欠时,万德具足。三世古今,不离当念;十方国土,不隔毫端。故神用无方,寂而常感。如是言"至",义乃无遗。当知体用全该,内外交彻,志气合一,乃是其验。无远非近,无微非显,乃为至也。此之德相,前后相望,示有诸名,总显一心之妙,约之则为礼乐之原,散之则为六艺之用。①

这段话揭示出了性德全体、六艺本体的寂而常感的深密状态。而寂而常感的性德有所触动,便即感而遂通,源源不断地流出本源而本真的意义。在这状态中,无形无象的性德本体由隐而显、自幽而明,呈现出有形有象的六艺流行大用,成就出人的合理真实的生活状态。这就是全体起用,也即六艺之全体显发为六艺之大用。马一浮对六艺之全体起用的阐发,是通过他对《礼记·孔子闲居》的诠释而体现出来的。《孔子闲居》记录孔子通过"五至"(志至、诗至、礼至、乐至、哀至)、"三无"(无声之乐、无体之礼、无服之丧)、"五起"(即"三无"之化隐为显)这三个环节,揭示出六艺之道的酝酿、流行、显现过程。经过马一浮的诠释,六艺之全体从体起用、感而遂通,呈现和流出六艺之大用。其云:

> 《诗》以道志而主言,在心为志,发言为诗。凡达哀乐之感,类万物之情,而出以至诚恻怛,不为肤泛伪饰之辞,皆《诗》之事也。《书》以道事。事之大者,经纶一国之政,推之天下。凡施于有政,本诸身、加诸庶民者,皆《书》之事也。《礼》以道行。凡人伦日用之间,履之不失其序、不违其节者,皆《礼》之事也。《乐》以道和。凡声音相感,心志相通,足以尽欢忻鼓舞之用而不流于过者,皆《乐》之事也。《易》以道阴阳。凡万象森罗,观其消息盈虚变化流行之迹,皆《易》之事也。《春秋》以道名分。凡人群之伦纪、大经、大法,至于一名一器,皆有分际,无相陵越,无相紊乱,各就其列,各严其序,各止其所,各得其正,皆《春

---

① 马一浮:《复性书院讲录》,《马一浮全集》,第1册,第230—231页。按"通即是至",《全集》原文作"能即是至","能"应作"通"。

秋》之事也。其事即其文也,其文即其道也。学者能于此而有会焉,则知六艺之道何物而可遗,何事而不摄乎!①

性德全体蕴含着天地人生全幅真实的意义与价值。性德寂然不动时,全幅真实的意义与价值摄用归体,自显归隐;性德感而遂通时,全幅真实的意义与价值从体起用,由隐入显,化为六艺之流行大用。而马一浮这里所说的六艺,已经不是经典与学术意义上的六经了,而主要是六经所蕴含的天地人生之大义。

由上可见,六艺之全体与六艺之大用只是性德流行或意义兴发的收放、卷舒、隐显、神化而已。就放、舒、显、化而言,是全体起用,即六艺全体展现为六艺大用;就收、卷、隐、神而言,是摄用归体,即六艺大用摄归为六艺全体。要之,只是体用一源,显微无间。而这六艺之全体与大用的隐显收放之道,则是通过《周易》的"寂然不动、感而遂通"②之理而实现出来的。马一浮总结道:

> 此理(引者按:理即性德)自然流出诸德,故亦名为天德。见诸行事,则为王道。六艺者,即此天德王道之所表显。故一切道术皆统摄于六艺,而六艺实统摄于一心,即是一心之全体大用也。《易》本隐以之显,即是从体起用。《春秋》推见至隐,即是摄用归体。故《易》是全体,《春秋》是大用。③

另外,马一浮将六艺展示为体用圆融的意义机制、至真善美的生活世界。但现实中,人们往往由于习气的遮蔽,使得意义的自然机制受到扭曲破坏,从而导致意义兴发的变异或失败。其结果,就是合理正常生活的消隐,并形成生活与意义危机。但在马氏看来,这可以通过功夫进行疗救。通过功夫的落实,习气去除,性德显露,我们最终可以恢复至真善美的生活大用。可以说,功夫乃深入地参与到六艺意义机制的流行与发用之诸环节中去,并持续地令六艺全体通透并流出六艺大用。因此,功夫与全体、大用一样,也是六艺论的重要向度。全体、大用、功夫这三个向度的互涵相摄,构成了六艺意义机制的内在脉络。

那么,六艺功夫包含何种内容? 马一浮认为,六艺意义能够顺畅地兴发与流行,

---

① 马一浮:《复性书院讲录》,《马一浮全集》,第1册,第95页。
② 孔颖达:《周易正义》卷七,第81页下。
③ 马一浮:《泰和宜山会语》,《马一浮全集》,第1册,第16页。

关键在于习气是否全体去除。习气去除，则性德自显；性德显现，则大用流行。而去习之道则在于"见性"与"复性"。在此，马一浮继承了程朱理学的修养功夫论，指出"主敬"与"孝弟"的功夫是人的见性、复性、体仁、行仁的根本功夫。主敬属"知"，孝弟属"行"。知行互动，相涵相生。主敬则能见性体仁，孝弟则能尽性行仁。故云："唯敬而后能知性，唯敬而后能尽性，唯敬而后能践形。"[①] 主敬作为功夫，能让性德逐渐开显，意义自然流出。同时，性德乃是天地人物之共通根源，因此性德之显发、意义之周流必然会"溢出"。这种溢出首先表现为"一念爱敬之心"。此爱敬之心，使得人们不敢恶慢他者，不敢损伤草木，而求与天地共生共育。同时，性德所流出的爱敬之心，其最初的表现即是"孝弟"。我们的生命与意义的流淌扩展，首先体现在与父母亲人的一体互通上；换言之，一念爱敬之心作为意义之流动，必先通达至父母亲人身上。于是，性德之仁便成就为爱敬之孝弟。马一浮云："有生之伦，谁无父母，孩提之童无不知爱其亲者，未知私其身也。至于以身为可私，则遗其亲、怼其亲，倍死忘生者有之。然当其'疾痛惨怛，未有不呼父母'者，则本心之不亡，虽瞑而终通也。……指出一念爱敬之心，即此便是性德发露处，莫知所由，然若人当下体取，便如垂死之人复活，此心即是天地生物之心。本此以推之，礼乐神化皆从此出。"在马一浮看来，孝弟功夫即是礼乐之源泉、神化之根底、六艺之总归。换言之，孝弟功夫乃是全体参与到六艺意义机制中去，并使得六艺全体显发为六艺大用的构成环节。其云："子夏问'何如斯可谓民之父母'，孔子答以'必达于礼乐之原'。孝弟者，即礼乐之原也。"[②] 孝弟之所以为礼乐之原，是因为孝弟所本的一念爱敬之心，即性德之自如通达，亦即仁义之自然生发，仁义而以孝弟推扩通达出来，便兴发出本源之礼乐与礼乐之大用。综言之，主敬与孝弟的一知一行的修养功夫，能够保证六艺之全体显发为六艺之大用，使得六艺意义机制的兴发与流行畅通无碍。马一浮总结道：

> 须知六艺皆为德教所作，而《孝经》实为之本；六艺皆为显性之书，而《孝经》特明其要。故曰一言而可以该性德之全者，曰仁；一言而可以该行仁之道者，曰孝。此所以为六艺之根本，亦为六艺之总会也。[③]

---

① 马一浮：《复性书院讲录》，《马一浮全集》，第1册，第284页。
② 同上，第150页。
③ 同上，第220页。

主敬与孝弟的修养功夫,使得六艺之全体寂而常感,亦使得六艺之大用感而常寂,从而保证六艺之全体大用寂感一如,显微无间。马一浮曾说:"寂而常照,寂即是感。寂感同时,性之本体如此。人心所以昏失,皆因散乱。散乱是气上事,敬则自不散乱,自不昏失,所以复其本体之工夫也。"①

综上,本节基本揭示出马一浮六艺论的人文思想,是一个展示出天地人生之意义的流行和生成的思想系统,它通过"六艺之为全体""六艺之为大用""六艺之为工夫"这三个相互构成、相互涵摄的向度,试图证立孔子的六艺之教蕴含着理事双融、体用不二的特色。马一浮的六艺论呈现出意义的发生、酝酿、交织、流行、发用的结构与环节,丰富系统地阐发了存在境域、意义世界、生活世界的内容和消息,因此六艺论及其所揭明的六艺之道,构成了一个"意义机制"。而这个意义机制所蕴含的体用隐显之道,则是通过《易传》的"寂然不动,感而遂通"这样的感通之理而实现出来的。表示如下:

寂然不动	六艺之为全体
感而遂通	六艺之为大用
寂感一如	六艺之为功夫

与马一浮六艺论的人文哲学相近,唐君毅也是通过"感通之理"为关键性线索,展示他的"心通九境"的思想大系统的。他认为,心灵的活动实际上就是心与境相感相通的活动。心之感通活动是心境俱起俱现的关系,而心灵所通之境,则可开而为九。这九境前三境为万物散殊境(观个体界)、依类成化境(观类界)、功能序运境(观因果界),此三境合为客观境;中三境为感觉互摄境(观心身时空界)、观照凌虚境(观意义界)、道德实践境(观德行界),三境合为主观境;后三境为归向一神境(观神界)、我法二空境(观一真法界)、天德流行境(观性命界),三境合为超主客观境。客观、主观、超主客观三境体现出心灵超升的历程,最终会归至天德流行之境,即当下生活之理性化,从而化知性思辨为人文智慧。本文无意评判此心灵九境,其内容与编排是否合理;亦无意讨论人的心灵活动是否必定依次经过此三大境;同时也不必将心灵九境全部内容做出概述。本文将集中讨论唐君毅是如何通

---

① 马一浮:《语录类编》,《马一浮全集》,第1册,第716页。

过"感通"而深入对诸境的考察的。在此背景下,笔者将九境的内容亦分为三:知识概念与哲学思辨问题、道德实践问题、形上境界问题。

(一)知识概念与哲学思辨问题

唐君毅在前五境中,特别重视知识论问题,他对个体、类、因果、感觉、时空、语言、数学、几何、逻辑等问题都有深入的探析。他指出人在实际生活中,知识论与哲学思辨的训练反省必不可少,不过他同时认为,在充分讨论知识概念与哲学思辨问题之后,应该体会到纯知识上的事其实都是戏论,概念范畴也可以助成人们的虚妄执着,因此对于知识论问题,开始时需要重视,最终则需要观其界限、泯其执着、让其隐退,显出心灵超升的无限性与心灵实践的必要性。那么,唐君毅是如何在心灵活动与心境感通基础上讨论具体的知识概念与哲学思辨的呢?本文选取"个体"与"因果"问题为例。

1. 个体问题

唐先生认为,人开始时容易向外观照而非向内收摄,所以容易执着有外物以至于有单一个体。西方哲学对个体素有研探。在他看来,对于个体的各个方向的观省,如外、内、上、下之观,西方几乎穷尽了。但是,西方对于个体的考察,都是心灵活动错置淆乱的结果,并促使他们多将个体观成实体。所谓外观个体,以柏拉图、亚里士多德为代表,他们认为观物之形相则见其皆为普遍者(如方物的方形),而这些普遍者会聚成为一个实体之物,则必有赖于此普遍者之外的根据做出说明,这根据就在于物质,物质使得普遍性相个体化。所谓内观个体,则以莱布尼茨为代表,他观省个体物作为实体,必具统一性,此统一性初为人心所见,因此他设想物之实体皆有似人心之单子,单子的统一性是物之实体的根据。所谓上观个体,以德国唯心论者如费希特、黑格尔等为代表,他们将此个体消融并上移至绝对的个体或上帝,如客观精神。所谓下观个体,以罗素、怀特海为代表,他们欲取消上述实体观,并以事之相续代替实体之常存。对这四种个体观法,唐君毅充分让其思路显朗,使尽其辞,然后延伸出来,观照其困境矛盾所在;然后在此基础上,通过心境感通之理,再观其局限并示以正途。首先,他指出生命存在以直接感通为始,感通是心开出境而自通之的感通,是心与境并起并现的感通。同时,这感通是感觉的感通,即感于感相(如冷热声色)而通过之,从而化感相之实为感通之虚。可以说,心灵感通活动就是心境虚实相生、屈伸进退、隐显起伏的次第流行过程。以此为基础,他批判了西方哲学的上述观个体法。因篇幅所限,本文仅概述其对外观内观个体之说的批判。就外观个体中物质的问题,他指出人心对境物有感通之知,其初是心物俱起俱有的,但心物俱起而不一定俱息,因为人心有望与求之情,并连于心知,则容易贪着于物并形成法执,当求之不得时,更引致主客对立。但人心有化除此对立而求统一的愿求,而此愿求在现实中失败时,人们对此物会有障碍和限制之感,最终此物被视为有物质性者。因此,物质实体说只是感通之不通所造成,反观心物感通之初始,则可超化此论。就内观个体问题,他观照各种可能,指出莱布尼茨若以心灵/单子所具的统一性,无论是现成事实还是统一机能,都不能成立心灵的实体性。同时,莱氏与康德都将心所表之性相或表象观为实,不知表象未显,其对心为空;表象显已,其对心亦为空。因此心显表象的过程其实是虚实隐显的过程。故心可透过表象之有此虚空义,而超于表象之相之外,形成由内通外、内外感通之观。因此,无论是外观还是内观,都不能形成个体的实体义。

不过,虽然唐君毅通过心境感通与内外上下之观,批判与超化转个体为实体的个体观,但他并不反对个体本身,他要证立个体界即万物散殊境的真实意涵,而不被西方错误的实体观所扰乱。他指出,个体界具有常在性,这常在性的基础在于感知(感通之知)的指向活动。这种心灵感知的指向活动,具有透入性、曲折性、超越性、次第性、历程性。它开始时先自开朗,摄受物之相(现象),形成直觉境,其后又超越此相而转摄他相;当其转摄他相时,此前之相则隐退而化为此相之性(体性);但这性因知之指向活动而可重现为相,从而成就出常在个体物的客观境。因此,心灵感知之活动其实是通透出入境物之性相的曲折回旋、阴阳流行、隐显互具的历程性活动,从而透通万物散殊的个体境而不执碍。因此,西方将个体实体化的做法未透入个体的真实意涵,而对于个体的表象、概念、判断等事,也是建立在感知的指向活动的基础上才是可能的。①

2. 因果问题

因果与个体的问题皆属客观境,但个体侧重在体(体性);因果则侧重在用(功用),侧重在个体间关系而非个体。因果也是中西印三大传统特别关注的问题。唐君毅指出,西方哲学观因果,也有内观、上观、下观、后观、前观等。与其论个体界一

---

① 上述内容参见唐君毅:《生命存在与心灵境界》,台北:学生书局,2006年,上册,第57—128页。

样,他也顺其所观,而显其劣义,化其偏执。因篇幅所限,本文不赘。唐先生在这个问题上,则特别展示休谟、康德与黑格尔之论。众所周知,休谟怀疑前因后果的必然联系,即因之有在逻辑上非必然蕴含果之有,他主张以经验联想习惯说因果。但唐先生指出,休谟难以解决为何人会觉得因果是"必然"的问题。而康德说因果,则主张经验事物必有前因与后果在时间上之相继,而非从前因可直接推断后果。这里,康德并未能推翻休谟之说,但他指出因果有时间前后性,则较休谟推进一层。而黑格尔则在康德的基础上,更演出形上学的因果理论,指出因为形上实体,此形上实体之因中包含有可表现出现实事物之存在为果的意涵,而果则反过来亦为属于此形上因者,故因果关系成为互相具有的理性逻辑关系,与休谟的经验习惯说构成对比。但唐氏指出,因果关系实不能由逻辑理性加以全部理解,因为当因与果在内容上有差异时,此因的理性或逻辑意义中即不能全部含有此果所含的意义。所以,西方因果论各走极端,或走经验习惯之路(休谟),或入逻辑理性之途(黑格尔),或徘徊两端(康德),皆乏正解。与西方哲学相近,佛学因果论也在逻辑理性与经验事实间善能判析并综合之,但也有问题。如唯识宗之因果论,有亲因(指种子与现行关系,即可能与现实关系)之说,这是逻辑理性的;也有助缘(诸缘与其所助成之果的关系)之说,此即经验事实的。唯识兼取这两类观点,但唯识宗未能说明何以两者必须综合在一起。华严宗则欲解决唯识宗问题,但仍未臻圆融。

唐君毅指出,中国传统的因果论能圆融兼综经验事实与理性逻辑二义,是圆融的因果论。这种圆融因果论的关键在于因果功能性过程中有一阴一阳、先虚后实、先消极后积极的感通继成之路。他指出,前因后果之间,前因的作用首先并非积极的直接涵具后果的理性逻辑关系,而是先有消极的功能作用,用以阻止排斥其他事物其功能之足以妨碍此果之出现,让果顺利出现,从而成为此果之"开导因"而非"生起因"。因此前因对于后果只是间接的助缘作用。不过,这个因果助缘作用并非全无理性逻辑意义,因为前因虽不直接生果,但可决定果的范围。首先,就逻辑性思想而言,思一个体或类A有性质B,我们循A是B进行时,此思便有排斥我们向A之非B而进行,从而维持A是B之思想之相续存在。此思想中之排斥其相反之思想,是必定的,故有逻辑上的必然性。其次,思想上如此,客观事物亦如此。客观事物中,在因与果为异类的情况下,似因果之间无逻辑理性关系,但其实此因虽以此异类事物为果,但并非与任何异类事物为果,故从于此因的异类事物必有一定范围。这是因为此因具有排斥其他异类事物生起的功能。因此无论在思想上还是客观事物上，前因作为开导因，同时兼具经验助缘与逻辑理性作用。另外唐氏指出，这种圆融因果论实即中国传统思想特别是《周易》的阴阳互动、屈伸相续、隐显相承的流行之道。前因作为开导因，其功能为排斥其他异类事物存在，而同时自身也竭其功能，而被异类事物所排斥，以至于不存在。因此是从有入无、由显而隐、由出而入、由伸而屈、由明而幽，因此前因是坤道、阴道。但正当作为消极性功能的前因归隐时，作为积极性的后果则从无入有、由隐而显、由入而出、由屈而伸、由幽而明，因此后果是乾道、阳道。因果相生相依，就是阴阳屈伸进退互动互根的流行过程。这种圆融的因果论体现中土哲思的殊胜之处，其关键则是视前因为开导因，观照出"因化果生"的道理。另外，这种阴阳、屈伸、进退、幽明、出入、有无的互动互根的次第历程，实即心境感通活动在因果关系上的具体呈现而已，这与唐先生通过心境感通论个体问题，思理无二。同时，正因为以因果功能过程为阴阳虚实相感的次第交互历程，唐先生由此才能遍观遍照中西印不同的因果观，显其所偏，化其所蔽；另外，只有通过心灵的整体性、动态性观照遍运于因果功能的具体历程与关键中去，才能呈现出因化果生是阴阳屈伸进退互动互根的感通过程。①

（二）道德实践问题

道德实践问题，集中在主观境中的"道德实践境"。道德实践与知识概念、哲学思辨是两种问题，前者不能通过知识、思辨的方式解决，而必须通过德性实践本身完成。知识概念等属知，道德实践则属情意。在唐君毅，"感"可有感通、感受、感应之别；感通属知之事，感受与感应分别属情、意，即行之事。② 心灵活动过程中，感通之知与情意之行互发互成；但具体说，若无情意则知不生，无情意之行以继知则知之感通不能完成，故感通之知的生成应摄归于情意。③ 所以作为情意之行的道德实践，是超越知识思辨的更高一境；知性之境如无道德心灵的自觉认可，则成为浮游无根的非真实存在。在唐君毅，道德实践是通过"道德"与"不德"的对比，以及"道德"自"不德"中超越而实现出来的。虽然人们在生活中有德性存在，但严肃的具德成德生活，则需要心灵持续性的自觉反省；否则我们很容易因为寻求某种生活

---

① 上述内容参见唐君毅：《生命存在与心灵境界》，上册，第231—310页。
② 笔者按：在唐君毅思想中，感通实有广狭之别。广义的感通包含"感"的所有侧面；狭义的感通指"感"在知性上的体现。本文用"感通"一词，随文各别，不更一一说明。
③ 参见唐君毅：《生命存在与心灵境界》，上册，第24—25页

境界的继续而陷溺其中,以有限为无限,生成我执,排斥他者,自我贡高,不能超拔,陷于各种以小为大、以低为高的可怜可笑的不德之事。

道德需要从不德中超拔出来,但这种超拔应如何实践?唐君毅是通过心灵之感的各个方向层面做出展示的。笔者这里将唐氏所论心灵之感概括成三步:同情共感、境界超升、道德生活。首先,人们如要超拔出虚妄的限制性生活,则须寻求自我与他人的同情共感。这时人们将发现他人的表现有与我类同之处,不但无意征服,而且将他人的情意行为视为无异于我的行为,故能善与人同、成人之美、互动互助。这互助之德是心灵共感的原始表现。此后,更有超越互助之德的感恩、惭愧、谦逊、礼敬、忠信、智勇等德,凝聚成不已的恒德。这些德目皆先有他人出现,然后对他人呈显,并通过相互共感而实现。这种相互感通、感受、感应其实就是仁的体现,故上述德目皆是仁德。唐先生指出,我们不应忽视仁德之感的作用,因为其始也庸常平实,其极也广大深远。其次,由人与人之间的同情共感、彼此互助为基础,更可开出自己、他人、世界三方面的扩大超升之机。对自己而言,因为共同共感互助之事,是双方各自推己于外所达到的,故就每个人而言,这种推己作用能推出并超越自我保存个体性存在之限。对他人而言,对于物质施予与身体情感上的推衣、推食、推手等事,他人即受者并不视为只是物质接受、身体感受,而更有心灵情意之实感。这心灵情意之感是真实存在的,因为我与他人在施受中或之后,能感受此心之灵明的存在。换言之,就是他人感我之情意动作,并非只是感此情意动作之形象,而是感此形象而归于无形象的我的心灵的过程,从而有此实感而生感谢之德。这无疑是对心灵世界存在的肯认以及对他人心灵境界的超升。对世界而言,因为在同情共感互助过程中,人们对他人心灵之实有的肯定,无异是对自身与他人所共知的事物所合成的世界的实在之肯定,从而展示出不断超升扩大的生活境界。合言之,在同情共感互助中,道德心灵是无定限地自动生长的,从而带来自己、他人、世界三方面的扩大超升。最后,通过道德心灵的扩大超升,人们将养成道德生活、树立道德人格。不过这是相当困难的事。一方面,这是因为生命自身有堕落趋向,要化除此趋向,则须发心或愤悱以生起愧耻,进而立志、自信,挺立道德心灵、成就善美德性。在此基础上,人更须与自己之外的人物相接,善德必须与境物善感善应,同时也不执着此善德而成不善,然后才能成就道德生活道德人格。另一方面,这是因为人们所交接之境,并非决定境而为问题境,对于此境如只求动机之无过,则只是旁观者的心态,并非处于问题境中的相应之思,对于道德人格养成毫无帮助;这时就需要人们先暂停其道德行为所表现之事,让道德心灵由实归虚、自显而隐,以求如实观、如实知此问题,从而退道德心灵而进知识心灵,让问题顺利处理。而这个过程,并不表示道德心灵的失去,而恰是道德心灵自我成就的必要过程。综合上述两方面,道德生活与道德人格则可落实。

在上述道德实践的内容中,心灵对境之"感"也包含在其中。首先,道德实践之感具有相互性。道德实践中的感属于心灵之情意之事,略与心灵之知之事有异。前者通过情意之行的感受、感应体现出来,后者通过知识思辨上的感通体现出来。而作为道德实践的感"受"、感"应",特别地强调感的相互性、互动性,也即所谓同情、共感、互助,从而在双向的心灵之感的过程中,成就自身与他人,培养心灵主体。现代新儒家挺立道德主体性的说法往往被人视作"良知的傲慢",但在这里并不成立。因为在唐先生看来,道德主体的挺立与培养,是建立在人我相互性地同情共感的基础上的,从而实现对自己与他者的双向肯定。其次,道德实践之感具有超升性。道德实践中,人我的同情共感、交互之感实际促成道德心灵境界的扩大、超拔、提升;换言之,道德心灵境界的超升性,本于人我同情共感的超升性。最后,道德实践之感是阴阳隐显屈伸的过程。与感通之知一样,感受感应之情意也是一阴一阳的流行过程。在实际生活中,道德心灵所通之境为问题境,这需要道德心灵首先化实为虚、由阳入阴、本显归隐,让知性心灵感通观照具体事物并解决之,经此自我否定,道德心灵最终将由阴入阳而自我肯定。同时,唐先生还指出,西方哲学未能正视并建立道德实践境。这一方面是因为除康德等外,西方哲学很少以道德实践自身为目的;即使是康德,其所谓依理性而定的道德律也甚平庸;另一方面则是西方包括康德皆不知人我共情共感是道德实践的基础,不知道德理性与道德自觉的养成需要在人我互感中培养才是真实的。①

(三) 形上境界问题

心灵九境后三境分别展示基督教、佛教、儒家的哲思。这三境从中间三境的主体界更做超越,成为超主客的绝对境与形上境。这三种形上境界皆是化知识为智能,以遍运并联系于真实的生命存在,成为真实的生活生命之教,并直接展示人文之思以至于涵具超越的宗教性信仰。此三境的设立,则是通过心灵活动的不同观法而有。心灵活动自下而上的纵观,建立基督宗教的归向一神境;心灵活动化除执着,开拓心量,横观诸法,再下观有情众生并与之同情共感,建立佛教的我法二空

---

① 参见唐君毅:《生命存在与心灵境界》,上册,第605—688页。

境;心灵活动顺生命存在而次第进行,顺观其先后始终,建立儒家的天德流行境。可以说,这三境作为形上境界,其实就是直接展示出真实的生命存在的意涵;同时,这真实存在的意涵是从心灵之感而能通中体认出来的。① 所以形上境界实即心灵活动进一步地真实而本源地同情共感的问题。因此可以通过感通来考察这三境。同时,形上三境各有对治,各各相通,合为三才之道,依次展示心灵活动作为超主客境的体、相、用,并归于最高的儒家天德流行境。故本文主要以最高境天地流行境,论述唐君毅对形上境界的思考以及其与"感通"的关系。

唐君毅认为,儒家天德流行境的殊胜之处,在于儒家切于当下生命存在与当前世界而说,从而对生命存在首先有真实的肯定。但这平实的顺观生命与世界之法,容易被基督教与佛教所误解。因此在此境中,唐先生特别将儒佛对显而观。就佛教而言,则容易判儒教为生命之俱生我执(即妄执为我而与身俱生)与分别我执(即执持属我与非我的分别),而不知生命自始为执而成负面的无明与苦痛。实际上,依儒道二家义,生命自身非执,因为生命本是一隐显往复、有无出入、阴阳屈伸的历程。这个历程在开始时未必是负面之苦,因为生命存在活动之屈伸进退,实体现出对他物之容让,求与和谐共处,这是善而非苦的历程。进而,这生命历程必然联系到生死问题。根据儒家生死观,生则顺没则宁。生命之有而生,乃超忘前生,先有所虚,以显新生,初非无明之芒;生命之无而死,乃息机归寂,超化旧有,留待继者,初非痛苦之事。因此生命初非全然为无明与苦痛而成为俱生我执,整个生命存在是自然地相继相成、屈伸进退、隐显相依的超越的善的历程。同时,儒家论生命历程,除了初始不从俱生我执着眼外,也不从分别我执着眼。按照佛教,分别我执是由于人们用概念判断人我之事,并连于俱生我执而生起。而在唐先生看来,人用概念判断以分别事情初非分别我执,因为运用概念即是心灵活动隐显屈伸、自我超越的历程的体现,一般人更迭用概念以成更迭判断时,其中也有概念判断自归于虚寂的时节,人们多不觉而已。同时,分别我执实乃后起之事,因心灵活动原初是不知人我分别的感觉情意活动,在此活动中,有着人我内外感通之善存乎其中。这在道德实践境中已述。因此,感觉情意活动就是同情共感的善之流行,而无我与非我之分别执着。而这同情共感,是连于生命存在来说的,是人们原初具有的性情之善的表现;具言之,即是同情共感之仁,恭敬奉承之义,平等待人之礼,清明能知之智。通过仁义礼智,人们

---

① 参见唐君毅:《生命存在与心灵境界》,下册,第449页。

在生活中展示出人我互动之善，而不必有分别之执。因此，儒家的顺成之教，因为采取顺观之法，故能正面揭示生命存在的历程性、非执性、感通性、超越性、美善性。

正因为儒家本顺成之教，所以它能够打开生命存在初始时的仁心感通之机，并成长推扩以极其广大，成为天德流行之境。具言之，仁心感通的顺成生长，开始时体现在人伦中的孝弟慈爱之心。仁心表现在子对父、弟对兄的感通之中，则体现为孝与弟；仁心表现在父对子、兄对弟的感通之中，则体现为慈与友。这都体现出生命存在自身通过相互感通而不断超越的历程。通过仁心孝弟的作用，家庭关系在感通互动中养深积厚，并且外推至天地万物而极其广大、博爱普施。这种以人伦为基础的心灵感通的顺成之教，为基督教与佛教所缺乏者。总言之，儒家人文之教的意涵就是人我内外的全幅感通。自内而言，是展示出生命原初的无执之善；自外而言，是植根于家庭人伦的孝弟慈爱之教；从而达致圆满的内外感通、天德流行。

综上，在论及形上境界特别是天德流行境，唐先生也是通过心灵之感，展示此境的意涵的。在天德流行境中，人我的同情共感进一步连于真实生命存在，揭示心灵感通活动就是生命存在的超越性历程。另外，与前述论题一样，生命存在作为心灵感通，其初也是一阴一阳、屈伸进退的顺成自然的过程，儒家于此着眼，故能真切肯定生命存在，而同时避免俱生我执与分别我执等执着之讥；并最终打通仁心感通之机，成就天德流行的人文之教。①

综上，唐君毅心通九境的大系统，都是通过心与境的一阴一阳互动交生的"感通"机制而贯串起来的。"感通"融会了非人文、超人文之境，并最终归摄在人文之境中。"感通"是唐君毅最重要的人文视野与方法，而"寂感"则是马一浮最重要的人文视野与方法，两者有内在相通与继承之处。

五、小　　结

本文主要梳理了马一浮与唐君毅两者的人文思想，揭示出马、唐二氏的新儒学思想都特别强调"人文性"。两者的人文思想有所对比与区别，但更多的是互补与继承，体现出现代新儒家的人文思想已经形成一个传统和方向。首先，两者都重视

---

① 上述内容参见唐君毅：《生命存在与心灵境界》，下册，第155—187页。

"人文",两人的人文观念大致相近,兼且两人都以"六艺"为人文思想的主要内容,而做出申述阐发。其次,马、唐两人都将人文思想的根据归为"德性"。马一浮侧重阐扬"性德",唐君毅则着重论证"德性"即道德理性、道德意识。马一浮通过其心证,揭示出性德蕴含真、善、美;唐君毅则通过哲学思辨的方式,论证出道德理性作为善的追求,与心灵对真与美的追求,有着内在的相通性,从而落实和引申了马一浮的观点。再次,在人文思想的基本方法取向上,马一浮倾向于传统的"从体起用"的方式,显出性德流出六艺之蕴;而唐君毅则倾向于采取"摄用归体"的方式,从哲学思辨的角度,最后回到道德本体、道德主体。最后,从人文思想的基本线索与结构上看,本文通过大量的篇幅,梳理了马一浮通过"寂感"的线索与结构,展示出六艺论的人文系统;唐君毅则亦通过"感通"的线索,贯串和呈现出心通九境的人文大系统。通过上述疏解,本文试图指出,马一浮与唐君毅二氏的新儒学思想具有内在的相承性。学界对马、唐二氏新儒学思想的相承性,曾有所涉及,正如有学者说:"最能代表唐先生在哲学上的理论立场的,恐怕是他的《道德自我之建立》与《文化意识与道德理性》二书。此中所论的正是文化哲学的核心问题。唐先生透过这二书,理论地论证确立人类的一切文化活动,其根皆在于一整一的道德理性,由此而奠定人文的尊严与价值。'文化于心性中流出'一观点很早便由马一浮提出了,但恐怕要到唐先生这二书出,才成为一真系统的哲学。这是顺着中国传统强调建立内在的道德主体性而再向外在的客观的亦即是外王的文化方面推前一步的结果。推前一步是必要的,但不能远离道德的主体性,因为只有它才是文化的积极的意义所在。这是唐书的主要旨趣。"[1] 本文的内容,应是对引文的这一观点的引申。

在这基础上,笔者还认为,马一浮与唐君毅因为皆重人文,所以马、唐二氏可构成新儒学的"心性—人文系"。熊十力、牟宗三则不仅有师承关系,而且皆重思辨,故可构成"心性—思辨系"。梁漱溟、徐复观则偏重政治思想史,故亦可构成"思想—政治系"。现代新儒家的三系相互交叉互动,但又有各自比较清晰的方向。[2] 而相关的讨论则有待学界继续深化。

(作者单位:武汉大学哲学学院)

---

[1] 吴汝钧:《努力崇明德,随时爱景光》,《唐君毅全集·纪念集》,台北:学生书局,1991年,第535页。
[2] 具体内容参见拙著:《马一浮六艺论新诠》,上海:上海古籍出版社,2015年,第328—334页。

儒学与宗教：唐君毅的宗教论述及其意义[*]

廖晓炜

一、引　言

透过当代新儒家（Contemporary Neo-Confucianism）的努力[①]，儒学所凸显的不只是一世俗的人文主义，而是不与宗教、科学相排斥的包容性的"圆满的人文主义"或"全面的人文精神"的观点[②]，越来越多的为学界所接受，很好地纠正了清儒尤其是"五四"以来人们将儒学定位为"片面的人文主义"的错误看法[③]。当代新儒家对儒学之宗教性的阐发，很大程度上是在对比、融摄其他各大宗教特别是佛教和基督教的基础上完成的，唐君毅先生（1909—1978）的相关讨论更是典型地体现了这一点[④]。

然而，吾人判定儒学具有宗教性的标准何在？易言之，宗教之为宗教的本质是什么？传统儒学之宗教性的具体体现何在？唐君毅在宗教对话的背景下对儒学之

---

[*] 本文为教育部人文社会科学研究青年基金项目的阶段性成果，项目批准号：16YJC720012。

[①] 学界有关当代新儒家及其代表人物的界定意见分歧很大，能为较多学者所接受的观点是刘述先先生所提出的"三代四群"的架构，相关论述可参见刘述先：《现代新儒学研究之省察》，《现代新儒学之省察论集》，台北："中央研究院"中国文哲研究所，2004年，第135页。

[②] 唐君毅：《中国文化之精神价值》，桂林：广西师范大学出版社，2005年，第40—43、315页；陈振崑：《当代人文主义思想的融合——以唐君毅与马里旦为例》，《哲学与文化》第29卷第4期（2002年4月），第306—317页。

[③] 唐君毅：《中国文化之精神价值》，第333页；黄俊杰：《试论儒学的宗教性内涵》，《东亚儒学史的新视野》，台北：台湾大学出版中心，2009年，第105页。黄进兴对清末民初儒教的"去宗教化"现象有很好的阐述，参见黄进兴：《明末民初儒教的"去宗教化"》，《从理学到伦理学：清末民初道德意识的转化》，北京：中华书局，2014年，第236—281页。

[④] 对唐君毅先生有关宗教精神之论述的更为全面的考察可参见彭国翔：《唐君毅论宗教精神》，《儒家传统的诠释与思辨——从先秦儒学、宋明理学到现代新儒学》，武汉：武汉大学出版社，2012年，第295—367页。

宗教性问题的讨论有无深化与推进？唐氏的相关讨论对于今天的宗教对话有何积极意义？凡此都是我们阅读唐氏有关宗教之论述时所应特别留意的，本文即尝试以这些问题为中心，对唐氏的宗教论述加以梳理和反省。

本文将从劳思光（1927—2012）、唐君毅两位先生有关宗教问题的一场论辩谈起。唐、劳二氏均为当代汉语哲学界颇具影响力的哲学家，对于中国哲学尤其是儒学都有十分深刻的研究。然而劳氏对中国哲学的诠释与以唐君毅、牟宗三为代表的新儒家之间有极为明显的差异，劳氏的儒学诠释带有明显的"去形上学"或"非宗教性"的色彩[1]，而唐、牟的儒学诠释则着力彰显儒学的形上学与宗教性意涵。劳氏与新儒家之间的上述差异，在其与唐君毅于20世纪50年代的一场论辩中已有十分鲜明的体现。尤为重要的是，劳、唐之间的论辩已清晰地呈现出讨论儒学之宗教性问题所可能涉及的诸多理论问题，这也是本文由劳、唐之辩展开论述的主要原因。

二、劳思光、唐君毅有关宗教问题的论辩

1954—1955年间，劳思光、唐君毅两位先生就宗教问题有一场论辩，来往书信收入劳思光《书简与杂记——思光少作集（七）》。[2] 劳、唐关于宗教问题的讨论，因劳氏读唐著《中国文化之精神价值》第十四章"中国之宗教精神与形上信仰——悠久世界"有所疑而起。[3] 随后劳氏即致函唐君毅，对相关问题进行讨论。《书简与杂记——思光少作集（七）》未见收录劳氏致唐君毅第一函，然从唐氏的回函及稍后的进一步讨论来看，劳氏第一次致函唐君毅主要表达的是其"外在神无法安立"以及"以圣代神"的主张。

依唐氏之见，在究竟义上，圣神不二，不能有外在神："自诸圣之同证一圣境，或同呈现一圣心上说，则有一普遍之圣境圣心既内在于诸圣而又超越于每一圣之个体，克就其超越每一圣之个体而观，则为一超越而客观之圣境圣心，而此即

---

[1] 拙著：《当代儒学与西方文化——徐复观、劳思光儒学诠释论析》，郑宗义主编：《中国哲学与文化》第十一辑，桂林：漓江出版社，2014年，第69—98页。
[2] 参见劳思光：《书简与杂记——思光少作集（七）》，台北：时报出版公司，1987年，第254—269页。
[3] 参见劳思光：《致唐君毅先生》，《书简与杂记——思光少作集（七）》，第221页。

是神心神境"①,"就诸圣证圣境而各具圣心言为圣心,就诸圣心不二而同心一心言,即神心或天心之显示,而圣德即天德。"②唐氏此说即新儒家极具代表性且招致颇多质疑的"超越内在"说③:作为超越之形上实体(metaphysical reality)的天心、本体既内在于每一个体又超越于每一个体之上,亦即具有独立实在性;圣、神之别或圣心、神心之别只在:一就个体而言,一就个体所同证或同具之客观面或绝对面而言。

劳氏根本反对上述之"超越内在"说。④在劳氏看来,唐氏上述说法中之圣与神乃异名而同实,因而圣神之辨即成多余。劳氏认为,如唐氏所说,肯定神、佛之存在,即"对神加以存有之肯定",如此一来,必然引发以下问题:"凡加以存有或不存有之认定者,皆无可免于外在化,一经外在化即有某一意义之对象地位,亦必与主体对峙,是所谓隔。"⑤而"圣则为自我诸境之一,虽为究极大主之我所住,仍是我之一境,故不分离"⑥。换言之,圣不过是自我或主体经由道德实践、不断升进所达至之主观境界,其与主体并无隔离,而神包含对象性,乃外在于主体者,其必然与主体相隔离,因而,圣神无别之说并不能成立。

总结而言,唐、劳之间的分歧在于,否定外在神,是否仍可主张一既内在且超越之形上实体的存在以为宗教信仰之所依?依唐氏之见,这正是儒学的基本立场;劳氏则认为,若超越的形上实体内在于主体,则其并无对象性,其存有地位必依主体而确立,换言之,其并无独立之存有地位;进而,若否认外在神,必然之出路只在"以圣

---

① 劳思光:《书简与杂记——思光少作集(七)》,第254页。
② 同上,第262页。
③ 相关讨论可参见李明辉:《儒家思想中的内在性与超越性》,《当代儒学之自我转化》,台北:"中央研究院"中国文哲研究所,1994年,第129—148页;李明辉:《再论儒家思想中的"内在超越性"问题》,刘述先编:《第三届国际汉学会议论文集:中国思潮与外来文化》,台北:"中央研究院"中国文哲研究所,2002年,第223—240页。
④ 需要注意的是,劳氏亦有自己的"超越内在"说,不过劳氏所谓"超越"不取"存有义",亦即其所谓"超越"并非指涉某种形上实在,而只是指道德意识超越于由因果律所支配之经验界而言,而其所谓"超越内在"是指价值之源或道德法则归于主体自身而言。劳氏的相关论述可参见劳思光:《论康德精神与世界文化之路向》,《文化问题论集新编》,香港:香港中文大学出版社,2000年,第160页;劳思光:《宗教精神与宗教问题》,《儒学精神与世界文化路向——思光少作集(一)》,台北:时报出版公司,1986年,第204—205页。
⑤ 劳思光:《书简与杂记——思光少作集(七)》,第267页。
⑥ 同上,第256页。

代神","将超越化归为自我生命升进的主观的境界"①,进而取消宗教②,因"宗教以外在神人格神为特性","高级宗教,必信一宇宙之绝对精神实在"③,取消神或超越实在,无异于取消宗教;顺此,儒学之宗教性根本无法确立。由此即引入讨论儒学之宗教性的一些重要课题:宗教之"当有"与"必有"的依据何在？一般人常认为儒家之道德实践以成圣为目标,其中所体现之宗教性何在？易言之,若肯定宗教信仰有道德实践所无法囊括之意涵,则道德与宗教、道德意识与宗教意识之间必然存在某种差别,如何说明道德与宗教、道德意识与宗教意识之间的关联与差别？

这一辩论尚涉及以下问题。与劳氏不同,唐氏认为:"宗教道德分别之所系,仍可如世俗之说,即一在实践一在信,行道有得于心,谓之道德。宗教中则必含有若干所宗之信仰,为一般经验所不能证实,亦不能否证者。"④然依劳氏之见,信仰易与智性相冲突,且易与情绪相混,滋生各种弊病:"与智性冲突,当可用割断法处理之,如今日西方宗教与科学之并存;与情绪相混则成一大难关。情绪所生处,常有私意,即此已足阻碍价值活动之畅明。譬如,各宗教家偶有争论,其言悉悍而执,情绪作主故也。立神于外,则不能由主体性明之,唯有据信仰以立说;而信仰所托,又必有经典偶像;经典偶像,各教纷殊,既不能通于一理而一之,则各执门户,争持是必然之事。"⑤劳氏的想法可概括如下:(1)宗教以外在神为信仰对象,无法真正确立人之主体性;(2)对象性之外在神的确立并无必然根据,且容易与人的情绪相混,情绪之私常与价值活动所要求之"大公"精神相违背;(3)宗教信仰夹杂人之情识,遂使得宗教间之冲突无法避免。

---

① 郑宗义:《批判与会通——论当代新儒家与基督宗教的对话》,《儒学、哲学与现代世界》,石家庄:河北人民出版社,2010年,第241页。
② 必须注意的是,劳氏仅主张在"究竟意义上"取消宗教,但就现实而言,宗教之存在仍有其必然性,劳氏亦十分强调宗教在人类历史中的正面意义,其曾有"宗教之三用"的说法,所谓三用:(1)突破作用,显欲望之否定义;(2)安息作用,显意志之解脱义;(3)收敛作用,显知性之自范义。所谓取消宗教乃是一"究竟问题",相关讨论可参见劳思光:《宗教精神与宗教问题》,《儒学精神与世界文化路向——思光少作集(一)》,第199—255页。劳氏讨论宗教问题的文字虽然不多,不过却是一值得探究的课题,这可以帮助我们更好地把握他对价值文化问题的思考以及其儒学诠释,因篇幅所限,只能留待他文再做处理。相关讨论可参见张善颖:《劳思光哲学要义——超越中国哲学史》,台北:美商EHGBooks微出版公司,2013年,第81—100页;陈振崑:《现代意义内的儒家宗教意识》,华梵大学哲学系主编:《"劳思光思想与中国哲学世界化"学术研讨会论文集》,台北:华梵大学哲学系,2002年,第69—96页。
③ 唐君毅:《中国文化之精神价值》,第385页。
④ 劳思光:《书简与杂记——思光少作集(七)》,第263页。
⑤ 同上,第258页。

劳氏对宗教信仰的上述批评，唐氏亦不反对。劳氏基于对一神论宗教之弊病的考虑而主张在究竟意义上取消宗教，然唐氏则强调道德生活与宗教生活可相依为用，并且诸宗教传统中若干原则性之宗教信仰亦不为儒者所反对。针对劳氏的批评，必须回答的是：保留对超越之形上实在之信仰的同时，如何保证人之主体性的确立不受贬抑？如何从根本上破除宗教信仰流于"盲信"之可能？宗教间因信仰之差异所导致的宗教冲突如何避免？依唐氏当时的看法，世间一般宗教之所以有种种流弊，根本原因在于未能真切地把握"宗教要求所当本之本源，而直下把握此本源本身当有之涵义，以定其所当信与不当信，而不以一般理智中之猜测与幻想滥杂于当有之宗教信仰之中"①，此中宗教要求所当本之本源，依唐氏之见，只在人之充量发展而至乎其极之仁心。概略而言，唐氏的思路乃是希望通过"以道德摄宗教"的方式来保证宗教信仰之为"诚信"而非"盲信"，此正类于牟宗三所谓信仰为理性决定而非为情识所决定②。不过，其中的问题在于，儒学原则上可以融摄哪些宗教信仰，根据何在？所谓道德生活与宗教"相依为用"之具体意涵为何？

劳、唐之辩所涉及的上述种种问题，其实均是吾人讨论儒学之宗教性及宗教对话问题时所无法回避的。往来数通书信自然无法完全澄清并解决这些问题，是以唐氏最后也只能无可奈何地说："以上所言，度不足以释先生之疑，姑存之以俟后论可耳。"③不过唐氏当时及后来所出版的《中国文化之精神价值》《人文精神之重建》《中国人文精神之发展》《中华人文与当今世界》《生命存在与心灵境界》等著作，都有大量关于宗教问题的讨论，细致梳理这些文献，吾人其实可以找到回答上述问题的答案。

三、宗教之本质界说：宗教意识与道德意识

唐君毅对于宗教的探究，主要不是从经验的、人类学的进路加以分析；换言之，唐氏关注的重点主要不在宗教现象方面，而是将宗教作为人的自觉活动或精神活动，以反省宗教之为宗教的本质。吾人可以劳思光经常提及的发生历程（genetic

---

① 劳思光：《书简与杂记——思光少作集（七）》，第263页。
② 参见牟宗三：《圆善论》，《牟宗三先生全集》，台北：联经出版公司，2003年，第22卷，第247—248页。
③ 劳思光：《书简与杂记——思光少作集（七）》，第265页。

process）与内含质量（intrinsic properties）的区分加以说明："当我们谈一现象，如果我们注意它与其它现象的因果关系，那就是发生历程的问题，这也是观察自然事象的方法。但如果我们观察的是人的有意向性的活动，则不能忽略内含质量的面向。"① 以宗教研究为例，如果吾人关注的是宗教产生的社会历史根源及其发展演变等，这就属于发生历程的分析；如果吾人探寻的是宗教作为人的有意向性的自觉的活动，其存在的主体根据或精神基础，亦即分析宗教现象背后的宗教精神、宗教意识，这就属于内含质量的分析。依唐氏之见："人类一切文化活动，均统属于一道德自我或精神自我、超越自我，而为其分殊之表现。"② 而宗教亦人类文化活动之一，或者说"宗教亦是人文之一支"③，是以要把握宗教之本性，不能不探明宗教活动背后的意识或精神基础。

首先，唐氏认为宗教意识为一独特之意识，"非任一种人类其他之精神意识之化身"④，因而不可将宗教意识归并入他类意识加以说明。唐氏认为常见之以他类意识来解释宗教意识者，不外以下数种：吾人之求生存之意识、有关生殖之意识、求权力之意识、求真意识、审美意识、社会意识等。⑤ 凡此，唐氏都有具体而深入之批评，因篇幅所限，本文不赘。

其次，唐氏对流俗的、第二义以下之宗教意识亦有所批评。所谓世俗流行的宗教精神之意义：或是指一种坚执不舍、一往无前的意志。或是指一种绝对的信仰、绝对的希望。或是指一种人对于其所信仰、所希望实现的目标之达到，有一定的保障之感。⑥ 本质上，这不过是一种"由信仰而得救"之意志，表现于宗教生活，"即为一信仰神之爱吾人，救主之愿赐恩于吾人，信仰吾人之将蒙恩而得救；信仰吾人只要真向神祈求，神即能助吾人之成功而得幸福"⑦。常人恒依此而信宗教，不过，唐氏认为，流俗的宗教意识乃是"第二义以下的"，只具教化意义。因由流俗之宗教意识极易堕入纯实用功利之观点和立场，而如果人以为"真宗教精神即求神扶助时，

---

① 劳思光：《中国文化路向问题的新检讨》，台北：东大图书公司，1993年，第7页。
② 唐君毅：《自序（二）：明本书宗趣》，《文化意识与道德理性》，桂林：广西师范大学出版社，2005年。
③ 唐君毅：《我对于哲学与宗教之抉择》，《人文精神之重建》，桂林：广西师范大学出版社，2005年，第503页。
④ 唐君毅：《文化意识与道德理性》，第401页。
⑤ 参见同上，第392—403页。
⑥ 参见唐君毅：《宗教精神与现代人类》，《人文精神之重建》，第7—8页。
⑦ 同上，第8页。

并以祈祷神相助,为宗教生活之主要内容时;人根本误解了宗教精神,而过着一堕落的宗教生活"①。

然则,什么才是第一义的宗教精神或宗教意识?唐氏于《宗教精神与现代人类》一文中认为:"我们所要指出的真正的宗教精神,是一种深切的肯定人生之苦罪之存在,并自觉自己去除苦罪之能力有限,而发生忏悔心,化出悲悯心;由此忏悔心、悲悯心,以接受呈现一超越的精神力量,便去从事道德文化实践之精神。"②此后,其于《人类宗教意识之本性及其诸形态》一文中则认为:"吾人如欲真了解宗教意识,则自始至终皆当不忘宗教意识之核心:自自然生命解脱而皈依于神之意识。"③

一定意义上,唐氏对宗教意识或宗教精神的上述界定,是以基督教及佛教为背景,而对各宗教背后之宗教意识所做的一般性描述,因在唐氏看来,上述宗教意识或宗教精神,"在世间各大宗教中皆有,而原始佛教、基督教更能充量表现之"④。唐氏认为,苦罪感乃是宗教意识产生的前提,而苦罪感则源于我们无法克制自然生命之欲望。欲望之无法满足会导致苦痛感,但并不必然导致罪恶感。因为如果我们仅仅将苦痛的原因归之于未能获得欲望之对象,此时我们仍可透过对欲望之对象的进一步追逐,以消除苦痛。只有当吾人将由欲望不能满足所产生之苦痛感的原因,归之于吾人自身,并自觉要停止自然欲望的追逐,然而自我又无法克制自然生命所产生的欲望,于此,吾人才会有罪恶感的产生,也才会产生由自然生命解脱的意识。

不过,上述由自然生命解脱的意识,并不必然是宗教意识,也可能是道德意识。而只有当吾人自觉到自己去除苦罪、由自然生命解脱的力量有限,而不得不信仰、皈依于一"超越的精神力量"或"神",这种由自然生命解脱而皈依于神的意识即是宗教意识;换言之,宗教信仰乃是宗教意识的核心所在。是以唐氏认为:"愚以为宗教道德分别之所系,仍可如世俗之说,即一在实践,一在信,行道有得于心,谓之道德,宗教中则必含有若干所宗旨信仰,为一般经验所不能证实,亦不能否证者。"⑤

---

① 参见唐君毅:《宗教精神与现代人类》,《人文精神之重建》,第10页。
② 同上,第8—9页。
③ 唐君毅:《人类宗教意识之本性及其诸形态》,《文化意识与道德理性》,第404页。
④ 唐君毅:《宗教精神与现代人类》,《人文精神之重建》,第9页。
⑤ 唐君毅:《致劳思光二》,《唐君毅全集》,台北:学生书局,1990年,第26卷,第354页。

然而，不同的宗教传统下的宗教信仰本是丰富而多样的，是以唐君毅更由吾人心灵所本有的超越意识，对宗教信仰予以一般性的解释。当然，由自然生命解脱而皈依神的要求，也是人类心灵之超越性的一种体现：

> ……而不知宗教之成立，乃另有其精神基础。此即人之超越现实世界之精神要求。此超越现实世界之精神要求，乃由人之心灵之具备超越性，而不容已的发出者。……此超越性，即使其永不能以已有之现实世界、现象世界或可经验之世界，为此心灵寄托其全幅精神之所，或此心灵所肯定之究竟实在之所在。①

顺此，唐君毅对于宗教精神或宗教意识又有另一界定："求价值的实现与生发之超越的圆满与悠久之精神要求或活动。"②若以唐氏后来在《生命存在与心灵境界》中的相关论述而言，上述宗教精神或宗教要求其实即是求宇宙间"一切止于至善"这一精神要求。由宗教要求即产生相应的宗教信仰，而宗教要求恒由宗教性问题以逼出：此即为人心之内在的罪恶之源之问题，一为苦痛烦恼之生生不绝之问题，一为身体之有限性与精神之无限性之对反问题，一为死之问题及过去世界所实现之生命价值、德性价值等之保存问题，一为求人之善恶问题与福报之绝对的相当之正义的要求之绝对的满足之问题，一为现实世界不同的异类价值，恒相对反而相毁，其绝对的融和之超越理想，如何实现之问题。③

依唐氏之见，凡此种种，均非科学之方法技术以及一般之社会性道德实践所能解决，因为这些问题均是带有终极性的宗教性问题。而正因为这些宗教性问题并非科学及社会道德实践所能解决，是以其必然"逼出人之宗教的精神要求，与宗教性的道德实践，或精神修养的功夫"④。吾人要求"长生之愿望，绝对的正义之实现之愿望，拔除人力所不能拔除之苦痛、罪恶之愿望"⑤等，均是由宗教性问题所逼出之宗教要求，而对这些宗教问题和宗教要求的响应，只能诉诸宗教信仰，是以不同

---

① 唐君毅：《中国人文精神之发展》，桂林：广西师范大学出版社，2005年，第282页。
② 同上，第284页。
③ 参见同上，第288—289页。
④ 同上，第289页。
⑤ 同上，第308页。

的宗教传统常包含来生或灵魂不朽之信仰、绝对正义之信仰以及超越的精神力量之存在的信仰等。

由此,我们可以对宗教意识与道德意识之间的内在关联及其分别略做说明。依唐氏的看法,宗教意识乃"依于道德意识而表现道德价值者":

> 当吾人由感吾人之自力不能去吾人之苦罪,即往信一神而崇拜皈依之,固自觉为宗教意识,而非自觉为道德意识。然吾人之能承认吾人之无力,在神前表现一绝对之谦卑而忘我,仍表现一不自觉之道德品性,仍是不自觉之道德意识之表现。而吾人信神之后,在吾人之自觉的求维持吾人之信念,保持吾人之谦卑之活动中,仍有一自觉的或不自觉的自己支配自己,主宰自己之道德努力或道德意识。①

不止于此,宗教意识要求吾人由自然生命之欲望求解脱,而判定自然生命之欲望为罪恶,这种寻求超越罪恶之意识本身即是道德意识的一种体现。但是宗教意识又不同于道德意识,道德意识虽也体现出道德自我或理性主体与欲望自我或感性主体之间的冲突,然而吾人仍"自觉的不愿放弃自我的统一","也就是自我对自己的道德理性之能克服两重自我的分裂与冲突,仍然怀抱着绝对的信心,并依此成就内在道德的'完善'"。②然而,当吾人欲望之意志与超越欲望的意志都极其强烈,二者之间的冲突无法协调,自我之统一出现破裂,吾人对寻求自我之统一之努力感到绝望,因而不得不仰望、皈依一超越的精神实体或神以寻求解脱时,"吾人之意识即非复一般之道德意识"③,而已进入宗教意识了。简言之,宗教意识依于道德意识,但并不能完全等同于、化约为道德意识。以下由唐氏对宗教意识的另一说明,吾人可更清楚地说明这一点。

上文提到,唐氏认为宗教意识亦可表现为"求价值的实现与生发之超越的圆满与悠久之精神要求",然而,这一精神要求"根本是一超越于我们所知的现实世界,而不能为此现实世界之现实情状所能满足者。因而此所要求之对象之存在,乃

---

① 唐君毅:《文化意识与道德理性》,第437页。
② 陈振昆:《现代哲人牟宗三、罗光与唐君毅对于宗教性的诠解——天人合一的现代辩证诠释》,《哲学与文化》第38卷第5期(2011年5月),第109页。
③ 唐君毅:《文化意识与道德理性》,第408页。

不能由科学及现实经验证实者。然而人有此要求,可由此要求之不容已而不生,其生出乃合理者,而自肯定此要求之当有或正当。由是而肯定满足此要求者之当有,与不容不有,而过渡至其必有之肯定。此必有之肯定,乃直接顺要求而起,本可无要求以外的证实之可能,然此'要求',却必冒出此'必有'之肯定。此肯定是名曰信仰"①。

唐氏的表达内容丰富,不过其基本意涵则比较清楚。宗教性的要求是催生宗教信仰的意识基础。不过,在一定的意义上,宗教要求其实同于道德要求,因其也是一种合理的、正当的要求,亦即宗教要求"合于道德理性之理"②;换言之,宗教要求也是人之"应然意识"的一种体现。然而,宗教意识之不同于道德意识的地方在于,宗教意识不只及于"应然",且要求由"应然"过渡至"必然"。这一过渡乃是由道德理性向宗教信仰的跳跃,这时吾人之意识不只肯定宗教性的要求为"当有"、为合理,更肯定其"必有"。简言之,道德意识只及于应然,而宗教意识则要求由应然跳跃至必然。至于宗教信仰之对象何以必然存在,不只科学与现实经验无法证实,亦非道德理性所能证实。由此,我们应该更能见出,宗教意识与道德意识之"同源"而又"非化约"的关系。

这里,我们有必要简单提及劳思光先生对于宗教意识与道德意识之关系的看法。劳氏的看法与唐君毅有极为相似的一面。劳氏论述宗教的文字不多,不过其始终认为"宗教意识与道德意识仍是同一自我境域的两种不同表现"③。道德意识与宗教意识都是吾人超越现实经验界以追求应然与价值的意识,是以宗教活动与道德活动作为吾人之自觉的活动,其背后的主体根据都是"德性我"。④ 不过宗教意识与道德意识却有根本的差别:"道德肯定一善,不涉及善是否'必然'实现,而只坚持在'应然'意义上应该实现。宗教则必将应然扩张到必然。"⑤ 由应然扩张至必然,即是上文所谓由道德理性跳跃至信仰,是以劳氏认为"道德精神重在立志,

---

① 唐君毅:《中国人文精神之发展》,第284—285页。
② 同上,第285页。
③ 劳思光:《〈文化问题论集新编〉序言》,《文化问题论集新编》,香港:香港中文大学出版社,2000年,第xv页。
④ 参见劳思光:《宗教精神与宗教问题》,《儒学精神与世界文化路向——思光少作集(一)》,第202—203页。
⑤ 同上,第207页。

宗教精神则重起信"①。但劳先生对宗教意识另有说明:"自我要追求超越性和主宰性,人就将这追求投射出去,然后把它存有化,化成外在的图像,就形成我们所谓的宗教意识。"②劳氏似乎认为宗教信仰之对象并无"实在性","虚"而不"实","明无对象性,而立之为对象"③,此与人的情识相混,即导致盲信、宗教冲突等种种问题。是以,劳氏在究竟的意义上主张"以圣代神"。

当然,宗教信仰本就是超越理性的,试图以人的理性说明宗教信仰本就存在种种困难。于此,唐氏特别强调宗教与形上学之差别。依唐氏的看法,宗教问题,"至于人之理性,把这些问题接下来,而对之做一纯理性的思索,则为人之形上学的思索。但这些思索,在有其结论时,仍将再摆过去,形成一宗教性信仰;而唯在此信仰之前,才能安顿此作形上学思索者的心灵或生命。由此我们可说形上学,亦不能代替宗教"④。首先不论形上学之是否可能本身就存在重大问题⑤,而在唐氏看来,即便透过哲学的理性思辨,以探寻宗教性问题的答案,但这些回答本身似乎仍不足以真正安顿吾人在这些问题上所产生的困惑。是以宗教性问题的存在如不能为人所根绝,则宗教信仰的存在即有其必然性。

因此,宗教信仰之当有与否,不能以其是否合于现实经验而得衡定,宗教信仰之价值,"唯依此信仰之内容,与其所自发之要求,是否有一内在的应合,及此要求之是否真纯净,能充量而无夹杂,以为衡定"⑥。这也就是说,宗教信仰之当有与否及其价值之高下,取决于宗教信仰源之而起的宗教要求本身是否为合于道德理性之纯粹精神性的要求,而不夹杂功利的、物质性的要求。是以,唐氏认为只要是本于纯粹之宗教要求而来的宗教信仰,均无法否定其当有。而世界各大宗教,因其所侧重之宗教问题不同,是以其所宗之信仰亦有别,如伊斯兰教、基督教、佛教、印度教及道教之宗教信仰有很大差别,然其各有所长,各有其存在之必然性。并且不同的人因其禀性、根器及所意识到之宗教问题的不同,其所宗之宗教信仰亦当有所差别。就此而言,唐君毅在宗教问题上,显然是取宗教多元主义的立场。

---

① 劳思光:《宗教精神与宗教问题》,《儒学精神与世界文化路向——思光少作集(一)》,第208页。
② 劳思光:《文化哲学讲演录》,香港:香港中文大学出版社,2002年,第84页。
③ 劳思光:《书简与杂记——思光少作集(七)》,第258页。
④ 唐君毅:《中国人文精神之发展》,第289页。
⑤ 参见唐君毅:《致劳思光二》,《唐君毅全集》,第26卷,第354页。
⑥ 唐君毅:《中国人文精神之发展》,第285页。

四、"超越的信仰"与儒家的宗教性

依唐君毅对宗教之本性的界定,讨论儒家之宗教性的问题,必然落在对儒家所本有之独特的宗教信仰的论述上。唐氏透过对儒家天心即本心或天人合一精神信仰以及"三祭"之宗教的意涵的阐述,对儒学之宗教性意涵有极为深入的阐发。此一论题,学界已有不少讨论,亦因篇幅所限,本文不再赘述。唯唐氏晚年重要著作《生命存在与心灵境界》,以"超越的信仰"为中心观念,对儒学之宗教性做了极致的发挥。是以,本文以下即以"超越的信仰"①为中心,具体展示唐君毅对儒学之宗教性的阐释。

依唐氏之见,哲学思辨虽可笼罩一切,然当哲学思辨进至以道德实践或生活之理性化为对象时,则哲学思辨并不是最后的,哲学思辨之最终目的,在于哲学自身之功成身退。哲学思辨"由思辨非实践性之哲学问题,进至系统性的思辨生活中理性之表现于实践之问题",为哲学思辨引退之第一步;更进一步,哲学思辨当说明非系统性的具体的一一散列之生活情境之存在及其理性化之道,此则为哲学思辨之完全引退。②概括而言,哲学思辨的引退分为以下两步:"从思辨哲学引退到实践哲学","从实践哲学引退到生活的理性化。"③现实生活中的具体情境,乃是一一散列的个体情境,这是每一个体在现实生活中所真实面对者,所谓生活之理性化,即此一一散列之具体情境的理性化,亦即每一个体之当下生活的理性化,这也就是儒家所谓个体尽性立命之事或道德实践之事。是以,"当下之情境"乃是生活理性化或道德实践与尽性立命之事之唯一的"始点"。于此,吾人本有一"原始太和、太一":

> 吾人之生命存在与心灵,必须先面对此当下之境,而开朗,以依性生情,而见此境如对我有所命。此中性情所向在境,此境亦向在性情,以如有所命;而

---

① 有关"超越的信仰"的概念辨析,可参见黄冠闵:《唐君毅的境界感通论:一个场所论的线索》,《清华学报》新41卷第2期(2011年6月),第348—349页,注50。
② 参见唐君毅:《生命存在与心灵境界》,石家庄:河北教育出版社,1996年,第760页。
③ 黄冠闵:《唐君毅的境界感通论:一个场所论的线索》,《清华学报》新41卷第2期(2011年6月),第347页。

情境相召,性命相呼,以合为一相应之和,整一之全,此即一原始之太和、太一。境来为命,情往为性。知命而性承之,为坤道;立命而性以尽,为乾道。①

此即唐氏所谓"即命见义""义命合一"之旨。人所本有之具有普遍性的道德心性与具体的情境相感通而生起具有普遍性之情感,进而引生合理之生活行为。不过,吾人常因"境往而情留或情往而境留",以使心性之思与情、境分立而为三,上述原始之太和状态随之分裂。于此,人当有一自觉,以思弥补融合此分裂之道,以重归原始之太和、太一。此即当下生活理性化或道德实践、尽性立命之事之目标,其最终必是一一具体情境皆归合理或"事事如理"之天德流行之境。

以上乃唐氏对儒家道德实践之本质及其目标的简要说明。不过,仅此道德理性本身并不足以保证——个体通过持续之功夫以达至天德流行之圣境,此外,尚需由道德理性所确立之诸超越的信仰为保证,此生活理性化之最后目标方可达成。是以,唐氏进而以"当下生活理性化"之起点,次第说明诸超越的信仰何以为理性上必当有。

唐氏认为,理性上首先必当肯定之信仰为来生之存在的信仰。由上可知,经由道德实践、尽性立命之事以达至天理如如呈现之圣境,才能真正弥补融合道德心性、情与境间之分裂,以使当下生活之理性化为真实的可能。依照唐氏的看法,圣人境界,并非只是一抽象的理想,而是对每一个体而言为真实可能。原因在于,个人之思想与行为反应能合乎理性,必赖人之思而后得其当,因为道德生活必以人之价值自觉为前提。"吾人之由思而当,固恒须先经一不当,后乃更去此不当,以成其当。然此先经之不当,乃吾人后所必去者。既经之而又必去之者,则非必然有者,而可自始不有者。则圣人之'不勉而中,不思而得',即应为可能者。"②思想与行为反应之不当、不合理者,既非必然存在,那么,逻辑上使不当、不合理之行为不再产生而归于事事如理之圣人之境,乃为可能。不过,此成圣之可能,常非个体一生所能实现。

唐氏认为,这其实也就是说,每一个体均有成为圣人之功能、种子,并且此功能为能实现之功能,既为能实现之功能,"又必涵其在实际上必有实现之时"。但人于

---

① 唐君毅:《生命存在与心灵境界》,第761页。
② 同上,第765页。

今生又常不能由学以全圣人,因而肯定来生之存在,以使人得至于圣人,使人之生活全部理性化,乃理性上所必当肯定之一超越的信仰,此无法由通常之经验加以证实,同样亦无法由经验加以否证。

传统儒学常以教人立志成圣为根本,鲜言来生之存在。唐氏融摄佛家之说,以为儒家道德实践、尽性立命之事所应包含之一信仰,其目的只在助成儒家道德理想之实现,以使儒家之说更具教化意义,是以劳思光说:"若就教化过程言,则先生苦心,凡稍明本末者,固无不深体而赞叹之也。"① 徒立一高远之理想,并不真能接引常人。

不过,宗教信仰与道德理性之间亦可产生冲突,"此来生之说,对人今生之道德生活,或生活理性化之事言,自亦可有害。此即人或为来生求福禄,而以今生之道德生活之事为手段。此即一道德生活之堕落,人之念念在来生,亦可使人之道德生活无迫切之志,以成懈怠"②。唐氏认为,来生之说之所以可导生各种弊端,根本原因在于,人对此来生及其观念做积极的想象和使用。因而,要使来生之信仰对道德实践发挥正面之作用,解决之道只在对此来生之观念只做"消极之使用"。换言之,来生之存在作为一超越的信仰,其作用只在"消极的破除人之一死无复余之断灭见,或今生不成圣,则成圣之希望永绝之断灭见"③。儒家之说要在为人确立一积极向上之人生理想,而常人恒以现实中人极难经由实践之努力而成圣,进而怀疑乃至否定成圣之可能,此无异于对儒家道德理想之颠覆。来生存在之信仰的引入,其意义只在破除此种种断灭见,以增强人成圣之自信,因而不致堕入虚无主义之深渊。是以,来生之信仰本道德理性而确立,同时以助成道德理性实现其自身。

唐氏进而认为,此说对当今社会而言,其意义更为显明。"今世之人,则以种种……经验主义之说,横塞其心,而断灭见乃深固而不可拔。故当以此来生之说,破此断灭见。"④

顺此,当进一步确立"人皆可以为尧舜"之信仰。人通过道德实践、尽性立命之事以成圣,将不能只满足于其个人生活之理性化,而必更进一步以求一切生命存在之生活皆理性化,顺此则当肯定一切生命存在皆能成圣。此一超越的信仰之

---

① 劳思光:《书简与杂记——思光少作集(七)》,第260页。
② 唐君毅:《生命存在与心灵境界》,第766页。
③ 同上。
④ 同上,第767页。

理性根据在于,对圣人之生命而言,依其道德理性或仁心所生之情,必为一无尽之情,"此无尽之情,乃是一于其所至之极境,望人能赴,望一切生命存在能赴,而一无所吝留之情。故有一人生命存在,未至此极境,其心皆有不安,其情皆有所不忍,皆如己之使人不至此境。如禹思天下有饥者,犹己饥之,稷思天下有溺者,犹己溺之。故其愿望一切人成圣,一切生命存在成圣,乃必然而不容已者,否则与其自身之生命存在心灵中之理性,自相违反"①。

人由之成圣之仁心或道德理性,乃具绝对的普遍性,至其极必与天地万物为一体,圣人者其仁心必全幅呈露,同时必然产生希望他人或一切有情皆成圣人之情与愿望,以及此愿望必然实现之思想与信念。经验事实并不足以证明此一思想与信念,同样经验事实中人之非圣,诸现前之有情生命之非圣,也不能证明其永不能成圣,进而否证上述思想与信念。所以,此亦是一"超越的信仰"。同样,依唐氏的看法,一切有情生命皆可成圣之信仰,亦只可做消极的运用,亦即以此超越的信仰,消除人与有情必不能成圣之想,增强人之自信。

更进一步,即涉及儒家一更为根本之信仰,即神圣不二、作为一切有情生命成圣之根据的神圣心体之非一非多以及此神圣心体为一切人或有情生命自本自根之信仰。

唐氏认为,人能信仰一切人与有情皆能成圣,必定愿望他之外的一切生命存在成圣,并且恒以此愿望涵摄他之外的一切生命存在,同时也必定希望其自己与他之外的一切生命存在,成圣之后,其圣心互相涵摄。②圣心普遍无外,其能涵摄其外之一切生命存在,由此,一切生命存在成圣后,其心乃相互涵摄,由此,一一个体之圣也就不能仅视为分立之个体,而是每一个体之圣均以其外之一切生命存在为一体,在此意义上,"诸圣体无异一神体,诸圣之心,即一神心,合为一神圣心体","然此所谓一体,乃自其非多个体而说。自诸圣之各原为一有情生命之个体所成,而有个体义以观,则此一亦原自非一,于此神圣心体,亦只宜以非一非多,即一即多说之"。③换言之,就诸圣之相互涵摄而为一体言,为一;自诸圣原亦为一一之有情生命而言,为多。"但若此之我执去除净尽,以成佛圣,则其生命存在心灵,凡有所感,无有不

---

① 唐君毅:《生命存在与心灵境界》,第769页。
② 参见同上,第770页。
③ 同上。

通,而恒感恒通,其感通之量,亦无限极;则其生命存在心灵,即应与其所感通之一切生命存在心灵同体,而无自他之别。若一切佛圣,皆同此无自他之别,则一切佛圣,即亦同体,而无自他之别,便可说非多而为一。然自一一佛圣之所由成而观,则又非一而为多,以其初亦是一般之有情生命故。"①此当为神圣心体非一非多、即一即多之说之本旨。由是,此神圣心体作为一形上实在(metaphysical reality)亦为人所当有之超越的信仰。

针对上文所述劳思光对形上实体之实有性或存有地位问题的质疑,唐氏认为可有两种不同的响应方式。绝对之精神实在的肯认乃是经由道德心灵而来的置定,并非主观冥想的结果,所以要说明此精神实体的实在性,最直接、真切的方式即由人道德宗教生活中之直接体验来加以说明。②依照唐氏对道德实践活动之说明,人在道德生活中,本可直接感通确知他人道德心灵、道德人格的存在。进而,由人之相互"直感"彼此道德心灵、道德人格之存在,即可认识到,此道德心灵、道德人格,并非只属于某一个体,同时也属于他人,经由道德生活中,道德心灵、道德人格的相互感通,其自身即可普遍化而为一"普遍的道德自我",以及对每一个个体而言,彼此相互包含之自我。最后,此相互包含、相互感通之道德自我即可结成一统一的精神实体,此则可说为绝对的自我,绝对的精神实在。依唐氏之见,人于一般之道德生活中,对自己与他人间之真实的同情共感,加以真切的反省,即可体认此绝对之精神实在的存在,并且恒呈现于道德生活之同情共感中。

不过,生活习惯与欲望常常对人构成限制与封闭,人我对峙之情与人我分别之见随之而起,人常不能对绝对精神实在之呈现有真切之反省,因而很难确知其为真实之存在。所以对于道德意识弱的人而言,常常只有在遭遇大的患难,人的日常习惯无法发挥作用的时候,这种真切的反省才会出现。面对种种大的灾难,人之心灵所存在的种种封闭限制均被冲破,而相互合作扶助,由此可以形成无自他之别,而具有共同之意志、情感、思想之共同的心灵。就消极面而言,客观环境所造成之灾害,对人之生命存在构成巨大威胁;然就其可以打开生命存在心灵之种种封闭限制而言,其可使"一一个人共支持之共同的心灵"呈现,人在主观上有万众一心之感,"而在客观上亦可说实有此一心之存于万众,而人同时可觉此万众一心之所为,

---

① 参见唐君毅:《生命存在与心灵境界》,第821页。
② 参见同上,第588—590页。

存于天地,而足感通天地"①。然而,此存于万众之"一心",未尝与人我及天地分离,乃充塞弥纶于人我即天地,顺此,"人之对此心灵之呈现与存在,见其超越在上,而又不离人我而观,即更可视如一'洋洋乎如在其上,如在其左右'之普遍心灵或神灵,人之道德生活即通于宗教生活"②。由此心灵贯通于一切人我之主观心灵与天地万物之中,而一切人我之主观心灵,与天地万物皆可成为此心灵表现自身之地,我们即可知其为一绝对无限之心灵或精神实在。当然,人可将此心灵或神灵寄之于特定的名字、形象,与特定之人格精神相关联,因而有所谓先知或教主,更与种种礼仪相关联,由是而有种种特定之宗教。以上乃唐氏就人之道德宗教生活之实感,对形上实体之存在予以说明,即由道德心灵之感通出发,说明绝对精神实在之存在;此亦可谓对一神宗教之本质的说明。

此外,唐氏认为经由哲学思辨亦可对此绝对精神实在之存在予以说明,然其不如就道德宗教生活之体验自身加以说明那么真切。③哲学思辨亦可助成心灵之提升,人可透过哲学思辨之功夫,对其通常理解事物之方式次第加以提升扩大,从此中之种种封闭限制中超拔出来。具体而言,唐氏认为必须经过五步转进:第一步,视各类自然物为一无所不包之自然神所统摄,并以此为其所产生之原因,由此可知此自然神为无限之实体,此以斯宾诺莎哲学为代表;第二步,依人之感觉心,将所感觉之世界,统摄于此感觉心之下,而不见其外有感觉世界,此以莱布尼茨哲学为代表;第三步,以一切可能被感觉可能被经验之物,统属一能超越一切现实之感觉经验之能理解、具理性之心,此心乃可形成统摄性之"世界""自我""上帝"诸理性观念,此以康德之知识论为代表;第四步,于此知识之世界以上更见一行为之世界,于其中形成对道德心灵、道德生活之真实理解,并知其超越感觉欲望生活之上,此以康德之道德哲学为代表;第五步,由道德生活与道德心灵,使人打破自我之种种封闭限制,而体认一普遍心灵或神灵之存在,此以费希特之形上学为代表。唐氏以上所论,既是以其道德宗教之观点对近代哲学所做之本质的判释,亦是对哲学思辨之助成道德宗教实践之可能的具体说明。哲学思辨最终既可助成实践,这大概是唐氏重视哲学思辨的重要原因之一。

---

① 唐君毅:《生命存在与心灵境界》,第590页。
② 同上。
③ 参见同上,第591—592页。

进而，唐氏认为，表面而言，说一切有情生命成圣，乃先说人与有情生命，后说圣，似乎神圣乃外在于人与有情生命，或与有情生命为二。但根本言之，人之超凡入圣，"即人之凡心开而其圣心自出，为凡之人隐，而为圣之人显"，"凡心中自始藏圣心，凡体中自始藏圣体。如佛家之言有自性佛，阳明之言个个人心有仲尼"。① 换言之，所谓神圣心体并非外在于人与一切有情生命之外者，而是人与一切有情生命之"自本自根者"，"人与有情生命之体，无始以来，原是一自本自根之圣体，唯以凡心凡体为障蔽，遂皆不显耳。人之学圣，即所以去此凡心凡体之障蔽，以显此自本自根之圣心圣体"。② 超越的神圣心体，一定是内在于每一有情生命自身的，对个体有情生命而言，超越的神圣心体只有隐显之别，而无有无之别。

不过，当人完全为凡心所障蔽时，神圣心体虽特显其超越性之一面，吾人遂易以此神圣心体为外在于当前之凡心，就此而言，此神圣心体亦可单名曰"神"，一切宗教家更将此神圣心体人格化，以宣说神造人等。在唐氏看来，在神圣心体被障蔽时，人未能自觉其生命存在之本根之神圣心体，即在自己之凡心中，"遂上望此本根，而只视为超越外在，亦在一阶段中不免之事"③，是以，一神教之存在亦有其必然。但终极而言，唐氏认为仍当进至"合神圣以为一兼超越而亦内在于人心之神圣之心体"，其义最为究竟。而此超越内在之神圣心体为一切有情生命所自本自根，亦为一当有之超越的信仰。这可以说是本儒家之立场对一神教之吸纳和消化。

同样，关于神圣心体之信仰，吾人亦只可取其消极义，"以圣即神，销除圣神互外之想；以神圣心体之非一非多，销除于神圣心体，作数量之想；以神圣心体之自本自根，销除圣神纯由造作而成之想"④，凡此中种种设想，均不过是对神圣心体做"想象思辨之玄想"，皆为戏论，其于吾人之真实的道德实践、尽性立命之事或当下生活之理性化，毫无帮助，反而易形成种种迷执。神圣心体之信仰之正面意义，只在吾人信之而不疑后，更能对其存而不论，仅以之增进吾人要求成圣之信心与力量。

既然一切有情生命皆可成佛圣，那是否如唯识宗所谓，若一切有情众生皆可普度而众生界空，佛圣将无事业可作，无功德可见？⑤ 唐氏认为，吾人于此当有"有情

---

① 唐君毅：《生命存在与心灵境界》，第770页。
② 同上，第771页。
③ 同上。
④ 同上。
⑤ 参见同上，第772页。

无穷,佛圣之功德无穷"一超越的信仰。由此一信仰,乃可消除人之道德生活之相续为有限极之思想,以及一切虑人之道德生活至人成圣之后,其功德事业将有限极,而有穷尽之思想,"此即所以去除道德生活之断见,亦去除生活理性化之事之断见","以此信仰去此断见,则人无此道德生活以限极而断之忧;人即更可只以成就其当下之道德生活之相续为事,而更不转生此原不必有之忧,以自阻其道德生活之相续矣"。① 以上亦即有情无穷,佛圣之功德无穷一超越的信仰之消极使用之意义。如若对此信仰做积极的使用,人必徒逞思想,以做种种不必要之玄想,而"驰出于人在当下之生活中",而无益于当下生活之理性化之事。

最后,唐氏认为,当下生活之理性化或道德实践、尽性立命之事,还应涵摄佛教、基督教等宗教中"善恶因果"之信仰。赏善罚恶乃吾人本其理性而自然产生之正义要求,善恶因果之信仰即本此理性要求而来之肯定。对此,善恶因果之信仰,吾人亦不应做积极之想,否则必堕入道德功利主义的深渊,而只可做消极之使用,以使人明白"为善者之受苦,为恶者之受乐,皆非究竟义之事"②,破除人疑宇宙存在之原理与道德原理相违背之怀疑论,进而可增进人为善去恶之道德意志,否则人必对道德实践本身之意义产生怀疑。

以上诸超越的信仰,依唐氏的看法,可浑化为一更单纯之信仰,即"整个宇宙中一切当然者皆必然实现"之信仰,或"整个宇宙之一切善皆必完成"之信仰,"人实现善之愿望无不能究竟满足"之信仰,或"一切止于至善"之信仰③,凡此诸信仰皆是依"求价值的实现与生发之圆满与悠久之要求"而必然肯定之信仰④。总结而言,唐氏以儒家道德实践为中心融摄宗教信仰之说,根本上是以儒家所肯认之道德理性及其理想为根底,涵摄佛教、基督教等高级宗教之诸超越信仰,以帮助人坚定并实现其儒家理想,更进而由之达至一更高之信仰:"一切止于至善"之信仰。

以下当略为说明,道德生活与宗教信仰如何相依为用。我们可以简单地从两方面来讲,一者就道德生活之极成宗教信仰一面而言,一者就宗教信仰之助成道德实践之事而言。

道德生活本身如何可以极成宗教信仰?表面来看,与传统西方宗教以宗教生

---

① 唐君毅:《生命存在与心灵境界》,第774页。
② 同上,第775页。
③ 同上,第777页。
④ 唐君毅:《中国人文精神之发展》,第285页。

活高于道德生活,而以道德生活为得宗教生活中道福之手段相反,唐氏似乎从根本上降低了宗教信仰的地位,而以宗教信仰为成就道德实践或当下生活理性化之手段,事实却并非如此。依唐氏之见,"宗教信仰之价值,不以其是否合现实世界之情状为衡定而唯依此信仰之内容,与其所自发之要求,是否有一内在的应合,及此要求之是否真纯净,能充量而无夹杂,以为衡定。此是衡定已成之宗教及宗教活动之价值之内在标准"[①]。通过吾人于道德生活中之真实的情感所必然肯定之超越的信仰,本质上是合乎道德理性的,宗教信仰于此只做消极之用,而不做积极之用,其中所可能掺杂之种种功利欲求、想象、玄想均已剔除净尽,因而可以避免宗教信仰本身所可能导致之种种流弊。唐氏基于儒家道德实践之立场融摄诸宗教信仰,依照上述唐氏所谓衡定宗教信仰之内在标准,其实际上成就了一更高更纯粹之宗教信仰,是以不能简单地说唐氏仅以宗教信仰为道德生活之手段,因为通过以道德实践融摄宗教信仰,宗教精神本身即已包含至道德实践之中,但并非对宗教意识的消解或将宗教意识化约至道德意识,或者说,此时所谓的道德实践本身即包含一更高更纯粹之宗教信仰,乃即道德即宗教,道德与宗教合而为一。

宗教信仰依于道德生活而用,而当宗教信仰居于恰当之位置及发挥合力之作用,则其同时又正可助成道德实践、尽性立命之事,以使吾人之道德生活达至天德流行之境界。道德实践与宗教信仰间的这一配合关系,除上文所谓宗教信仰之消极的使用之增强人之求成圣之自信以外,唐氏尚有一极精彩之表述:

> 由吾人之所谓当下之自觉心灵中,既包括一般所谓生活上之感通于其境之事,又可包括此等等超越的信仰于其旁,则此当下之自觉心灵,乃以前者为其核心之事,以后者为其周围之事。在正常之生活中,此核心之事,应显而为主,而此周围之事,则隐而为辅。然在一非常之情形中,则此周围之事,亦可转为核心之事,而上述之核心之事,即转为周围之事。此非常之情形,即吾人一般所谓感通于境之生活,不能进行,或进行至于极限边沿时,如人遇大灾难之际,如地球之大地震、核子战争、人类濒于灭亡净尽之际,或自己个人与所亲之人,在大病患,在死生呼吸之际,或个人为人类世界所弃绝之际,则人之日常生活中之境,全然破坏,人亦不知如何求与相感通,而只存于一大迷乱大

---

① 唐君毅:《中国人文精神之发展》,第285页。

惶惑中。则此时存于仁心之旁之诸超越的信仰,即由其周围,次第向此生命之核心进发,而成生命中之主要意义,或核心意义所在,如有居阴位而入于阳位。……故人之生活之常道,仍在以其当下之一般生活中,与境求感通之事,居生命之阳位;而存种种超越的信仰,于其生命之周围,而不必用,以居于阴位。此即足以使乾坤保合成太和,以安常而应变,以行于此中庸之常道,而未尝不能极高明矣。①

道德生活与宗教信仰之主从关系,随日常生活与非常情形之转变而转变,此正可使人求得一坚实的安身立命之所。由此,我们更可见出,在某些极端的、道德意识根本无从发挥作用的情况下,宗教信仰的力量及其存在之必要性亦随之展露无遗。

五、小　　结

以下我们通过简单省察唐君毅宗教论述的意义,以结束本文。

回到唐、劳有关儒学宗教性问题的论争上来,劳思光先生晚年虽然论及宗教问题的文字不多②,不过透过他省察新儒家的相关表达,我们仍可看出他在这一问题上的态度。面对新儒家未来发展的问题,劳先生认为新儒家可从不同的侧面寻求儒学的新生,其中之一即儒学的宗教性功能:"我们纯粹客观来看,新儒学也是有这个发展的可能,因为尽管你就建构理论的标准看,怀疑中国的道德形上学是不是很稳固,但它处理道德形上学问题的功用,仍可以用来处理别的宗教信仰所处理的那些问题。"③大概从理论自身的稳固性的角度而言,劳先生对儒家形上学始终持批评意见,但就儒学的实际功能来看,劳先生显然承认新儒家阐发儒学宗教性的努力亦是值得肯定的,因为正如上文已经提到的,劳氏晚年亦认为宗教意识并不能完全被取消,它的存在有其必然性。由此我们亦可间接见出,唐君毅先生融摄佛教、基

---

① 唐君毅:《生命存在与心灵境界》,第779页。
② 劳氏《文化哲学讲演录》第五章第三节"人文和神权:宗教意识与宗教现象"较能清晰地展现劳氏晚年的宗教观。
③ 劳思光:《从当代思潮看新儒家》,《危机世界与新希望世纪——再论当代哲学与文化》,香港:香港中文大学出版社,2007年,第116页。

督教以阐扬儒学之宗教性的正面意义。正如上文所已提及的,唐氏以儒学之道德精神融摄佛教、基督教诸超越信仰的构想无疑使儒学更具教化意义;换言之,诸超越信仰的确立乃可使人对儒家道德理想有更为坚定之信念,这对道德意识较弱者而言,其意义更为明显。劳思光先生"以圣代神"的想法则带有更强的"精英主义"的色彩,对道德意识不强的人而言,如何克服生命实践中的种种阻碍而不致怀疑,甚至否定儒家的道德理想,劳氏的说法自然显得不很充分。

中国近代学人有关儒学之各方面的探讨,无疑是以中西文化的对比为视角的。这不能不涉及一些前提性问题的反省,亦即透过对"哲学""宗教"等观念的反省,以厘清儒学与哲学、宗教之间的关系,进而对儒学做一更为全面、合理的定位。由于中西文化之间的巨大差异,以任何既定的、西方式的界定为标准,都无法真正彰显儒学的全幅意涵。是以不少学者以西方思辨的形上学为依据,反对将儒学与形上学关联起来,甚至反对视儒学为哲学。同样,当我们以基督教作为宗教的标准,儒学与宗教之间必然存在极大的差别。而这大概正是劳思光先生强调"以圣代神",反对将儒学与宗教关联起来的重要原因。然而,问题在于,儒学所提供的并非只是一套社会性的伦理道德规范,甚至儒学所谓的"成德之学"也并非仅仅是强调透过道德的实践以提升个人的主观境界,其中有关"天道"的论述即不属于世俗性的伦理道德的范围。这时如果我们因为反对基督教式的"宗教"观念以及思辨的形上学,而将儒学中有关超越面的论述彻底加以清除,这不能不对传统儒学有所窄化。唐君毅先生的宗教论述,显然采取的是完全不同的进路。他是在重新反省"宗教"这一观念的基础上,试图对儒学中有关超越面的论述有一合理的安顿。这其实是为了全面理解儒学,所不得不然的一种理论反省。不止于此,唐氏在反省已有宗教之流弊的基础上,从应然的角度重新理解宗教,进而彰显儒学之宗教性的优长,可以说这是对儒学之宗教性的最强义的说明。

最后,落到宗教对话的问题上来。透过唐君毅对儒学之宗教性问题的阐述,我们应该认识到,宗教对话的最终目的应该是透过对话双方的"双向批判",以使双方认识到各自的缺失及优长,进而使双方在吸收对方优长的基础上善化自身。唐君毅以超越的信仰为中心,对儒学之宗教性的阐发,无疑是在吸收佛教、基督教之所长的基础上,对儒学之宗教性的一种推进和深化。

(作者单位:华中科技大学哲学学院)

论严复的孔教观

刘增光

作为中国第一代自由主义者,严复对中体西用的批评、对西方"以自由为体,以民主为用"①制度文化的推崇,以及在此基础上对中西两种文化的调适,都对后世影响深远,至今依然。②在古今中西之争的背景下重新反观严复,对于省思当前学界关于自由主义与儒家思想关系的论争仍有相当价值。就严复本人而言,自由主义与偏向保守的儒家并非截然对立,正如学界所指出的,严复深受儒家传统的思维方式和世界观之影响,"具有一种既深且厚的'儒学性格'"③。史华兹在其名作《寻求富强:严复与西方》中即已指出严复对宋代理学的"天理"观有着敬畏④,汪晖所作《严复的三个世界》一文进一步探本究源,认为严复的实证主义、经验论和程朱理学的格物致知有密切关系:"严复对科学及其方法的理解与朱子学的格物程序逐渐地吻合起来。例如,他把'科学认识'理解为'即物穷理'……从重视经验到推崇归纳,从考定贯通到反复试验,这显然是用实证主义的科学观来重新解释传统的'即物穷理'。"⑤这体现出严复试图结合形而上色彩浓厚的理学与实证主义的努力。让笔者颇感兴味的是,两位学者都注意到了严复这一努力背后蕴含的神秘主义因素。⑥而黄克武继而以此为导引,对严复支持上海灵学会做了完整考察。⑦

---

① 严复:《原强》,王栻主编:《严复集》,北京:中华书局,1986年,第11页。
② 关于严复思想之意义,可参见黄克武《惟适之安:严复与近代中国的文化转型》(台北:联经出版公司,2010年)导论部分。
③ 吴展良:《清末学人的求道心态》,《东方文化》2002年第6期,第19页。
④ 参见史华兹:《寻求富强:严复与西方》,南京:江苏人民出版社,1996年,第96页。
⑤ 汪晖:《严复的三个世界》,原载《原学》第12辑,后收入汪晖:《现代中国思想的兴起》,北京:生活·读书·新知三联书店,2004年,第915页。
⑥ 参见史华兹:《寻求富强:严复与西方》,第96—97页;汪晖:《现代中国思想的兴起》,第919、921页。
⑦ 详参黄克武《惟适之安》第五章"灵学济世:上海灵学会与严复"。

而我们知道，严复备受诟病、被冠以保守退步的一件事即是1913年他曾与陈焕章、梁启超等人主张立孔教为国教，那么，深受英国实证主义影响的严复持有怎样的宗教观，他如何处理实证主义与神秘主义的关系、宗教与儒家的关系，便值得认真考量。学界对此点尚未有明晰的专题研究，本文尝试做出解答，认为严复对儒家的看法与其关于学、教、政三者关系之思考紧密相关；他从一开始便为儒家的留存保留了位置，而且是以宗教的身份；他对儒家是否宗教的看法与时人互有异同，现代新儒家与严复的看法亦一脉相承。

一、中西比较视野中的学、教、政

无疑，严复早年的中西比较视野中更多地包含了对中国文化与制度的批评，比如对传统君主制的批评等，而这种批评也必然涉及儒家思想。严复对儒家思想的批评最典型者，是对儒家创制礼乐的圣人观与历史观之批评，这见之于《论世变之亟》《辟韩》。儒家以圣王为创制礼乐者，圣王是创造和引领历史的先知先觉者，但严复《论世变之亟》中则认为圣人只是运会中之一物，不可能创造或转移运会。① 而最能反映儒家圣人观与历史观的著作就是韩愈的《原道》，其意旨可概括为：道在前后相继的圣人间的流传便是历史。其中言"古之时，人之害多矣。有圣人者立，然后教之以相生相养之道，为之君，为之师……如古无圣人，人之类灭久矣"。严复在《辟韩》中从经验实证的角度立论，认为圣人也是人，怎么可能不怕寒冷，不怕饥饿？难道是长了羽毛之类的东西么！同样，圣人也不可能制为礼乐刑政，从而为他人防备患害。② 若没有圣人，那么唐宋以降儒家学者所津津乐道的道统观也就难以成立了。由此可见严复在中国大变局的时代所持历史观与传统已有很大差异。

但严复的这一批评有其深刻目的，即奠立政治世界的独立性与客观性，不以政治制度为圣人所立，因为在他看来，圣人制礼作乐只能是师心自用的自我演绎，且神化了圣人。正因此，严复比较中西异同时，以程朱理学与陆王心学之异作为

---

① 参见严复：《论世变之亟》，《严复集》，第1页。
② 参见严复：《辟韩》，《严复集》，第33页。

对应①，他在《救亡决论》中使用"师心自用""强物就我""闭门造车""向壁虚造"等负面语词批评陆王心学之不能切合实际、不重实证，于国家之富强无益而有害。严复重视归纳内籀的经验论使他对于主张向外格物致知的朱子学有着亲近感，而对于主张"心外无物，心外无事"的陆王心学极端排斥，甚至高呼"率天下而祸实学者，岂非王氏之言与？"②这说明使时人接受和学习西方的格致之学，正是通过返归宋明理学内部差异的方式来达成的，这依然是在"依古论说"。故而这正体现出严复深受中国传统思维方式影响，即使在他激进地批评传统、批评儒家时也并未完全放弃传统或激烈反传统。③而从严复的这一批评来看，他欲奠立的正是政治制度必须要有经验实证的格致之学作为基础，而不能由圣人一己之成心发出。这正与严复对政教分离以及二者与学术之关系的思考密切相关。而正是在对这种关系的思索中，严复对于儒家与宗教之关系思考层层转进，反而越来越亲近儒家。此盖如汪晖所言，严复从一开始就欲以天理来收摄实然与应然④，故他日益亲近儒家有着必然性。

严复在《论世变之亟》中谓西方是"以自由为体，以民主为用"，在时人嚣嚣然效法西方的船坚炮利时，严复已洞见先机，批评"中体西用"，关注西方的制度文化。在《辟韩》中严复明确批评韩愈所阐发的儒家之道"于治太浅"，他注意到的是中西制度不同，制度的不同则归因于中学西学之不同。故中西之异，涉及学术、宗教、政治之关系。严复于《救亡决论》中论及西方之学，即谓：

> 约而论之，西洋今日，业无论兵、农、工、商，治无论家、国、天下，蔑一事焉不资于学。锡彭塞《劝学篇》尝言之矣。继今以往，将皆视物理之明昧，为人事之废兴。……《记》曰："学然后知不足。"公等从事西学之后，平心察理，然后知中国从来政教之少是而多非。……夫中国以学为明善复初，而西人以学为修身事帝，意本同也。惟西人谓修身事帝，必以安生利用为基，故凡遇中土旱干水溢，饥馑流亡，在吾人以为天灾流行，何关人事，而自彼而论，则事事皆我人谋之不臧，甚且谓吾罪之当伐，而吾民之可吊，而我尚傲然

---

① 参见汪晖：《现代中国思想的兴起》，第912页。
② 严复：《救亡决论》，《严复集》，第44页。
③ 参见黄克武：《惟适之安》，第19页。
④ 参见汪晖：《现代中国思想的兴起》，第912页。

弗屑也,可不谓大哀也哉!①

其意谓,西方之富强皆资于学,此学即是有着兵学、农学、工学、商学、家政学、政治学等专门分科的格致之学。中国从来之政教多非,自然就是因为没有这样的格致之学。而为何说中国之政教多非,深入来说则是因为中国政教不分,与西方之政教分离不同。严复举例说,中国之政治,若出现饥馑流亡式的社会状况,君主往往归因于上天降灾,而西方则是反求诸己,认为这是"人谋"之不善,当归罪于君主为政之不谨慎,而非如中国古代的君主那样归因于"鬼神""天帝"之类的不可知因素。这再次体现出了严复的实证主义思维方式。他批评的是中国古代的政教合一,政治败坏往往归咎于宗教方面的神秘因素。他所赞成的正是西方的政教二分体制。这种态度在另外一段话中体现得更为明晰:

> 是故西学之与西教,二者判然绝不相合。"教"者所以事大神,致民以不可知者也。致民以不可知,故无是非之可争,亦无异司之足验,信斯奉之而已矣。"学"者所以务民义,明民以所可知者也。明民以所可知,故求之吾心而有是非,考之外物而有离合,无所苟焉而已矣。"教"崇"学"卑,"教"幽"学"显;崇幽以存神,卑显以适道,盖若是其不可同也。世人等之,不亦远乎!是故取西学之规矩法戒,以绳吾"学",则凡中国之所有,举不得以"学"名。②

如前所述,西学通于西政,而政教相分即是源于教、学之二分。宗教的特点是教以"不可知",让人信奉不疑;而学的特点则是求经验实证,重视的正是怀疑和求证精神。教对应于不可知,学对应于可知。"上帝的归上帝,恺撒的归恺撒",政治就是属于可知的东西。政治之好坏优劣就是可以经验实证的人事,而非天帝鬼神等不可知的玄远幽眇之物。严复执西学之准绳以衡量中学,自然会得出中学皆不得名为"学"的结论。以此类推,中国之政治亦不可名为"政治"也。

严复在《〈穆勒名学〉按语》中也曾批评中国的旧学为"大抵心成之说……初何尝取其公例而一考其所推概者之诚妄乎?此学术之所以多诬,而国计民生之所

---

① 严复:《救亡决论》,《严复集》,第48—49页。
② 同上,第52页。

以病也。中国九流之学,如堪舆、如医药、如星卜,若从其绪而观之,莫不顺序;第若穷其最初之所据,若五行支干之所分配,若九星吉凶之各有主,则虽极思,有不能言其所以然者矣。无他,其例之立根于臆造,而非实测之所会通故也"①。在他看来,堪舆等旧学若与国计民生等事宜相杂,即会导致国萎民病,因为这些旧学借以成立的理论本身即是出自臆测而非实测。这些就都属于不"务民义"之学。

严复如此强调宗教与学术的二分,政治与宗教的二分。而且,依照严复所接受的英国哲学家穆勒之实证主义哲学,严复或当排斥宗教。然而,他并不排斥宗教的存在,甚至认为宗教将永远存在。在《〈天演进化论〉译序》中严复谈及宗教的起源及其与学术之关联:

> 佛拉哲言:人类自草昧而入文明,其时期以有独治之君为之始。其君为大巫而通神道故。浸假而此种种迷信渐轻,以民之阅历日积,智力渐开故。然而迷信未尝尽绝也。于是民于君德别生一种之观念,以与其时宗教之观念同兴。特此时所谓宗教观念与吾人所谓迷信不甚悬殊,于是则有感生神种之说。佛拉哲尝遍考五洲历史,以征此例之信。再降,民又晓然于感生神种之不足信,于是班彪《王命论》之说大行,此说殆与独治之制相为终始者矣。②

严复参考佛拉哲(即弗雷泽)的《金枝》,叙述了宗教与学术由相杂到相分的历程:在人类草昧时代,宗教与迷信二者相杂,产生了感生神种之说,如先秦两汉时流传的孔子感生神话等,《纬书》中尤多;而随着人类智力的提升,感生神话不再被人所相信,转而出现了天命论的观点,如班彪在《王命论》中表达的五德终始观念。随着人类的进化,智力渐增,便自然出现了宗教与学术的分离,由是而有宗教家与学术家,严复谓:"研究物情,深求理数之人,夫如是谓之学术家;又由是而有笃信主宰,谓世间一切皆有神权,即至生民,其身虽亡,必有魂魄,以为长存之精气者,如是谓之宗教家。"③在严复看来,宗教、学术二者同出于古初,"必至进化程度日高,于是学术之疆界日涨,而宗教之范围日缩。二者互为消长,甚者或至于冲突,此至今

---

① 严复:《〈穆勒名学〉按语》,《严复集》,第1047页。
② 严复:《天演进化论》,《严复集》,第316页。
③ 同上。

而实然者也"①。

据严复之意，随着学术之扩展而消失的就是"迷信"，比如严复提到的圣人感生、灵魂不死、五行支干、九星吉凶之说，便皆不属于"宗教"了。那么，是否随着学术疆界之扩展，是不是宗教会完全消失？严复并不以此为然。否则他就不会提到"真宗教"了。严复谓："宗教、学术二者必相冲突。虽然，学术日隆，所必日消者特迷信耳，而真宗教则俨然不动。然宗教必与人道相终始者也。盖学术任何进步，而世间必有不可知者存。不可知存，则宗教终不废。学术之所以穷，即宗教之所由起，宗教可以日玄而无由废。"② 严复仍然回到其经验论的立场，从可知与不可知的角度谈论宗教存在之必然性。学术与宗教相伴而生，二者是一体之两面，因为人的知识是有限的，人"有知"，便有"无知"。

由此，严复就从知识论走向了对于宗教的保存，这种做法不禁让人联想到了康德的"穷智见德"名言："限定知识，为信仰留下了地盘。"而严复曾手批康德《纯粹理性批判》，正表明他确实对于康德思想有较深入的了解，他曾说道：

> 盖社会之有宗教，即缘世间有物，必非智虑所得通，故夫天演日进无疆，生人智虑所通，其范围诚以日广，即以日广之故，而悟所不可知者之弥多，是以西哲尝云："宗教起点，即在科学尽处。"而斯宾塞尔亦云："宗教主体在知识范围之外。"此孔门性与天道所以不可得闻，而子入太庙之所以每事问，而世间一切宗教，无分垢净，其权威皆从信起，不由知入；设从知入，即无宗教。然则所谓"可使由，而不可使知"，民之于宗教也又如此。③

此处的"西哲"即是指康德。斯宾塞主张的宗教与科学应当相互宽容的观点本即受康德影响，而这一点被严复很好地继承了下来。王国维在转向经史之学前的哲学研究阶段，曾在可爱与可信之间徘徊，即与对康德哲学的理解有关。而在他之前的严复也处理过同样的可信与可爱的分裂问题，只不过与王国维不同，王国维对于儒家传统资源的毁弃多于借鉴，他在《论性》《释理》《原命》三篇文字即从内在和

---

① 严复：《天演进化论》，《严复集》，第317页。
② 严复：《论社会之宗教起点》，《严复集》，第319页。
③ 严复：《"民可使由之，不可使知之"讲义》，《严复集》，第327页。

外在两个层面质疑了传统形而上学的合法性,从而取消了从性、天理、天命获取价值源泉的合理性,而他所钟爱的叔本华、尼采一系哲学也正是偏重虚无主义,中西双方的思想资源都不能给他以思想的平静和生命的安顿。[①]而严复则始终在调适中西,能够寻找到"天理""天道"以沟通实然与应然、事实与价值的隔阂。从"宗教起点,即在科学尽处"的说法可以看到,严复虽然受实证主义的影响,"以可信求可爱",但在他这里,可信与可爱终究是并驾齐驱,"道通为一"。

二、真宗教与孔教

据以上所述,严复主张政治与宗教之分离,他所批评的实则主要是迷信,是迷信与政治的牵缠不清。迷信纯为神道之事,而政治则属于人道。据上引严复之言,他批评神权,但认为宗教终究都不会废弃,科学并不能否定宗教,这就与新文化运动人士以科学否定宗教的态度截然不同。在严复看来,宗教会"与人道相始终",宗教是"人须臾不可离之道"。这意味着,严复所认为的"真宗教"就是贴近人道的、能与人道相始终的宗教。那么,儒家是宗教还是迷信呢?如果是宗教,儒家是他心目中的真宗教么?我们知道,1913年,在国会讨论制定宪法之时,陈焕章、梁启超、严复等人向参议院和众议院提交了《孔教会请定孔教为国教请愿书》,谋求立孔教为国教。我们不禁会问:主张政教分离的严复莫非已转向了政教合一?

回答这几个问题,要从严复对中国之宗教状况的体察为切入点。他在《保教余义》中曾提及自己看到两种西方人所画的全球宗教分布地图,一种标示中国等国家所行的是佛教,另一种则标示为"多鬼神"的土教,关于前者,他说:

> 问其何以为佛教?曰:验人之信何教,当观其妇人孺子,不在贤士大夫也;当观其穷乡僻壤,不在通都大邑也;当观其闾阎日用,不在朝聘会同也。……妇女孺子,则天堂、地狱、菩萨、阎王之说,无不知之,而问以颜渊、子路、子游、子张为何如人,则不知矣。……穷乡僻壤,苟有人迹,则必有佛寺尼庵,岁时伏腊,匍匐呼吁,则必在是,无有祈祷孔子者矣。至于闾阎日用,则言语之所称

[①] 参见赵利栋:《传统宇宙观的崩溃与王国维早年的思想危机》,《孔子研究》2002年第4期。

传,风俗之所习惯,尤多与佛教相连缀者,指不胜屈焉。据此三者,尚得谓之非佛教乎!①

严复取径于西方人所画之地图,其实则是要论证中国人所信奉的宗教并不是儒家,而是佛教或者混杂原始鬼神信仰与道教神灵的土教。依严复之意,观察一国之宗教,要以普通大众的信仰为标准,而不是上层的士大夫。据此,则不可说儒家是与政治合一的宗教了。那么,儒家就自然不能对严复所说的"中国从来政教之少是而多非"而负责了,因为后者是就政教合一的弊端来说的。但是,儒家不是统治中国上千年的意识形态么?严复解释说:"孔子虽正……民智未开,与此教不合。虽国家奉此以为国教,而庶民实未归此教也。"也即是说,儒家与国家政治的合一只是表面的合一,实则仍然是分离的,庶民未归儒家即是明证。相反,庶民所信奉的是外来的充满三途六道鬼神之说、"与不开化人之脑气最合"的佛教。严复据此为儒家正名清污,"……今日实未尝行孔教,即欧人之据目前之迹以相訾警者,与孔教乎何与"②。因此,严复说"孔教之不可破坏"便不难索解了。至此我们可以发现,前文讨论所言及的九星吉凶、五行支干之说也均非原始儒家的主张,非儒家之内核,而是汉代以降与其他学说的混合。

严复认为"真宗教"是与人道相终始的,而他也正是以此定位儒家的,他说:

> 孔教之高处,在于不设鬼神,不谈格致,专明人事,平实易行。而大《易》则有费拉索非之学(引者按:即哲学),《春秋》则有大同之学。苟得其绪,并非附会,此孔教之所以不可破坏也。③

相较于充满鬼神之说的佛教、道教,严复正是以孔教为不同于佛教、道教的

---

① 严复:《保教余义》,《严复集》,第84页。严复的这一观察并非孤例。比如康有为在《教学通义》中谈及庶民之教时,也说:"官不敷教则民自设之。今民间善堂多为宣讲善书之举,此古敷教之义。其耸动民心,而劝之迁善悔恶不少。惜宣讲之书既杂以释道,大率衷了凡之学,不要于正,又无官劝之。"(《康有为全集》,北京:中国人民大学出版社,2007年,第1集,第53页)严复和康有为均极重视庶民之教——"开民智"的问题,他们都意识到儒家在民间失去了其"下美风俗"的教化功能,反被佛老乃至基督教所占据,这也正是他们主张立孔教的原因之一。
② 同上,第85页。
③ 同上。

高级宗教，也即是他所说的将随人道相始终的"岿然不动的真宗教"。而按照严复对西方之学政相通、政教二分的判断，一方面，学与教相分，而孔教不谈西方意义上的专门的格致之学，也正是教与学相分，这是其与西方之相通处。另一方面，孔教又"不设鬼神，专明人事"，有着"敬鬼神而远之"的特点，则在严复心中，孔教亦不同于崇信上帝的西方基督教。同时，严复也认识到了儒家之六经中实则包含了哲学与政治学的内容。他对儒家或孔教之特点的体认无疑是恰当的，也是全面的。而严复以孔教为文明的、开化的、高级的宗教，这样的宗教，自然是人类发展需要的，而不是应当舍弃的。且按照严复之逻辑，孔教既然是专明人事，那么也就自然可以与国计民生相联系，可以导向孔教与政治的联合。但这并不代表他已放弃了所主张的政教二分立场，因为孔教并不是神道之教。易言之，政教分离是要将政治和宗教分开，确立政治世界的自主性，在严复看来，孔教或儒家与政治的结合并不会削弱政治世界的自主性。这与新文化人士蔡元培等人以为儒学与自由政体不和的观念截然异趣。也正是在辛亥革命后，在严复与陈焕章等人请求立孔教为国教的1913年，他发表《读经当积极提倡》一文，其中言：

> 举凡五洲宗教，所称大而行之教诚哲学，征诸历史，深权利害之所折中，吾人求诸六经，则大抵皆圣人所早发者。显而征之，则有如君子喻义，小人喻利，欲立立人，欲达达人，见义不为无勇，终身可为惟恕。又如孟子之称性善，严义利，与所以为大丈夫之必要，凡皆服膺一言，即为人最贵。今之科学，自是以诚成物之事，吾国欲求进步，固属不可抛荒。至于人之所以成人，国之所以为国，天下之所以为天下，则舍求群经之中，莫有合者。彼西人之成俗为国，固不必则吾之古，称吾之先，然其意事必与吾之经法暗合，而后可以利行，可以久大。盖经之道大而精有如此者。①

严复的"真宗教"观念体现出他持有普遍主义的价值观，而当他以孔教为"真宗教"时，实则揭示出了儒家价值的普遍意义，这无疑又流露出严复对中学和六经所含内容之普遍价值的认信态度。"六经皆史"，与他在《论世变之亟》中批评古人

---

① 严复：《读经当积极提倡》，《严复集》，第331页。

尊经崇古而以"人人尊信之书"为"牢笼天下"之术的毁弃经典的态度不同[①],他此时转而寻求经典的内在价值与意义,这也就与他早年以激烈态度批评儒家以警醒世人而带有的历史虚无色彩有很大差异。

三、孔教与国性

需要注意的一点是,严复认同西方的自由主义,认为中国最根本的是要学习西方的"以自由为体,以民主为用",其以西方之学与政为准绳来批评中国古来之学与政,这已然体现出了严复的普遍主义立场。从前期到后期的这一转变看似突兀,其实却有脉络可寻,与严复本人对宗教的看法有着深刻的关联。如果说在辛亥革命前,他对宗教的思考往往侧重在思考西方的政教关系,以此批评和解构中国的旧政治和旧学术,为中国之富强、中国学术之现代化扫清障碍的话,在辛亥革命后他就转而关注立国的精神问题了。包括严复在内很多人都意识到,辛亥革命成功了,但是他们想象中的民国并没有真正建立起来。故严复后来参与立孔教为国教的活动,正是其从宗教角度对于立国精神的思考。而康有为之主张建立孔教,也正是因为看到了教会在西方所发挥的社会道德力量。[②] 就此而言,严复参与当时的孔教运动正是理之当然。有学者在论及康有为之孔教论时说:"康氏乃一普遍主义者,且颇受佛、耶二教影响,此时则颇以中国人之历史、习惯为念,谓惟孔教能合乎吾国国情。"[③] 衡诸严复,亦复其然。而第一次世界大战爆发后,更使严复等有志之士怀抱隐忧,黄克武指出,严复目睹一战所造成的巨大创伤,认为战争的爆发与爱国精神有关,而"唯有以人道主义所具有的超越精神,才能突破狭隘的爱国意识","严复所念兹在兹的是将民主建国以促进'人道'当成终极的目标……而人道的理想也有可能化解国际之纷争"。[④] 这正体现出严复超越爱国精神与民族主义的普遍主义情怀。不难揣测,当严复说儒家是人道之教的时候,他内心所抱持的绝不单是出于民族主义情感的国家意识,更有兼怀世界的天下意识存焉。

---

① 参见严复:《论世变之亟》,《严复集》,第2页。
② 参见汪荣祖:《康章合论》,北京:中华书局,2008年,第69页。
③ 曾亦:《共和与君主》,上海:上海人民出版社,2012年,第250页。
④ 黄克武:《惟适之安》,第207页。

晚清民国的很多士人都对立国的"国性"问题极为关注。较严复晚十年出生的唐文治曾撰写多篇文字批评新文化运动潮流之崇尚科学民主而完全毁弃传统的经典与礼法，认为"礼"是中国的国性，不可毁弃①；又谓："六经之精神，即国家之精神"，"治国先治经"②，宣扬读经救国。而章太炎通过阐解庄子《齐物论》，认为各个文化有其特殊性与平等性，不必以中国文化与西方不同便以为落后耻辱，强调政治、法律与传统、习惯之关联性。③严复本人则说："大凡一国之立，必以其国性为之基。国性国各不同，而皆成于特别之教化，往往经数千年之渐摩浸渍，而后大著。但使国性长存，则虽被他种之制服，其国其天下尚非真亡。"那么，对于中国来说，此历经数千年之教化只能是孔子之教化。他进一步说："中国之特别国性……岂非恃孔子之教化为之耶！""中国之所以为中国者，以经为之本原。"④他们对于"国性"的关注及相应的文化观都与新文化运动人士所主张的西式的文化一元论观点大相径庭。如陈独秀说："人类将来之信解行证，必以科学为正轨，一切宗教，皆在废弃之列……宗教之能使人解脱者，余则宜为必先自欺，始克自解，非真解也。真能决疑，厥惟科学。"⑤这样的观点，显然不能为严复等人所认同。严复与康有为均以儒家为人道教，所体现出的正是对文化之特殊性的关注，与他们对"国性"的关注相应。

康有为早期曾以儒家为阳教，以佛教、道教、基督教三教为阴教⑥，此与严复以佛教、道教、基督教三教为偏重鬼神之教的观念正相同。所谓阳教，即是从贴近人道而言。康有为亦从进化的角度，认为上古民愚，故需要神道设教，而孔子不语怪力乱神，故而更适合"人智大明"之世。⑦其信从者陈焕章在《孔教论》中引经据典以区分人道教与神道教：

"宗教"二字，乃日本名词，若在中文，则一"教"字足矣。考之经传，《尧典》曰："敬敷五教在宽"，五教者，伦理之教也。孟子曰："人之有道也，饱食

---

① 参见唐文治：《茹经堂文集》三编卷二，第6页。
② 唐文治：《茹经堂文集》四编卷三，第52页。
③ 参见汪荣祖：《康章合论》，第92—93页。
④ 严复：《读经当积极提倡》，《严复集》，第330页。
⑤ 《独秀文存》，合肥：安徽人民出版社，1987年，第91页。
⑥ 参见康有为：《康子内外篇》，《康有为全集》，第1集，第103页。
⑦ 参见蒋贵麟主编：《康南海先生游记汇编》，台北：文史哲出版社，1979年，第192页。

暖衣,逸居而无教,则近于禽兽,圣人有忧之,使契为司徒,教以人伦,父子有亲"……即《书经》五教之确诂。《王制》曰:"明七教以兴民德。"七教者,父子、兄弟、夫妇、君臣、长幼、朋友、宾客也。以此言之,凡《书经》所谓五教,《礼记》所谓七教,皆伦理之教,孔教之骨髓也。然经传之中,亦非无指神道以为教者。《易》曰:"圣人以神道设教而天下服",此其尤彰明较著者也。是故有人道之教,有神道之教。道虽不同,而皆名之曰教,孔教兼明人道与神道。故《乐记》曰:"明则有礼乐,幽则有鬼神",是孔教之为宗教,毫无疑义,特孔教平易近人,而切实可行,乃偏重人道耳。①

不难看出,陈焕章虽言儒家是兼明人道与神道,但实则是以人道、人伦为主。据此以观,严复与康、陈之说并无不同。这说明,严复从实证主义的思路出发,吸收了康德、斯宾塞关于宗教与科学并行的观点,其宗教观最终与当时的孔教论者殊途而同归。因此,严复之参与孔教运动并非受人蛊惑,而更应从其自身之思想理路中找原因。以往对清末民国以来的孔教论和孔教运动的研究都几乎不涉及严复,或者未能对严复之参与孔教运动做出合理的解释,这无疑是视野上的缺失。

至此,需要补充的一点是,就严复思想来说,其神秘主义倾向亦分多个层次,而学界的讨论却多有不自觉的混淆。前文已经说明,严复并不认为五行支干、九星吉凶、天命等观念是儒家之说,而是当属于迷信,为严复所要反对的层次。第二个层次是严复所说的被普通大众所信仰的佛教、道教及土教,这是被严复看作与儒家人道教不同的神道教。第三个层次则是严复结合儒释道三家资源,受理学天理观、道家"道可道,非常道"与佛教"不可思议"之观念的影响,"倾向在逻辑性的命题以外来找寻默然的智慧,将形下与形上境界融合为一完整的知识体系"②的神秘主义。此则属于严复所认可的层次。但这三个层次在严复晚年似乎有融合之嫌,正如有学者所指出的,他晚年对宗教鬼神的信仰变得更加强烈了。③1917年,在上海成立了灵学会,其中结合了西方的催眠术和以传统佛道思想、民间信仰为基础的扶乩仪式,且竟然还有"鬼魂照相"。显然,按照严复对于宗教和知识的区分,灵学

---

① 陈焕章:《孔教论》,《民国丛书》第四编第三册,上海:上海书店出版社,1989年,第1—2页。
② 黄克武:《惟适之安》,第197页。
③ 参见同上。

会的所谓"灵学"是一种接近神道教的东西。但是晚年的严复却对此表示了明确的支持。① 这表明,严复的宗教观自早期到晚期确实有着变化。揣测其因,这一方面要从严复的晚年心境与精神寄托找原因,而另一方面则与以灵学济世的理念有关。② 透过这种变化,我们也可以看出,严复对于儒家之宗教性的界定实则也正透露了其局限所在,儒家既不像基督教、道教等,也不是如他所说的"不设鬼神,专明人事",儒家自有其特殊性,对于生死、鬼神等超越层面问题自有其解决之道。严复以"可知""不可知"的区分为儒家在"宗教"中寻找定位,必然有其问题。儒家的真实面目,可能恰恰就在"可知"与"不可知"之间,也即孔子所言"未知生,焉知死""未能事人,焉能事鬼"(《论语·先进》),儒家的宗教性就体现在知与不知、事人与事鬼的张力平衡"之间"。在此意义上说,严复晚年之宗教信仰变得强烈,或许正是其更加儒家化、更加具有"国性"的体现。

四、余　论

综上所述,严复对儒家之态度从始至终都未持完全的批判态度,而至后期其态度愈显温和。严复从西方实证主义之理路出发,受康德、斯宾塞影响,通过对可知与不可知的区分而将儒家界定为人道教——与人道相始终的真宗教,他对儒家宗教性之理解与康有为、陈焕章等孔教派人士殊途同归,归于对"国性"的关注,皆体现出了对中国文化特殊性之关注,但其理论背景则截然异趣。严复对西方学教二分、政教二分的理解,在其思想义理中并不构成其参与立孔教为国教的障碍,其因即在于:在他看来孔教并非神道之宗教,反而正是贴近政治人事的人道教。

巧合的是,现代新儒家钱穆、唐君毅、牟宗三等人都曾以"人文教""人道教"或"心性教""道德宗教"来指称儒家③,若追溯此说之源,恐怕也正是在以自由主义形

---

① 参见黄克武:《惟适之安》,第188—190页。
② 这一点其实也并不奇怪,如唐文治便继承了明末清初以来的劝善运动思想,其《茹经堂文集》中收录有极为丰富的关涉因果报应、气感神应的劝善文字。
③ 参见钱穆:《灵魂与心》,桂林:广西师范大学出版社,2005年,第14页;唐君毅:《〈中国文化之精神价值〉自序》,《唐君毅全集》,台北:学生书局,1990年,第4卷,第7页;牟宗三:《人文主义与宗教》,《生命的学问》,桂林:广西师范大学出版社,2005年,第65页。

象为后人所熟知的严复那里。我们知道,牟宗三以康德的"道德宗教"(moralische religion)来阐发儒家之宗教精神,而康德本人正持有一种"真宗教"的观念,康德在《论永久和平》中说:"宗教之不同:一个奇特的说法!就好像人们也谈到不同的道德一样。固然可能有不同的信仰范式,而且也可能有不同的宗教经典。但是只有一种对所有人、在所有时代均有效的宗教。"[1]康德所说的正是建立在实践理性基础上的宗教,只有这样的宗教才是跨越时空的永恒存在的宗教。而正如前文所论,严复的"真宗教"观念正是受康德、斯宾塞之影响,故其宗教观及其对儒家的理解在某种程度上正是康德道德宗教观念的流衍。牟宗三以康德道德宗教观念解释儒家,可能正有受严复影响的因素。[2]但与牟宗三"内圣开出外王"说体现出的对于西方民主制度之普遍意义的认可不同,严复的真宗教观念反映的是对于儒家之普遍意义的认可,严复思想之超越时空的意义于此可见一斑。而更为吊诡的是,康德的"道德宗教"观念很可能正是受儒家思想影响而形成的。起先是传教士如利玛窦欲结合儒家与基督教,马尔蒂尼则认为儒家是对基督教的伦理补充,启蒙运动前期的思想家们都很欣赏中国的实践哲学(practical philosophy),至莱布尼茨则认为欧洲人需要借鉴来自中国的自然宗教(natural religion),欲将中国的伦理学与欧洲的宗教结合起来,这构成了康德道德宗教观念产生的思想背景。[3]若如此,那严复真宗教的说法其实正是"曲径通幽"地回到了儒家,儒家就是真宗教。也许历史的魅惑正在于通过他者的重新诠释,而让本国的人更清楚地意识到本土资源的本真性与可贵性。

由严复的宗教观亦可见,严复思想的复杂性远非"自由主义"这一标签所能涵括,有学者冠之以"古典自由主义",又有学者以"新保守主义"称之。[4]究其实,这

---

[1] 《康德历史哲学论文集》,李明辉译注,台北:联经出版公司,2002年,第203页。
[2] 牟宗三对严复思想定不陌生,牟宗三早年研究逻辑学,亦阅读过严复翻译的《穆勒名学》。而牟宗三似对严复之宗教思想亦有一定了解。他曾介绍陈荣捷的英文著作《现时中国之宗教趋势》,此书论及民国时期的孔教运动,牟宗三在介绍中就提到严复、康有为、陈焕章等人,并批评后二人说:"康、陈固无真正之道德宗教意识,不知孔教之所以为教之生命与智慧。"他正是以借鉴自康德的"道德宗教"而进行批评,但他在文中却并未批评严复(参见牟宗三:《生命的学问》,第85—86页)。
[3] 参见Thomas Fuchs, The European China-Receptions from Leibniz to Kant, in *Journal of Chinese Philosophy*,2006年第1期,第35—49页。
[4] 参见萧功秦:《严复悖论与近代新保守主义变革观》,《萧功秦集》,哈尔滨:黑龙江教育出版社,1995年,第18—41页。

两个"强为之容"的称呼都涉及严复对儒家的看法。因此,换个角度,不从自由主义角度而是从严复的宗教观入手,正可以让我们更加清晰地认识儒家在其思想中的位置。严复对儒学与宗教、政治与儒学之间关系的思考,既与当时的新文化运动人士,也与当时的孔教论者康有为、陈焕章等有差异。认清这一点,对于我们今天反思新文化运动的遗产,反思儒家与自由主义之关系、儒家之宗教性,都无疑有着重要意义。严复对这些问题所做的卓越思考及其内在局限,都是需要我们去回顾和珍惜的宝藏。

(作者单位:中国人民大学哲学院)

传统经典的现代解读

从儒家的"违礼"到法家的"违法"

——《论语》"其父攘羊"的历史语言学、礼制史与思想史意义刍议

周启荣

一、导言:千年聚讼——圣人含冤的"其父攘羊而子证之"

《论语·子路》:

> 叶公语孔子曰:"吾党有直躬者,其父攘羊,而子证之。"孔子曰:"吾党之直者异于是。父为子隐,子为父隐,直在其中矣。"

《论语》这一段有关孔子与叶公的对话成为当代儒家的批评者与支持者的一个阐释滩头堡,关乎儒家思想与现代,尤其是法律观念是否相容的一个重要理论战场。1997年范忠信在三个期刊分别发表了三篇有关儒家"亲亲相隐"的论文。[①] 之后多个学者相继发文讨论。从2002年到2004年之间《论语》这段话在哲学界引起了一场论战,吸引了近二十位学者参与辩论。[②] 郭齐勇于2004年编纂一些重要论文出版,但争论不但没有终止,而且吸引更多的学者参与讨论。十多年来相关文章不下一二百篇,数部论文专集。各方争论的重点集中在儒家家庭伦理与法律之间

---

① 范忠信:《"亲亲尊尊"与亲属相犯:中西刑法的暗合》,《法学研究》1997年第3期;《中西法律传统中的"亲亲相隐"》,《中国社会科学》1997年第3期;《容忍制的本质与利弊:中外共同选择的意义》,《比较法研究》1997年第2期。
② 参加该场论战的学者虽然也有法学与历史学的但主要参与者为哲学界的学者。重要的论文已经收入郭齐勇主编:《儒家伦理争鸣集——以"亲亲互隐"为中心》,武汉:湖北教育出版社,2004年。

的冲突以及孔子"父子互隐"的处理方法是否合乎现代法律观念的问题。

批评儒家的学者如刘清平认为孔子将亲情置于法律之上,批评孔子"将血缘亲情视为人们的一切行为都必须遵循的最高原理",认为儒家伦理是"徇情枉法与任人唯亲"的腐败现象的根本原因。① 也有如黄裕生从基督教的立场出发批评学者为了解释孔子"父子互隐"的合理性而提出的亲情自然论是"毫无根据的",因为"没有亲情是'自然的'或天生的,一切亲情都是在各种条件下自己产生出来的"。②

为孔子辩护的学者的各种辩解主要集中在解释父子相隐是家庭伦理的常态,为亲人隐瞒过错就是孔子所谓"直道",是基于父子亲情,就是儒家普遍伦理价值亲亲的体现。③ 他们指出"亲亲互隐"不但不是中国所独有,其他文化也容许在诉讼中拒绝指控亲属。④ 郭齐勇在编纂论战文集的序里说该文集在2004年出版"标志着这场争鸣的结束。因为论战各方及其主要参与者要说的话基本上都已说完"。然而,这个争论并没有终止,学者继续发文热烈讨论。廖铭春、法学家俞荣根、哲学学者梁涛等继续对"亲亲互隐"里的字义与法律公义等问题进行讨论。⑤

所有这些论文、著述所辩论的问题其实不出五组:1."隐"的含义是什么?"亲亲互隐"的"隐"是不是隐瞒事实? 2."亲亲互隐"是不是中国所独有? 3.法律与亲情的冲突,4.法律与道德原则——诚信——的矛盾,5.孔子的"直道"应该如何

---

① 参见刘清平:《美德还是腐败?——析〈孟子〉中有关舜的两个案例》(原文发表于《哲学研究》2002年第2期);刘清平:《再论孔孟儒学与腐败问题——兼与郭齐勇先生商榷》,《儒家伦理争鸣集》,第888—889、918—929页。刘清平对于儒家伦理思想政体的观点见于其《论孔孟儒学的血亲团体性特征》,《儒家伦理争鸣集》,第853—887页。
② 黄裕生:《普遍伦理学的出发点:自由个体还是关系角色?》,《儒家伦理争鸣集》,第962页。
③ 参见郭齐勇:《也谈"子为父隐"与孟子论舜》;郭齐勇、龚建平:《"德治"语境中的"亲亲相隐"》,《儒家伦理争鸣集》,第13、48—49页。当然,先秦儒家内部也有不同的意见。梁认为简帛《五行》属于子思一派,主张"隐"有条件,就是只隐"小恶"但大恶则不隐:"不简,不行;不匿,不察于道。有大罪而大诛之,简也;有小罪而赦之,匿也。有大罪而弗大诛也,不[行]也;有小罪而弗赦也,不察于道。简之为言犹练也,大而显者也;匿之为言也犹匿匿也,小而隐者也。简,义之方也;匿,仁之方也。"(第38—41简)(参见梁涛:《"亲亲相隐"与"隐而任之"》,《中国哲学》2012年10期)
④ 参见郭齐勇、龚建平:《"德治"语境中的"亲亲相隐"》,《儒家伦理争鸣集》,第46—49页。
⑤ 廖名春:《〈论语〉父子相隐章新证》;郭齐勇、张志强:《亲亲相隐的再讨论——与廖名春、梁涛二先生商榷》,复旦大学上海儒学院编:《现代儒学》第一辑,北京:生活·读书·新知三联书店,2016年;俞荣根、蒋海松:《亲属权利的法律之痛——兼论"亲亲相隐"的现代转化》,《现代法学》2009年第3期;梁涛:《超越立场,回归学理——再谈"亲亲相隐"及相关问题》,《学术月刊》2013年第8期;张志强:《线性思维、化约主义与高台"说教"——评梁涛等学者对"亲亲相隐"等相关文本的误读》,《学术月刊》2014年第2期。顾家宁:《学理与义理:再谈"亲亲相隐"之争》,《中国社会科学报》2014年第632期。

理解,是不是枉法徇情? 然而学者千言万语,针锋相对,但是有一个关键性的问题却没有人觉得需要提出来讨论和研究:那就是"攘羊"是什么意思? 学者一致认为"攘羊"就是偷窃他人拥有的羊的"违法"行为。但是这是极大的误解。由于学者错误地解释"攘"为"偷窃",因此才会被孔子父子相隐的回答所困惑,从而千方百计去为孔子解脱。努力去解释孔子为什么不谴责违法的"偷盗"行为,反而主张父子为对方隐瞒事实或者对"攘羊"的事默然不语。

其实,学者的解读错误主要有三个原因,两个是学术性的,一个是思想性的。第一个原因是历史语言学的。[①]"攘"在《论语·子路》的语境含义。学者想当然地将"攘"的含义锁定为"偷窃"但没有考虑"攘"一字在春秋战国时期的其他用法。第二个原因是社会史的。学者没有考虑春秋战国时期的社会制度史、礼制史。没有注意"羊"是统治贵族祭祀动物的一种,它具有特殊的礼制与阶级意义。第三个原因是阐释语境的错置:那就是所有学者都将"攘羊"的问题作为只是一个"法律"问题来处理而没有考虑另一个视角,就是礼制。而这个语境的错置源于先秦思想史中法家对于儒家的攻击,将"攘羊"的礼制语境重构为"法律"语境。近代"法律"意识主宰的研究视角被绝大多数学者有意识或无意识地接受并用以讨论《论语·子路》里父子相隐的问题。这个"法律"视角之所以成为绝大部学者的分析立脚点,与他们对于儒家思想与民主法治是否相容,儒家是不是只讲道德、亲情而不重视法律的争论中不同的立场是有密切关系的。

本文分三部分来重建解读"攘羊"的语境含义,论证"攘羊"只是一种"违礼"而不是"违法"的行为。孔子认为当"攘羊"的"违礼"行为与父子亲情发生冲突时,由于父子之亲的人伦原则大于另一个道德原则——诚实,因为要遵守更大的道德原则而暂时牺牲了另一个较小的原则的做法是合乎情理的"直"的道德原则,也就是儒家道德理论"权"的问题。第一部分先从历史语言学的分析角度列举"攘"字在先秦文献中的各种含义。指出"攘"的一个比较少用但是具有特殊礼制意义的含义。第二部分从社会制度,即礼制的层面讨论羊作为一种祭祀动物与东周时期统治贵族阶级的祭祀制度的关系。第三部分分析《论语》的故事如何从一个儒家"违礼"的问题被韩非重构为一个"违法"的问题。

[①] 学者一般都会先讨论关键字的含义,如"隐""直"。引用出土先秦文献来提出训诂证据的,可参见梁涛:《"亲亲相隐"与"隐而任之"》,《中国哲学》2012年第10期。

二、历史语言学与先秦文献中"攘"字的各种含义

"攘"字在春秋战国时期的文献中有四个常用的含义：1. 举臂；2. 抛弃；3. 强行占领土地，或夺取牲畜；4. 由于"攘"指强行夺取牲畜，衍生为宰杀祭祀牲畜的"违礼"行为。①

（一）"攘臂"，举臂

《诗经·甫田》：

> 曾孙来止、以其妇子、馌彼南亩、田畯至喜。攘其左右、尝其旨否。禾易长亩、终善且有。曾孙不怒、农夫克敏。

《道德经》：

> 上礼为之而莫之应，则攘臂而扔之。

《道德经》：

> 攘无臂；扔无敌；执无兵。

《庄子·在宥》：

> 今世殊死者相枕也，桁杨者相推也，刑戮者相望也，而儒、墨乃始离跂攘臂乎桎梏之间。

《孟子·滕文公下》：

---

① "攘"作抗拒、抵抗的用法要到汉代文献才出现。《春秋繁露·王道》："桓公救中国，攘夷狄，卒服楚。"

冯妇攘臂下车。众皆悦之,其为士者笑之。

《韩非·外说储右上》:

子路怫然怒,攘肱而入。

《管子·弟子职》:

凡抍之道,实水于盘,攘臂袂及肘。

(二) 抛弃

《诗经·皇矣》:

作之屏之、其灾其翳。修之平之、其灌其栵。启之辟之、其柽其椐。攘之剔之、其檿其柘。帝迁明德、串夷载路。天立厥配、受命既固。

《庄子·胠箧》:

攘弃仁义,而天下之德始玄同矣。

(三) 强行夺取、争夺

《诗经·荡》:

文王曰咨、咨女殷商。而秉义类、强御多怼。流言以对、寇攘式内。侯作侯祝、靡届靡究。

《尚书·康诰》:

凡民自得罪:寇攘奸宄,杀越人于货,暋不畏死,罔弗憝。

《尚书·吕刑》：

　　王曰："若古有训，蚩尤惟始作乱，延及于平民，罔不寇贼，鸱义，奸宄，夺攘，矫虔。

《尚书·费誓》：

　　无敢寇攘，逾垣墙，窃马牛，诱臣妾，汝则有常刑！

《庄子·渔父》：

　　诸侯暴乱，擅相攘伐。

《周礼·秋官司寇》：

　　禁杀戮：掌司斩杀戮者、凡伤人见血而不以告者、攘狱者、遏讼者，以告而诛之。

《孟子·尽心下》：

　　孟子曰："今有人日攘其邻之鸡者，或告之曰：'是非君子之道。'"

《管子·八观》：

　　里域横通，则攘夺、窃盗者不止。

《管子·重令》：

　　众寡同力，则战可以必胜，而守可以必固，非以并兼攘夺也。

《管子·小匡》：

> 西征，攘白狄之地，遂至于西河。

《管子·立政九败解》：

> 人君唯毋听兼爱之说，则视天下之民如其民，视国如吾国，如是，则无并兼攘夺之心。

《墨子·非攻》：

> 今有一人，入人园圃，窃其桃李，众闻则非之，上为政者得则罚之。此何也？以亏人自利也。至攘人犬豕鸡豚者，其不义又甚入人园圃窃桃李。是何故也？以亏人愈多，其不仁兹甚，罪益厚。至入人栏厩，取人马牛者，其不仁义又甚攘人犬豕鸡豚。此何故也？

以上的例子充分显示"攘"在先秦文献中最常用的含义不是偷窃，而是公开的强行夺取，所以"寇攘"与"攘夺"都在"攘"字加上"寇"与"夺"来现显示动作的暴力与非法性质。"窃"与"攘"是不同的违法行为。"窃"一般指偷盗而"攘"特指用强力或暴力的方法公开地夺取他人的牲畜或土地。所以《墨子·非攻》里对于同属违法的夺取私有财产的行为分别用"窃桃李"和"攘人犬豕鸡豚"来表述。上引《管子·八观》："里域横通，则攘夺、窃盗者不止。"把"攘夺"与"窃盗"并列，清楚表示在先秦文字中，"攘"与"窃"不属于同于一类的非法非礼行为。在《诗经》与《尚书》中"寇攘"很清楚指两种相关但不同的行为："寇"一般指入侵的人或行为。非法入侵的人的目的一般是夺取，强抢。《诗经》与《尚书》都以"寇攘"指入侵的人或入侵并暴力夺取的行为。"攘"没有"偷窃"的含义。

（四）"攘"特指非礼的宰杀牺牲的行为

"攘"不但有强行夺取的意思，还可以特指"违礼"的宰杀牲口。这个用法虽然比公然"攘夺"少见，但在《尚书》里已经出现。

《尚书·微子》：

> 今殷民乃攘窃神祇之牺牷牲用以容，将食无灾。

微子启指出商末殷人统治阶层各种违法、违礼的现象。其中包括宰杀只有祭祀后始能享用的牲口。对商周统治贵族而言，牲畜如牛、羊、豕的宰杀是祭祀礼制的重要礼物，而不是日常烹煮的食物。殷人为了满足口腹之欲，未经祭祀的牲畜便宰杀享用。违反了祭祀之礼。需要特别指出的是"攘窃神祇之牺牷"并非从他人手中夺取祭祀的动物。

"窃"指非礼的占用，挪用而不是"偷"的同义词。这些"牺牷"都是殷人贵族自己畜养的，所以"攘"在这句中没有强取他人财物的意思。《尚书》这里的"攘"完全是礼制意义上的"挪用"，是从祖先、神祇口中"夺取"了祭祀牺牲的非礼行为。这是一种"违礼"的行为而不是一种"违法"，夺取属于他人牲口的行为。

非祭祀而屠宰牲畜也是周人统治贵族一种违礼的行为。《墨子·非攻下》里几次提到侵略者在非祭祀的情况下宰杀了从他国夺取的牲畜也用"攘"字来表述。

> 今王公大人天下之诸侯则不然，将必皆差论其爪牙之士，皆列其舟车之卒伍，于此为坚甲利兵，以往攻伐无罪之国。入其国家边境，芟刈其禾稼，斩其树木，堕其城郭，以湮其沟池，攘杀其牲牷，燔溃其祖庙，劲杀其万民，覆其老弱，迁其重器，卒进而柱乎斗，曰"死命为上，多杀次之，身伤者为下，又况失列北桡乎哉，罪死无赦"，以譂其众。夫无兼国覆军，贼虐万民，以乱圣人之绪。意将以为利天乎？夫取天之人，以攻天之邑，此刺杀天民，剥振神之位，倾覆社稷，攘杀其牺牲，则此上不中天之利矣。

除了《墨子·非攻》里提到的"攘杀其牲牷，燔溃其祖庙"与"剥振神之位，倾覆社稷，攘杀其牺牲"外，《墨子·天志下》也有："焚烧其祖庙，攘杀其牺牷"的控诉。墨子提倡兼爱、非攻，反对当时各诸侯国互相攻伐，痛斥侵略战争带来祸害的侵略行为。《墨子·非攻》篇里数次提到的"攘杀其牺牲"指的就是攻占他国，强行夺取和宰杀用来祭祀的牛羊牲口的暴力，"违礼"行为。在《墨子》这些文字里，"攘"都是用来指抢夺牲畜，而同时与宰杀"牺牷""祭祀"和"社稷"相提并论的。

由于从他人手中夺取(攘)的牛羊最终的目的是宰杀,"攘"牺牲必然导致"杀"牺牲的后续行为,因此,"攘"的行为如果用在动物,可以兼指违反礼制地宰杀动物的行为,所以,当"攘"指违礼地使用祭祀动物时经常与"杀"并举,如上引《墨子·非攻》两次都是"攘""杀"并举的。

对于先秦时期的统治贵族来说,动物尤其是牛羊的宰杀都与祭祀有关。不但生人非礼的宰杀与食用未经祭祀的牲畜属于违礼的行为,甚至如果鬼夺用不是献祭给祂的牺牲也属于违礼的行为,此种现象也用"攘"字来表述。"攘"与祭祀牲畜的密切关系在秦国的文献中也有反映。《睡虎地秦简》第458简云:"鬼恒襄(攘)人之畜,是暴鬼。以芻矢(弋)之,则止矣。"不单只是人可以违礼"攘"取牲畜,暴鬼也会"攘"人献祭的牲畜。这与"非其鬼而祭之"的行为同样是非礼的。其逻辑是:不论是祭祀的人或者是接受祭祀牺牲的神、鬼,只要是杀牲献祭的做法违反了礼制都可以用"攘"来表述非礼的行为。

以上列举的先秦文献中的"攘"字分别具有四个意涵:举臂、抛弃、强夺与违礼宰杀牺牲。其中以强夺为最常用。有两点需要特别指出:第一,攘没有偷窃的意涵。第二,东汉以后注解《论语》这一段由于不明白"攘"在先秦时期的意涵,并受到《韩非子·五蠹》的改写版本的影响(见下面第五节),将"攘"解读为"窃"。学者为了要替孔子开脱,捏造了当时没有的用法。东汉高诱《淮南子》注解"攘"字:"凡六畜自来而取之曰攘也。"高诱的解释不知从何而来!遍观先秦文献中"攘"字找不到这个用法。三国时何晏《论语集解》引周生烈的解释:"有因而盗曰攘。"[1] "有因而盗"也是特意替孔子开脱的解释。盗窃当然有因!虽然这个解释有点不同,但基本上是将"攘"解读为"偷窃"。下面第五节解释为什么"攘"原来指"违礼"的宰杀牺牲的意涵变成了"违法"的偷窃他人的行为。

三、"攘羊"的礼制意涵

在先秦文献里,"攘"既然有几个相关但不同的含义,《论语·子路》里"攘羊"一词应该如何理解便需要对周代祭祀中羊的特殊意义加以分析。祭祀是商周统治

---

[1] 刘宝楠:《论语正义》卷十六,北京:中华书局,1957年,第292页。

贵族的礼制核心,关乎权力、地位、资源的分配与秩序的维系。祭祀人的地位、参与和享用祭肉、祭祀用的牺牷(牢、宰)、祭祀的时间、地点都有严格的规定。① 用于祭祀的动物主要是牛、羊、豕、犬、鸡。祭祀的动物在商、周也有变化。周代虽然只有天子、诸侯可以用牛,但是羊在各种祭祀中却用得比较多的,对封建贵族来说,羊比牛更重要。② 天子、诸侯祭社稷、衅新庙、盟誓,甚至断争讼都用需要用羊享神。

《诗小·雅·甫田》:

> 以我齐明,与我牺羊,以社以方。

《礼记·王制》:

> 天子社稷皆太牢,诸侯社稷皆少牢。

《墨子·明鬼下》:

> 此二子者,讼三年而狱不断。……乃使之人共一羊,盟齐之神社。二子许诺。于是出泹洫,揼羊而漉其血。

《大戴礼记·诸侯衅庙》:

> 成庙衅之以羊,君玄服立于寝门内,南向。祝、宗人、宰夫、雍人皆玄服。

《礼记·杂记下》:

> 成庙则衅之。其礼:祝、宗人、宰夫、雍人,皆爵弁纯衣。雍人拭羊,宗人视

---

① 姚孝遂认为"牢""宰"在商代指祭祀前经过特殊饲养的牛和羊。祭祀动物需要严格挑选,不是随便只要是牛、羊便可即时用以祭祀。(参见姚孝遂:《牢宰辨》,《姚孝遂古文字论集》,北京:中华书局,2010年版,第215—223页。感谢山东大学历史文化学院历史系博士生陈翔提供这篇论文。)
② 在祭祀牺牲上,商、周有明显的变化。羊成为周人最普遍的祭祀动物。(参见刘一婷:《商周祭祀动物遗存研究综述》,《南方文物》2014年第1期,第60—61页)

之，宰夫北面于碑南，东上。雍人举羊，升屋自中，中屋南面，刲羊，血流于前，乃降。

东周时期不同等级贵族的祭祀特权由使用不同的动物来体现。所以对于宰杀动物都有礼制的规定。牺牷也有贵贱之分。动物的等级与贵族的等级相对应。只有天子、诸侯可以用牛，大夫只可以用羊以下的牺牷祭祀。《大戴礼记·曾子天圆》：

> 圣人立五礼以为民望，制五衰以别亲疏；和五声以导民气，合五味之调以察民情；正五色之位，成五谷之名，序五牲之先后贵贱。诸侯之祭，牲牛，曰太牢；大夫之祭，牲羊，曰少牢；士之祭，牲特豕，曰馈食；无禄者稷馈，稷馈者无尸，无尸者厌也；宗庙曰刍豢，山川曰牺牷，割列襍瘞，是有五牲。①

《白虎通德论·五祀》：

> 祭五祀，天子、诸侯以牛，卿、大夫以羊，因四时祭牲也。

《白虎通德论·社稷》：

> 以三牲何？重功故也。《尚书》曰："乃社于新邑，羊一、牛一、豕一。"《王制》曰："天子社稷皆太牢，诸侯社稷皆少牢。"宗庙俱太牢，社稷独少牢何？宗庙太牢，所以广孝道也。社稷为报功，诸侯一国，所报者少故也。

诸侯、大夫、士等级不同，祭祀用的动物亦有分别。诸侯太牢之祭祀用牛，大夫少牢用羊，士牲特用豕，各有差别。如果大夫祭祀用牛，士祭祀用羊，便是跨越了自己所在的爵位，用了上级的牺牲，违反贵族等级制度的规定，构成了僭越的行为。

---

① 《礼记·曲礼下》："天子以牺牛，诸侯以肥牛，大夫以索牛，士以羊豕。支子不祭，祭必告于宗子"与《大戴礼记·曾子天圆》所记不同等级贵族用牺牲与《礼记·曲礼下》所载有异。大夫以牛祭祀，而士可以杀羊祭祀。这就是"礼崩乐坏"，封建制度破坏，士、大夫、诸侯分别僭越的具体例子，同时也折射了战国时期大夫与士地位与权力相对上升的现象。

所以《礼记·礼器》说：

> 匹士大牢而祭,谓之攘。

"大牢"的祭祀牺牲包括牛、羊、豕。如果士宰杀牛、羊来祭祀,便属于用了诸侯之礼的僭越行为。《礼记·礼器》称这种行非礼的行为为"攘"。

"攘"除了有僭越地宰杀祭祀动物的含义之外,还有另一个违礼的含义,就是"无故"宰杀牛、羊。祭祀动物是敬拜神、鬼,与之交通时候奉献的礼物,因此作为祭祀动物不是一般的豢养动物,而是经过挑选与特别饲养的"牢"和"宰"。祭祀牛、羊的宰杀是受到礼制的规定的,不能随意宰杀。《礼记》多处指出封建贵族平时没有祭祀典礼的时候不会杀牺牷。

《礼记·王制》云:

> 诸侯无故不杀牛,大夫无故不杀羊,士无故不杀犬豕。

《礼记·玉藻》云:

> 君无故不杀牛,大夫无故不杀羊,士无故不杀犬、豕。君子远庖厨,凡有血气之类,弗身践也。

"无故"就是不是为了祭祀而杀羊,是非礼的行为。上面《墨子》提到的"攘杀"他国的牺牷,也属于无故而杀牛、羊的违礼例子。不是为了祭祀而杀牺牷就是《墨子·非攻》中说的"攘杀",或简略的"攘",是违反贵族阶级行为规范的违礼行为。

汉代《列女传》有一则故事可以进一步证明《论语》中"攘羊"一词的含义是指违礼的杀羊。《列女传·晋阳叔姬》载:

> 叔姬者,羊舌子之妻也,叔向、叔鱼之母也,一姓杨氏。叔向名肸,叔鱼名鲋。羊舌子好正,不容于晋,去而之三室之邑。三室之邑人相与攘羊而遗之,羊舌子不受。叔姬曰:"夫子居晋不容,去之三室之邑,又不容于三室之邑,是

于夫子不容也,不如受之。"羊舌子受之,曰:"为肸与鲋亨之。"叔姬曰:"不可。南方有鸟名曰乾吉,食其子,不择肉,子常不遂。今肸与鲋,童子也。随大夫而化者,不可食以不义之肉,不若埋之,以明不与。"于是乃盛以瓮,埋垆阴。后二年,攘羊之事发,都吏至,羊舌子曰:"吾受之,不敢食也。"发而视之,则其骨存焉。都吏曰:"君子哉,羊舌子!不与攘羊之事矣。"君子谓叔姬为能防害远疑。《诗》曰:"无曰不显,莫予云觏。"此之谓也。

羊舌氏是晋国公族之一,羊舌子是大夫。在晋受到排挤,去了一个小城,应该是另一个大夫的城邑。"三室之邑人相与攘羊而遗之,羊舌子不受。""攘羊"如果理解为三室之邑人"偷窃"他人的羊来送给羊舌子,是讲不通的。如果邑人自己没有羊,为了送羊肉给羊舌子而偷窃他人的羊,这种违法的行为他们是不会让羊舌子知道的。因为大夫无故而杀羊是贵族的违礼行为,所以羊舌子和叔姬知道送给他们的羊肉是没有经过祭祀的饩羊。由于羊不是随便可以宰杀的,所以"攘"应该解释为邑人没有举行祭祀而特意宰杀了羊送给他作食物。正因为不是为了祭祀而宰杀羊,所以是"攘羊",属于违反当时礼制的行为。羊舌子不敢接受违礼的、"不义"的羊肉。"攘羊"是违礼的行为,所以两年后有"攘羊之事发","都吏"追查,发现羊舌子没有吃"非礼"的羊肉,没有参与攘羊的"违礼"活动。所以感叹称道羊舌子为守礼的"君子"。

上面列举了"攘"在先秦文献中的四个意涵:举臂、抛弃、强夺、非礼杀牺牲。第四个含义指"违礼"的宰杀和食用祭祀的动物。因此,违礼的"攘"又有僭越的"攘"与非礼食用的"攘"之分。了解"攘"的礼制爵位意义与羊的礼制意义之后,现在可以重新解读《论语·子路》中叶公与孔子的对话。

四、《论语》"其父攘羊"的礼制解读与历史语境

众所周知,孔子极重视贵族遵守礼制,祭祀尤为重要。"正确"对待祭祀用的牲畜是对守礼君子的重要要求。所以他十分重视牺牷在祭祀中的作用。《论语·八佾》:"子贡欲去告朔之饩羊。子曰:'赐也,尔爱其羊,我爱其礼。'"子贡为了节省开支,提议取消宰杀祭祀的饩羊。但孔子认为牺羊是告朔的一个重要环节,比节省

开支的意义更重大。汉代的王充也在《论衡·非韩》中批评子贡说：

> 子贡去告朔之饩羊，孔子曰："赐也！尔爱其羊，我爱其礼。"子贡恶费羊，孔子重废礼也。故以旧防为无益而去之，必有水灾；以旧礼为无补而去之，必有乱患。儒者之在世，礼义之旧防也，有之无益，无之有损。

王充指出"告朔"用羊到了春秋末已经废弛，所以说孔子重视的是"旧礼"。这则与子贡的对话最能反映孔子对于祭祀一贯的重视与祭祀中宰杀羊的礼制意义。

上面从历史语言的角度分析论证了"攘羊"有违礼宰杀羊的意涵。但是解读文本如果能够确定文本产生的场景，解读的结果可以得到更有力的支持。《论语》中孔子与叶公的对话有两个阐释的背景：一个是当时两人谈话的内容，另一个是大家所熟知的春秋末各国为了富国强兵而采取的种种新政，即所谓变法的历史场景。第二个背景是学者都知道的，可以从略。第一个阐释背景却只能做合理的推测。叶公究竟在什么的谈话场景里提到楚国的直躬证父？

除了"攘羊"那段对话之外，在《论语》里还有两次提到了叶公。

《论语·述而》：

> 叶公问孔子于子路，子路不对。子曰："女奚不曰，其为人也，发愤忘食，乐以忘忧，不知老之将至云尔。"

《论语·子路》：

> 叶公问政。子曰："近者说，远者来。"

孔子的大名显然令叶公好奇，渴望一睹风采，没有见到孔子之前他已经迫不及待地问子路有关孔子的为人。见到孔子之后，叶公便问孔子如何为政。孔子说："近者说，远者来。"① 这就是孔子一贯主张如何增加国家人口，吸引他国人民迁移入住的

---

① 司马迁《史记·孔子世家》是先见孔子，后问子路。有关孔子从蔡过叶而叶公与孔子相见的对话，司马迁也是根据《论语》。

策略。

《论语·季氏》:

> 丘也闻有国有家者,不患寡而患不均,不患贫而患不安。盖均无贫,和无寡,安无倾。夫如是,故远人不服,则修文德以来之。既来之,则安之。

根据这一则对话,可以推定他们谈论的话题应该主要环绕孔子提倡的"为政以德"(《论语·学而》)、齐民以礼、忠信、仁、孝等核心思想。叶公与孔子有关"攘羊"的对话应该是他与孔子讨论如何治理人民而引发的一个问题。

《论语·为政》:

> 子曰:道之以政,齐之以刑,民免而无耻;道之以德,齐之以礼,有耻且格。

《论语·颜渊》:

> 子贡问政。子曰:"足食。足兵。民信之矣。"子贡曰:"必不得已而去,于斯三者何先?"曰:"去兵。"子贡曰:"必不得已而去,于斯二者何先?"曰:"去食。自古皆有死,民无信不立。"

从理论上说,德政、礼乐、忠信、仁、孝都是孔子政治伦理思想的核心价值,叶公与他谈话的时候应该都会提到。孔子对于礼,尤其是祭祀在治国方面的作用在任何有关"为政"的讨论里都应该会被提到。那么,他与叶公见面,讨论如何治国的问题时候,如果提到礼,提到告朔,提到用羊是理所当然的,是不需要解释的;相反,如果没有提到这些核心观念才需要解释。此处的分析与推论对于重建叶公与孔子谈话的场景是有帮助的。《论语·子路》:

> 叶公语孔子曰:"吾党有直躬者,其父攘羊,而子证之。"孔子曰:"吾党之直者异于是。父为子隐,子为父隐,直在其中矣。"

在叶公与孔子谈论治理人民的对话中,为什么叶公会提起直躬证父的事呢?

《论语》里记载两人的谈话极为简单,说叶公"语孔子",就是告知孔子楚国有一个叫直躬的人指证了父亲违礼的事件而出了名。是不是叶公感到这是一个"孝"与"直"冲突的问题,自己十分困惑,想请教孔子如何处理。清代宋翔凤比较了《韩非子》与《吕氏春秋》的版本,因为在《韩非子》的版本里,直躬告发了父亲而被令尹以不孝处死,但在《吕氏春秋》的版本里,直躬没有被杀,却以"直"扬名于楚。宋氏试图调和两个版本的矛盾,推论说:"盖其始楚王不诛而躬以直闻于楚。叶公闻孔子语,故当其为令尹而诛之。"[①] 所以根据宋翔凤的推论,叶公是为了请教孔子而提到"攘羊"的事。宋氏的观点是合理的。但必须指出,宋翔凤像所有的学者一样,把"攘羊"解读为"窃羊",所以他没有注意并讨论《论语》与《韩非子》和《吕氏春秋》故事版本的差异及其重大的历史意义(见下面第五节)。

孔子博学多识,熟悉礼制,所以叶公与他讨论"为政"的时候提出楚国直躬的问题是最适合不过了。叶公是楚大夫,楚国的统治贵族的礼制基本上与周制和鲁国的相似,国君、大夫、士的祭祀牺牲都有级别的限制。《国语·楚语》:

> 其《祭典》有之曰:"国君有牛享,大夫有羊馈,士有豚犬之奠,庶人有鱼炙之荐,笾豆、脯醢则上下共之。"

因此,叶公与孔子的对话是以鲁楚两国共同的祭祀礼制与大夫阶级经验为背景。叶公请教孔子的是一个违礼问题,而不是一个"违法"的问题。根据这个分析,"攘"就是非礼,违礼地宰杀或食用与等级不对称的牲口。但是上面的分析指出"攘"的违礼行为有两种情况:直躬究竟是违反了"攘"的哪一种含义:僭越还是非祭祀杀羊?这个问题虽然不可能得到有证据支持的答案,但无妨做合理的推论,因为这样会有助于了解孔子"直道"的含义。

《论语》里叶公没有清楚地说明直躬父亲的阶级身份。不过只有两个可能的情况:1. 直躬父亲是大夫。他在没有祭祀的情况下宰杀了羊,违反了大夫的礼制。2. 直躬父亲只是个士,不是大夫却宰杀了羊来祭祀。前者是大夫阶层内的违礼行为而后者是跨越阶级的僭越行为。但是,叶公与孔子所了解的共同语境应该是第一种情况。理由有两个:第一,由于叶公与孔子都是大夫,叶公举的例子照理也是

---

① 刘宝楠:《论语正义》卷十六,第292页。

他熟悉的大夫阶层的事。所以有理由相信直躬的父亲也是大夫。第二，对孔子来说，僭越的过错要比大夫非礼杀羊为大。孔子提倡礼乐，对于守礼要求非常严格。他回答颜渊问什么是"仁"的回答是："非礼勿视，非礼勿听，非礼勿言，非礼勿动。"（《论语·颜渊》）他对于诸侯的僭越是十分不满的。《论语·八佾》："子曰：'禘自既灌而往者，吾不欲观之矣。'"基于这个考虑，如果直躬父亲是个士而"攘羊"，便属于僭越。孔子对于僭越的处理有可能不一定是"父为子隐，子为父隐"了。因为孔子并不是原则性地把血缘亲情置于重大的礼法之上。他曾经称赞过晋国大夫叔向以"治国制刑，不隐于亲"的原则处理亲属"违礼"和"违法"的行为。《春秋左传》昭公十四年：

> 仲尼曰：叔向，古之遗直也，治国制刑，不隐于亲，三数叔鱼之恶，不为末减，曰，义也夫，可谓直矣，平丘之会，数其贿也，以宽卫国，晋不为暴，归鲁季孙，称其诈也，以宽鲁国，晋不为虐，邢侯之狱，言其贪也，以正刑书，晋不为颇，三言而除，三恶加三利，杀亲益荣，犹义也夫。

据此，可以断定直躬的父亲是大夫，"攘羊"是一种"违礼"但不属于严重的违礼过犯，不牵涉僭越或破坏阶级秩序的问题，更不是违反带有刑罚的"违法"行为。所以，对孔子来说，作为大夫的父亲做了一件违反大夫礼制的事而儿子知道了，虽然是一种过失，也只是一个小过错，没有僭越，更不是杀人偷盗，可以原谅。父子应该互相隐讳。那"隐"是什么行为呢？

有关"隐"字学者也有热烈的争论。廖名春根据王弘治的研究提出"隐"字应作"檃栝"解。"檃栝"有纠正的意涵。父子互隐就是互相纠正错误。但郭齐勇指出"檃"与"隐"两字属于不同部首，一从阜，一从木，各有字源。认为父子互"隐"的解释应该主要是不张扬与几谏。① 姑不论文字上的论证是否妥当，在义理上，如果解释"隐"为"几谏"其实也有"纠正"的意涵在内。正如郭齐勇所说，"父为子隐，子为父隐"的正确解读应该是按郑玄的解释。郑玄是礼学专家，清代古礼训诂学大盛被称为"汉学"的主要原因就是郑玄是东汉的古礼学权威。清刘宝楠《论语

---

① 参见廖名春：《〈论语〉"父子互隐"章新证》，《湖南大学学报（社会科学版）》2013年第27卷第2期；参见郭齐勇、张志强：《亲亲相隐的再讨论——与廖名春、梁涛二先生商榷》。

正义》引《礼记·檀弓》郑玄注"事亲有隐无犯"云:

> 隐,谓不称扬其过失也。无犯,不犯颜而谏,谕父母于道,不致有过误。若不幸而亲陷不义,亦当为讳匿。《公羊》文十五年齐人来归子叔姬闵之也。父母之于子虽有罪,犹若其不欲服罪。然何休注引此文说之云:"所以崇父子之亲。"是也。《盐铁论·周秦》篇:父母之于子,虽有罪犹匿之,岂不欲服罪。子为父隐,父为子隐,未闻父子之相坐也。①

这种违礼的行为发生在父子之间,互为讳匿不张扬,便是合乎亲情、人情的要求。如果是这样理解,《论语》"亲亲相隐"原来是指礼制上,祭祀礼仪上,与道德行为上为家人讳匿的意思是一样的,而不是在违反偷盗杀人的"法律"时为亲属隐瞒。但是如果不是"违礼"而是违反"法律"的行为,亲亲相隐是不是就一定不合理,必须反对与批评呢?对儒家来说,显然不是的。"亲亲相隐"之所以自从出现在《论语》之后两千年来在经学、礼学与刑法史上一直都受到极大的关注与法家推出"连坐"的"法律"原则有密切的关系。所以《盐铁论·周秦》提出"子为父隐,父为子隐,未闻父子之相坐也"的批评。原来是"违礼"的问题随着集权封建制按着法家的治国逻辑,扩大"法律"的应用范围而转变为一个抵抗滥用"法律"权威的儒家理论武器。下面开始分析《论语》"父子相隐"的重大思想史背景。

五、从儒家"违礼"到法家"违法": 韩非对直躬证父意义的重构

学者对于《论语》这一段"其父攘羊而子证之"的解读之所以自东汉以来释经家不得其解的主要原因是韩非对"其父攘羊"故事的重构,将"攘"改为"窃",于是把一个原来是"违礼"的"攘羊"变成"违法"的"窃羊"行为。遂使后世儒者殚精竭虑地想为孔子开脱。要分析这个过程,需要追溯这个故事不同版本的历史"谱系"。

韩非学于荀子,熟谙孔子的言论,对于当时的显学儒家极为重视。他以儒家

---

① 刘宝楠:《论语正义》卷十六,第292页。

思想为最大假想竞争对手。① 法家富国、强兵的政治思想与儒家的仁政思想如同冰炭。韩非主张利用"公法"来治民,利用民众的私欲、私利,借以伸张君主的权力,达到国富兵强的目的。《韩非子·有度》:"故当今之时,能去私曲就公法者,民安而国治;能去私行行公法者,则兵强而敌弱。"他对于儒家所推崇的德、孝等思想自然视为"私行""私曲",有碍所谓"公法"的推行,无益尊君集权的目的。就是在战国时期政治思想斗争的背景下,我们可以看到韩非如何挪用《论语》"其父攘羊"作为攻击儒家重视亲情、孝的伦理价值的一个证据,一个证明"公""私"相悖的理论工具。在下面一段话里,韩非主要想说服人君放弃礼待儒者与侠客。因为这两种人对于集权与统一言论是最大的障碍。"其父窃羊"的实例就是韩非用来突出与放大亲情与"公法"的矛盾,强调推崇孝道便不能打造强大能战的军队。《韩非·五蠹》:

> 儒以文乱法,侠以武犯禁,而人主兼礼之,此所以乱也。夫离法者罪,而诸先生以文学取;犯禁者诛,而群侠以私剑养。故法之所非,君之所取;吏之所诛,上之所养也。法趣上下四相反也,而无所定,虽有十黄帝不能治也。故行仁义者非所誉,誉之则害功;文学者非所用,用之则乱法。楚之有直躬,其父窃羊而谒之吏,令尹曰:"杀之",以为直于君而曲于父,报而罪之。以是观之,夫君之直臣,父之暴子也。鲁人从君战,三战三北,仲尼问其故,对曰:"吾有老父,身死莫之养也。"仲尼以为孝,举而上之。以是观之,夫父之孝子,君之背臣也。故令尹诛而楚奸不上闻,仲尼赏而鲁民易降北。

韩非这篇里直躬的故事明显是脱胎于《论语》的。② 因此,与《论语·子路》中的文字很相似但有两处很大的改动,且添加了重要的细节。首先,改叶公的"吾党"为"楚"而"攘"改为"窃"。最重要的是后者。后来的学者解读《论语》"攘羊"的故事都是无一例外地受了韩非版本的影响,直接将"攘"理解为"偷窃",将一个原

---

① 《论语》中叶公问政的话也出现在《韩非子·难三》:"叶公子高问政于仲尼,仲尼曰:'政在悦近而来远。'"
② "直躬证父"的故事也见于《庄子·盗跖》:"直躬证父,尾生溺死,信之患也。"但只有四个字。庄子后于孔子。庄子对于儒家的主张很不以为然。他对儒家的言论也是十分熟悉的,不排除他是故事来源也是从《论语》或儒家其他文献而来。

来是"违礼"的行为变为"违法"的行为。①

《韩非子》中,"窃"字作为一种非法行为多作"偷盗"解。例如《韩非子·说林下》:"郑人有一子,将宦,谓其家曰:'必筑坏墙,是不善人将窃。'其巷人亦云。不时筑,而人果窃之。以其子为智,以巷人告者为盗。""窃"与"盗"是同义词,所以战国以后"盗窃"慢慢变成固定的双字词。"攘"与"窃"的含义虽然相关,但在先秦的文献中仍然有非常明确的区别。专以《论语》"其父攘羊"一则的版本来说,"窃羊"一定是非法偷盗他人的羊而"攘"是大夫违礼宰杀了自己为祭祀特殊饲养的羊。韩非改"攘羊"为"窃羊"不大可能是无心之失。

韩非除了改动了两处之外,添加了细节如"令尹曰:'杀之',以为直于君而曲于父,报而罪之"。同时删除了孔子"父子相隐"的话。韩非引用《论语》的故事,目的是要批评儒家提倡的孝的伦理价值与"为政以德"的政治主张。添加的细节是要突出重孝道的令尹杀了直躬,致使"楚奸不上闻"。尊崇孝道的结果是将国君的"公法"置于"私曲"的孝之下。"违法"的"窃羊"行为没有得到"依法"处理,屈"公"而伸"私"。这是违反法家致力于抬高国君权威,将"公法"权威与标准置于社会"公义"(community justice)与私家亲情(kinship)之上。法家把社会上种种权威简单划分为"公""私"的二分模式,主张伸"公"屈"私"。"公""私"如果发生矛盾,"公法"必定压倒"社会公义"、亲情,只有"公法"代表"大义"而由国君界定的"大义"可以并必须"灭亲"。韩非将原来是一个"礼义",一个贵族社会内部的行为规范,祭祀动物的礼制转化为一个违反"法律",与"君"的政治权威冲突的问题。他说的"以为直于君而曲于父"的"君"已经不是《论语》里的大部分封建领主的"君"而是战国的主流政治体制——集权封建制——的国君!

六、结　　论

《论语·子路》"其父攘羊"其实可视为儒家遇到道德原则与亲情冲突(违礼)

---

① 《韩非子》中,有关"窃"字的其他例子如《韩非子·内说储下》:"韩昭侯之时,黍种尝贵甚,昭侯令人覆廪,吏果窃黍种而粜之甚多";《韩非子·内说储上》:"荆南之地、丽水之中生金,人多窃采金,采金之禁,得而辄辜磔于市,甚众,壅离其水也,而人窃金不止。"这里的"窃"指违反政府禁令的偷盗行为,含义主要指偷采金矿。这种行为与强行强夺或非礼的"攘"不同。

时,在普通情况之下对家属以外的人如何交代的一个典型处理方法。韩非书中把"攘羊"改为"窃羊"表面上是法家挪用了《论语》的故事。然而这个把"违礼"的行为改为"违法"的罪行的改写可视为战国时期社会、政治、文化发生巨变的过程的一个缩影。韩非透过改编,重构了"其父攘羊"的政治意义。他的做法其实深刻地折射了战国时期"领地封建制"向"集权国封建制"过渡的巨大历史趋势——那就是各诸侯国为了增加政府的资源与国家的军事力量,纷纷透过严苛的法律(刑罚),扩大其对人民生活范围的管理:从经济生产、居住方式、军事劳役参与、调解纠纷、婚姻、家庭各方面都颁发明文"律令"确立合乎"公法"的行为标准。只有通过强制性,带有惩罚后果与物质利益的奖励方法的法规,才能动员百姓努力达成政府的政策目标。原来只属于礼俗范围如婚姻、立后继承的社会与亲属关系都纷纷纳入"公法"的管理范围之内。"公法"的权威必须进入血亲共同体之内,让每个个体都成为"奉公守法"的百姓,直接效忠于国君。秦律不但容许并鼓励亲属互相告奸。由于秦有连坐法,为免受亲属犯罪牵连,"先告"者可以免罪。

韩非改编《论语》的"其父攘羊"给后世的儒者制造了很多麻烦。秦以后的文献如《吕氏春秋》直接承用韩非"窃羊"的版本,但又添改了一些细节。《吕氏春秋·当务》:

> 楚有直躬者,其父窃羊而谒之上,上执而将诛之。直躬者请代之。将诛矣,告吏曰:"父窃羊而谒之,不亦信乎?父诛而代之,不亦孝乎?信且孝而诛之,国将有不诛者乎?"荆王闻之,乃不诛也。孔子闻之曰:"异哉直躬之为信也,一父而载取名焉。"故直躬之信,不若无信。

《韩非子》的版本里直躬是以不孝被杀的,而《吕氏春秋》却改变了结局,加添了直躬代父受罚的孝行,以示既忠且孝,愿意以自身受罚来解决忠孝的冲突。① 但《吕氏春秋·当务》的编者不能赞成直躬证父的做法,仍然按照孔子在《论语》中的"父子相隐"原则,批评"直躬之信,不若无信"。

---

① 清代的宋翔凤《过庭录》:"两书所记,一诛一不诛,异者。盖其始,楚王不诛,而躬以直闻于楚,叶公闻孔子语,故当其为令尹而诛之。"宋翔凤把《韩非子》与《吕氏春秋》两个不同的版本视为同一事件的前后阶段,试图解释两个版本的差异。刘宝楠赞成他的说法(参见刘宝楠:《论语正义》卷十六,第292页)。

韩非以后出现有关"攘羊"故事的不同版本不自觉地接受了法家"违法"的阐释架构，制造了一个两难境地，困惑了后世的儒者，为解读《论语》与研究孔子思想增加了不必要的障碍。还有最坏的一个后果，就是给攻击儒家者以"实例"诬蔑孔子"徇情枉法"。

然而，"攘羊"由"违礼"重构为"违法"的过犯却产生了另一个意想不到的后果。汉代的儒家反过来，利用孔子"父子相隐"的原则来对抗法家一直推动的"法律无界"原则，使中国法制史上，儒家得以用"亲亲互隐"的原则来抗拒"法律权威至高无上"理论的武器。

汉昭帝（公元前94—前74年）始元六年（公元前81年），贤良文学与御史大夫桑弘羊等举行有关盐、铁、酒等专卖政策的大辩论。前者多为儒生，如《盐铁论》的编者桓宽，桓宽习《春秋公羊》；桑弘羊则代表法家的立场。会议中文学对于秦朝滥用刑法，将法律的责任从个人伸延至亲属、邻居的"首匿相坐之法"痛加斥驳。《盐铁论·周秦》：

> 文学曰："古者，周其礼而明其教，礼周教明，不从者然后等之以刑，刑罚中，民不怨。故舜施四罪而天下咸服，诛不仁也。轻重各服其诛，刑必加而无赦，赦惟疑者。若此，则世安得不轨之人而罪之？今杀人者生，剽攻窃盗者富。故良民内解怠，辍耕而陨心。……今废其德教，而责之以礼义，是虐民也。春秋传曰：'子有罪，执其父。臣有罪，执其君，听失之大者也。'今以子诛父，以弟诛兄，亲戚相坐，什伍相连，若引根本之及华叶，伤小指之累四体也。如此，则以有罪反诛无罪，无罪者寡矣。……自首匿相坐之法立，骨肉之恩废，而刑罪多矣。父母之于子，虽有罪犹匿之，其不欲服罪尔。闻子为父隐，父为子隐，未闻父子之相坐也。闻兄弟缓追以免贼，未闻兄弟之相坐也。闻恶恶止其人，疾始而诛首恶，未闻什伍而相坐也。老子曰：'上无欲而民朴，上无事而民自富。'君君臣臣，父父子子。比地何伍，而执政何责也？"

文学反对秦国施行的"首匿相坐之法"的理由是："闻子为父隐，父为子隐，未闻父子之相坐也。"这就是引用孔子在《论语》对于"攘羊"的处理原则。在法律权威无限地扩张的秦国与汉初，所有社会、家庭的问题都被纳入"法律"管辖之内，"违礼"变为"违法"的行为。"首匿相坐之法"更使"骨肉之恩废，而刑罪多矣"。就在"法律"被法家宣扬为代表社会公义的氛围下,儒家提出"恶止其人""亲亲相隐"的原则来反对及批评这种"泛法律主义"的治国模式与社会理论。[①] 儒家首先提出以家庭伦理为前提的"私隐权",在中国法律思想史,以至世界法律思想史上都具有巨大的贡献。

学者对所有关键字都进行了大量的研究与讨论,唯独对"攘"字的意涵轻易放过,遂使韩非改"攘"为"窃",将违礼的小过犯重构为"违法"的行为的。本文从历史语言学、社会礼制学以及思想史的角度来重构解读《论语》"其父攘羊"的礼制与历史意涵。希望可以驱散法家制造的迷雾,使聚讼千年的"冤案"得以了结。即使不能终结学者的争论,最少也能够引起学者的注意,从历史礼制与思想史的角度来重新探讨这个"亲亲相隐"在先秦以至于当代的道德与法律之间应该做如何平衡的问题。

(作者单位:美国伊利诺伊大学;山东大学高等儒学研究院;
山东大学儒家文明协同创新中心)

[①] 有关法律诉讼亲属可以不必指证的现象,在世界各国也非常普遍。学者在这方面的研究已经很多(参见范忠信:《"亲亲尊尊"与亲属相犯:中西刑法的暗合》,《法学研究》1997年第3期;范忠信:《中西法律传统中的"亲亲相为隐"》,《中国社会科学》1997年第3期;范忠信:《容忍制的本质与利弊:中外共同选择的意义》,《比较法研究》1997年第2期)。

"子张问善人之道"章新诠

——关于善之可能与限度的一个哲学分析

刘 崧

众所周知,孔子是一位知其不可而为之的理想主义者。理想可以是个体性的,也可以是群体性的。就群体性而言,理想指向一种文明建制。孔子生活于礼崩乐坏的春秋时代,糟糕的现实使他渴望"天下有道",并谆谆教导子弟"志于道",他自己则是"十有五而志于学"。一个"志"字,正是理想的标识。孔子相信,世界可以变得更好,文明可以趋向美善。孔子理解的"好",在《论语》中常以"善"(包括"美")的字样出现。即便是谈"乐",孔子也以"善"衡之。子谓《韶》:"尽美矣,又尽善也。"谓《武》:"尽美矣,未尽善也。"(《八佾》,下引《论语》仅注篇目)孔子怀抱理想而矢志不渝的人生态度,最鲜明地体现在下面这段话中。子曰:"笃信好学,守死善道。危邦不入,乱邦不居。天下有道则见,无道则隐。邦有道,贫且贱焉,耻也;邦无道,富且贵焉,耻也。"(《泰伯》)"善道"正是孔子心中的理想,是君子应该"守死"的目标。问题是,人类该如何发现"善道"并趋向之呢?或者说,一种好的文明——"天下有道"——该是一种什么状态并如何企及呢?这是孔子的问题意识。《论语》全书即以这一问题意识作为结构线索。孔子不仅怀抱理想,而且有一套如何实现理想的原则方案。本文认为,在《论语·先进》"子张问善人之道"章中,孔子对社会历史所包含的"向善"动力,给出了一个重要的指示。惜哉千载而下,这一重要指示之要义仍然纠缠在晦暗之中,尚待发明。

一、古今解释的模糊不通之处

《论语·先进》记载了子张与孔子的一次问答,原文为:

> 子张问善人之道。子曰:"不践迹,亦不入于室。"

这是一段不大显眼的简短对话,不易引起注意。笔者尝反复玩索其中意味,觉得非同小可,不可小觑。子张之问与孔子之答密切呼应,包含着十分深邃的道理。然而历代解者惜未能透悟其中深意,给出的解说未能彰显孔子思想的精微之旨。

为把这段对话引向一种可能的阐释境域,先参看史上比较典型的一些解释。

皇侃《论语集解义疏》引孔安国曰:

> 践,循也。言善人不但循旧迹而已,亦多少能创业,然亦不能入于圣人之奥室也。①

朱熹《论语集注》:

> 善人,质美而未学者也。程子曰:"践迹,如言循途守辙。善人虽不必践旧迹而自不为恶,然亦不能入圣人之室也。"张子曰:"善人,欲仁而未志于学者也。欲仁,故虽不践成法,亦不蹈于恶,有诸己也。由不学,故无自而入圣人之室也。"②

王夫之《论语集注》:

> "善人之道"是善人以之为道,志如此,行亦如此。"迹"是前人所行之已然者。"践迹"而行,则其所行之善非心得,而于天下有所不宜,非人之所共由者。

---

① 皇侃:《论语集解义疏》,上海:商务印书馆,1937年,第154页。
② 朱熹:《四书章句集注》,北京:中华书局,2012年,第129页。

> 善人止其心以行，与天下之情志相得。此句是善人好处，故下句用"亦"字以言其短。①

现代学者的解释，基本上超不出上述路数。② 为便于分析，这里不妨把原文的对话分为"问"和"答"两部分，分别来看历代解说的倾向。在子张之"问"上，主流的解释是把"善人"领会为一个名词，一种可欲的人的理想状态。当然，这种状态还不能跟"圣人"相比，如朱子认为善人是"质美而未学者也"，张子认为是"欲仁而未志于学者也"。在孔子之"答"上，通行的解释是，"善人"一方面"不但循旧追迹"或"不必践旧迹"，另一方面又"不能入于圣人之奥室"。这些解释一致认为，"不入于室"是一种不够好的状态，王夫之明言之为"以言其短"。

笔者以为，这些解释面临着不可解决的语义逻辑困难。首先，如果"善人"是一个名词，按《论语》记载的惯例，诸如"问仁""问政""问孝""问君子"等，仿此，记为"子张问善人"即可，何故要记为"问善人之道"？"问善人之道"与"问善人"显然有不同意趣（详后文），二者的问题指向明显不伦。其次，皇侃义疏把"不践迹"解为"不但循旧迹而已"，程子解为"不必践旧迹"，皆属增字解经，因为"不"字并无"不但""虽不必"之义；同理，把"亦不入于室"解为"然亦不能入于圣人之室"也犯同一毛病，凭空塞入一个"圣人"，增加一个"然"一个"能"，理据何在？总之，按照这类解释，不仅暴露出诸多语义逻辑上的不通之处③，也无法看出孔子师徒这段问答到底有何深意。

基于上述疑难，笔者认为必须从子张之问切入，方能捕获孔子答语之深义。"问"必是人之所"问"，"问"之真实指向必与其人之意向（志向）密切相关。因而，探究子张这一问题的真实指向，有必要先行了解子张其人的性情与志向以为导引。

---

① 王夫之：《论语集注》，《船山全书》，长沙：岳麓书社，2011年，第6册，第222页。
② 如杨伯峻《论语译注》把这段对话翻译为："子张问怎样才是善人。孔子道：'善人不踩着别人的脚印走，学问道德也难以到家。'"钱穆《论语新解》翻译为："子张问善人的行为。先生说：'善人能不踏着前人的脚印走，但亦进不到室内去。'"杨逢彬《论语新注新译》翻译为："子张问怎样才是善人。孔子说：'善人，不会踩着别人的脚印走，学问道德也没有完全到家。'"这三者基本上处于同一理解层次。
③ 对此，曾有学者指出其中的疑难与问题：一、所谓善人究竟是何等样人？朱熹说是"质美而未学者"，有何为证？二、"践迹"之解，更为混乱。即使承认把迹解为旧迹，但对"不践迹"，《注疏》谓为"不但循旧迹而已"，实际"不"字全无"不但"之意。三、《注疏》《集注》都以室为圣人之室，有何迹象必做如此解？这些都不能说清楚，所以不足为据。（参见周乾溁：《释"善人之道"章》，《孔子研究》1987年第3期，第120页）

二、子张其人的性情与志向

子张是孔子晚年的一位得意弟子,据《史记·仲尼弟子列传》载:"颛孙师,陈人,字子张。少孔子四十八岁。"子张卒年,《礼记·檀弓下》载"子张死,曾子有母之丧,齐衰而往哭之",子张盖非高寿。钱穆《先秦诸子系年》引《掘坊志》云:"子张卒年五十七",时为鲁悼公二十一年(公元前447年)。据此,子张生卒年可断为公元前503—前447年。子张与有若(少孔子43岁)、子夏(少孔子44岁)、子游(少孔子45岁)、曾参(少孔子46岁)年纪相仿,皆为孔子晚年弟子。但子张与这几位同学很不一样。《论语·子张》记载了同龄人对子张的评论。子游说:"吾友张也,为难能也,然而未仁。""未仁"是说还没达到"仁"的境界,但可称难能可贵了。曾子说:"堂堂乎张也,难与并为仁矣。""堂堂"大概是形容子张"威仪堂堂",或者是形容其精神气象;"难与并为仁"是说难以与他一起行仁道。为什么难以一起行仁道呢? 大概是性情或悟性不在一个层次上。《论语·先进》说:"柴也愚,参也鲁,师也辟,由也喭。"曾子(参)显得鲁钝,而子张(师)显得激越(辟)。这也可以从另一段语录中得到印证。子贡问:"师与商也孰贤?"子曰:"师也过,商也不及。"曰:"然则师愈与?"子曰:"过犹不及。"(《先进》)孔子认为子张(师)显得"过",子夏(商)则"不及"。"过"与"辟"可以相互印证,均是子张性情之特征。总之,在孔子晚年几个弟子中,曾子显得鲁钝而谨严,子夏显得平易而低调,子张则是自信而昂扬。《论语·子张》记载子张说过的几句话,都表现出这种昂扬坚毅的风格。

子张的性情大抵如上所述。其志向又如何呢? 了解一个人的志向,一个妙法是从这个人的问题意识去开掘。《论语》记载了子张向孔子请教的很多问题。考察这些问题,笔者发现一个共性:子张的提问皆有鲜明的政治指向(此处"政治"取广义,可领会为"天下关怀")。例如,《为政》"子张学干禄",子张问"十世可知也";《颜渊》"子张问明","子张问崇德辨惑","子张问政",以及"子张问士何如斯可谓之达矣",这些问题都是政治指向的;《卫灵公》"子张问行",孔子答以"言忠信,行笃敬,虽蛮貊之邦行矣",显然是政治指向的;《阳货》"子张问仁于孔子",孔子答"能行五者于天下,为仁矣",也是政治指向的;《尧曰》子张问孔子"何如斯可以从政矣",明确是针对"从政"发问的。

子张的提问除了具有政治指向外，提问的水准也比较高。《论语·公冶长》记载了子张与孔子的一段对话。

> 子张问曰："令尹子文三仕为令尹，无喜色；三已之，无愠色。旧令尹之政，必以告新令尹。何如？"子曰："忠矣。"曰："仁矣乎？"曰："未知，焉得仁？"（子张又问：）"崔子弑齐君，陈文子有马十乘，弃而违之。至于他邦，则曰：'犹吾大夫崔子也。'违之。之一邦，则又曰：'犹吾大夫崔子也。'违之。何如？"子曰："清矣。"曰："仁矣乎？"曰："未知。焉得仁？"

这是非常精彩的一段对话，子张用来提问的历史人物很有讲究：这些人物都是历史上真实存在的，他们所参与的事件都充满了意义阐释空间。从孔子对这些历史人物的评论，可以窥探他关于"仁""知"关系的一个基本论断，那就是："知"是"仁"的必备要素（未"知"，焉得"仁"）。①

综上可知，子张是一个性格十分突出的人，其格调之宏阔，个性之飞扬，在孔子弟子中独树一帜。子张在行仁道上表现出强烈的激越色彩，与子夏、曾子等人形成鲜明对比。《论语·子张》有一段记载，可以看出子张与子夏格局之不同。

> 子夏之门人问交于子张。子张曰："子夏云何？"对曰："子夏曰：'可者与之，其不可者拒之。'"子张曰："异乎吾所闻：君子尊贤而容众，嘉善而矜不能。我之大贤与，于人何所不容？我之不贤与，人将拒我，如之何其拒人也？"

对此，康有为评论道："子张之说乃深得圣道，宏奖风流，贤则尊之，善则嘉之，又推施仁恕，众则容之，不能则矜之，有万物一体之量，有因物付物之怀。窃窥孔子之待人，正尔如此，则子张所得可知也。"② 子张还说："执德不弘，信道不笃，焉能为有？焉能为亡？"（《子张》）康有为评论道："执德不弘，则狭小拘泥，而不能变通尽利，因

---

① 关于孔子答语"未知，焉得仁"，一种解释认为孔子的意思是："不知道，怎么会得仁？"这种解释明显不通，如果"未知"是不知道，后面就不应该用"焉得仁"的疑问语气，而应直接否定。细读原文可知，"未知"之知应读zhì（智），与《里仁》"择不处仁，焉得知"之知（zhì）相同，两处都是谈论仁与知（智）的关系。
② 康有为：《论语注》，北京：中华书局，1984年，第286页。

应随时；信道不笃，则游移迁变，而无定力负荷，守死力争。……子张此言，真为治世传教之要。"康有为认为子张平时所问，皆非寻常人可及："观之问仁，问明，问行，问远，问十世，尊贤容众，嘉善矜不能，真所谓德弘信笃者，迥非曾子、子夏所能及。后人误尊曾子，遂抑子张，是目迷白黑，颠倒高下，此孔道所以不明也。"①《大戴礼记·卫将军文子》历论诸子，孔子认为子张不弊百姓，仁孰大焉。"孔子许子张，几比于颜子，可为定论。论人当折衷于孔子。""朱子误尊曾子过甚，于是不考，而轻子张为行过高而少诚实恻怛之意，则大误矣。"②

总之，仅以《论语》为据，我们看不到贬抑子张的理由。子张后学发展如何，今人难以周知。但子张之学在当时影响甚大，是可以寻得线索的。据《韩非子·显学》记载，孔子死后，儒分为八，而"子张之儒"居八派之首；这说明子张在当时的影响非同一般。《荀子·非十二子》对"子张氏之贱儒"大加挞伐③；这从另一个侧面说明子张学派在当时的影响确实不小。不过，"子张氏之贱儒"这一说法只能代表荀子对子张学派的批评，并不等于对子张本人的批评，也不能代表荀子以外的人对子张的看法。

三、子张之"问"与孔子之"答"

《论语》主要是孔子与弟子的语录。"问""答"是贯穿《论语》全书的精神主脉。细察《论语》中的提问方式，笔者发现"子张问善人之道"这一提问记载具有特别的意义。《论语》记载的提问大多是"问+名词"或"问+动宾"的结构方式，前者如"问孝""问政""问仁""问知""问耻""问君子"等，后者如"问为仁""问为邦""问事君""问成人""问事鬼神"等。唯有两个提问的记载十分特别：一个是《八佾》"林放问礼之本"，被孔子赞为"大哉问"；另一个就是"子张问善人之道"。这一提问之特别处不可轻忽。如果我们不切入提问之所"问"，则回答之所"答"的真实命意，就可能交臂失之。

---

① 康有为：《论语注》，北京：中华书局，1984年，第285—286页。
② 同上，第291页。
③ 《荀子·非十二子》把子张、子夏、子游皆列为"贱儒"，其言曰："弟佗其冠，衶禫其辞，禹行而舜趋，是子张氏之贱儒也。正其衣冠，齐其颜色，嗛然而终日不言，是子夏氏之贱儒也。偷儒惮事，无廉耻而耆饮食，必曰君子固不用力，是子游氏之贱儒也。"

基于上文对子张性情与志向的导引性分析,我们有理由认为"子张问善人之道"之"问"的问题意向是政治指向的。当我们以这样的命意来慎思子张这个提问时,把"善人之道"之"善人"理解为一个动宾结构便具有更大的合理性:"善"在这里是一个使动词,"善人"即"使人向善"之义。这样理解,理由盖有三焉。其一,从文法上看,"善人"作为动宾结构①,与"之道"组成更为恰切的语意搭配关系。其二,"善人之道"作为"使人向善之道",是一个政治指向的提问,符合子张其人的性情、志向与一贯的提问意向。其三,最为要害的,只有把"善人之道"理解"使人向善之道",孔子回答所包蕴的思想深意才能得到彰显,这一问一答在语意上的搭配方能豁然贯通。

把"善人之道"之"善"理解为动词,并非绝无其人。比如周乾溁先生就主张"善人"是动宾结构,他认为"善人"是两个词,"善"字用为使动词,和"穷则独善其身,达则兼善天下"(《孟子·尽心上》)的"善"用法是一样的。"善人之道"不是指善人的道路,而是说使人向善的方法。②从句法结构和语义逻辑来说,这一理解方向是非常准确的。此外,李泽厚先生也认为:"如果'善'在此处干脆作动词用,岂不更简明扼要?"③基于此,他把"子张问善人之道"翻译为:"子张问如何使人变好?"这非常切近子张的问题意向了。然而,李先生却把孔子的答语翻译为:"不跟着脚步走,也就不能进入室内。"④这就显得前言不搭后语,不知所云了。

为了敲开子张之"问"的真实命意,有必要来探究一下"问"的形式结构。海德格尔指出,任何发问都是一种寻求。"寻求"意味着一种意向关系,也就是问题的目标指向,即"对……"的发问。发问不仅包含问题之所问的目标,而且包含被问及者。⑤同时,发问总会有一定的范围,不可能漫无边际。由此,海德格尔区分了"问"的三个结构要素:被问及者,所问的范围,发问的目标。例如,我们问一个水果味道如何。这时候,这个水果是被问及者,它的味道是所问的范围,具体的味道

---

① 《论语》中"善人"总共出现五次,仔细辨析可知,它既可以作为名词,也可以作为动宾结构。作为名词的,如:"子曰:'善人,吾不得而见之矣。'"(《述而》)"周有大赉,善人是富。"(《尧曰》)其余三例是名词还是动宾结构,是可以讨论的:"子张问善人之道。"(《先进》)"子曰:'善人为邦百年,亦可以胜残去杀矣。'"(《子路》)"子曰:'善人教民七年,亦可以即戎矣。'"(《子路》)笔者倾向于认为后面三例应作为动宾结构来理解。"善人为邦百年"中的"善人""为邦"都是动宾结构,"善人教民七年"中的"善人""教民"都是动宾结构。

② 参见周乾溁:《释"善人之道"章》,《孔子研究》1987年第3期,第121页。

③ 李泽厚:《论语今读》,合肥:安徽文艺出版社,1998年,第266页。

④ 同上,第265页。

⑤ 参见海德格尔:《存在与时间》,陈嘉映、王庆节译,北京:生活·读书·新知三联书店,2014年,第6页。

则是发问的目标。① 准此以推,在子张"问善人之道"这个发问中,使人向善之"人"是被问及者,"使人向善"是所问的范围,如何使人向善之"道"则是发问的目标。

明确了子张发问之所"问",便获得了一个指引线索,借此可以仔细琢磨孔子之"答"到底何指。李泽厚把"不践迹"理解为"不跟着脚步走"(条件),把"亦不入于室"理解为"也就不能进入室内"(结果),显然是把这个句子当成一个假设条件句,即"如果……也就……"的结构。这也是当今很多解释者的理解路数。然而,细心的读者会发现,从文法看,孔子的原话并不是一个假设条件句,而是"不这样,也不那样"的结构,这是一种确凿无疑的并列关系。"亦"字是表达这种并列关系的语法虚词。"亦"字甲骨文为人之两腋下各加一点,表示人体两腋部位。《说文》:"亦,人之臂亦也。"段玉裁注:"人臂两垂,臂与身之间则谓之臂亦;臂与身有重叠之意,故引申为重累之词。"显然,"亦"由臂亦之象引申出并列之意。"亦者,两相须之意"(《左传》昭公二十年孔颖达疏);"亦之承上者,其义同又"(《经词衍释》卷三)。② 这些注解都可以说明"亦"字的用途。无论如何,我们无法从"亦"字寻绎出"便如何"的意思。③ 因此,孔子在回答子张"如何使人向善"的提问时,给出的是两个并列("亦")的否定性("不")指示:一个是"不践迹",另一个是"不入于室"。

分别来看二者之义。践,踩踏之义。《说文》:"践,履也。"迹,本义为行走时留在地上的脚印。《说文》:"迹,步处也。"不践迹,字面意思是不踩踏此前走路留下的脚印。孔子在这里当然是取比喻义。不入于室,同样是比喻义。今有成语"升堂入室",即出自《论语·先进》。原文为:"子曰:'由之瑟奚为于丘之门?'门人不敬子路。子曰:'由也升堂矣,未入于室也。'"这里都是取比喻义,"升堂"喻入道尚浅,"入室"喻入道已深。孔子的意思是,子路鼓瑟所反映出来的入道层次,尚未进入很高明的境界。此处"入于室"意义并不神秘,它强调的就是某种很高的境界或要求。

综合子张之"问"与孔子之"答",笔者认为这段对话的意义可以阐释为:子张请教如何使人向善之道。孔子说:"不重踏过去的旧路,也不提出过高的要求。"显然,孔子认为使人向善之道,就蕴藏在社会生活的自我运动之中,重复过去或提出脱离现实的乌托邦空想,都是不合时宜的。这里,子张之"问"是指向社会政治的,孔子之"答"也是指向社会政治的。在社会政治意义上,"善人"之"人"应当理解

---

① 参见张汝伦:《〈存在与时间〉释义》,上海:上海人民出版社,2012年,第1卷,第12—13页。
② 宗福邦、陈世铙、萧海波主编:《故训汇纂》,北京:商务印书馆,2003年,第70页。
③ 参见周乾溁:《释"善人之道"章》,《孔子研究》1987年第3期,第120—121页。

为总体意义,而不仅仅是个体之人。据此,有学者把"善人之道"理解为"劝人改过的方法",笔者以为失之过狭,未能切入子张所"问"之"被问及者""所问的范围"及"发问的目标",因而也未能切中孔子之"答"的针对性、指向性。①

四、善之可能与限度

在孔子看来,使人向善之道,一方面要不走旧路(不践迹),一方面又不能提出过高要求(不入于室)。"不践迹,亦不入于室"等于提出了一种切中现实(时宜)的要求,二者构成了一种时间性的张力。善之可能与限度就体现在这种张力之中。以下我们尝试来阐发孔子这句话可能包含的意义向度。

一个问题能够有意义地提出来,也就意味着它是可以解答的。反之,如果一个问题无法解答,也就意味着这个问题是无意义的,或者提问方式本身不对,因而无法回答。②在终极的意义上,问题本身包含了解答的可能性。海德格尔认为,发问作为一种寻求,都有从它所寻求的东西方面而来的事先引导。"事先引导"意味着,我们一定以某种方式知道我们要寻找的是什么,否则我们就什么也不能寻找。故海氏指出,被寻求的东西事先就为寻求提供了某种引导。③在子张之问与孔子之答中,同样隐隐约约存在着这种"事先引导",构成师徒二人对话的意义空间。从根本上说,正是这种"事先引导"使得这种问答得以可能。

人总是在社会中生活的人,总是在特定时空条件和现实境域中生存的人。人的活动建构社会历史,社会历史也建构人的活动。"使人向善之道",究其实,可以归结为社会历史运动之道。子张之问"善人之道",实际上包蕴着这样一个具有存在论意义的问题:如何把捉社会历史运动的进程(善之运动)?这是子张发问的隐性目标所在。基于这一定位,以下先从字义训诂来探究"善"的意义。

善字本义,《说文》云:"譱,吉也。从誩,从羊。此与义美同意。"值得注意的

---

① 周乾溁先生把原文对话解释为:"子张问帮助人改过的方法,孔子说:不紧抓人家的过错,也别挖得太深。"(参见周乾溁:《释"善人之道"章》,《孔子研究》1987年第3期,第121页)笔者以为,这种解读抓住了原文的句法结构和语意逻辑,然而在运思视野上仍然停留在道德修身的层面,未能精准地切中孔子师徒措意运思的问题域。
② 参见维特根斯坦:《逻辑哲学论》,贺绍甲译,北京:商务印书馆,1996年,第104页。
③ 参见张汝伦:《〈存在与时间〉释义》,第1卷,第11页。

是,"善""羲""美"三字都共用"羊"字作为构字部件,这也是这三个字(观念)的意义相关之处。这种相关性,我们可以从训诂文献中得到印证。《玉篇》曰:"善,吉也。"《吕氏春秋·长攻》:"所以善代者乃万故。"高诱注云:"善,好也。"《广韵》言:"善,良也。"又云:"善,大也。"又云:"善,佳也。"《大戴礼记·盛德》:"夫民善其德。"王聘珍《解诂》云:"善,犹美也。"《淮南子·说林》:"或善为新。"高诱注云:"善,犹宜也。"《说文》解"美"字也称"美与善同意"①。

善字训义表明,善具有鲜明的目的性指向。这种目的性不能不与社会政治相关涉。据此,我们不难领会孔子"不践迹,亦不入于室"的命意所在。依孔子之义,使人向善之道,有其特定的条件与时宜,既不能拘泥于过去,也不能凭空设计未来。质言之,善处在一种时间性的张力结构之中而获得动力,既有其可能,也有其限度。善必有其可能,故子曰:"人能弘道,非道弘人。"(《卫灵公》)这是强调人之弘道的能动性,可能即可为。同时,善之可能也必有其限度,故子曰:"不践迹,亦不入于室。"又曰:"君子之于天下也,无适也,无莫也,义之与比。"(《里仁》,解说详后)这是强调人之能动性的发挥并不是无条件的。"可能"与"限度"的张力划定了一个意义区间,此即"天命"所在。尧曰:"天之历数在尔躬。"子曰:"不知命,无以为君子也。"(《尧曰》)

"天命"作为最高的政治取向,并不是一个虚悬的理想,而是落实于社会历史,展开为"礼"的历史性进程。礼是变与不变的统一,此间包含着损益之道。为彰明此理,且看《论语·为政》中子张与孔子的另一段重要对话:

> 子张问:"十世可知也?"子曰:"殷因于夏礼,所损益,可知也;周因于殷礼,所损益,可知也;其或继周者,虽百世可知也。"

这是记载在《为政》中的一段对话。由此不难窥见子张之抱负与格局之一斑。② 一世三十年,十世三百年,百世三千年。孔子自信"虽百世可知也",其能"知"之"道"何在? 就在"礼"的因时损益之中。《周易》第四十一卦和第四十二卦分别是《损》卦和

---

① 《说文》:"美,甘也。从羊,从大。羊在六畜主给膳也。美与善同意。"
② 康有为说:"百世为三千年,于今近之,故曰百世以俟圣人而不惑。子张少孔子四十八岁,于孔子梦奠之时,年仅二十五,而能为十世之问,其必闻于《春秋》三世之义,推太平世后之事,及百世之伟论,可谓高怀远志矣。"(康有为:《论语注》,第28页)

《益卦》。这两卦是意义互通的：把《损》卦翻转过来就是《益》卦，把《益》卦翻转过来就是《损》卦。损益互通意味着，损中包含着益，益中也包含着损。《杂卦传》曰："损益，盛衰之始也。"《损》卦《彖》辞说："损益盈虚，与时偕行。"《益》卦《彖》辞说："凡益之道，与时偕行。"损益均须"与时偕行"。损益互通，"通"在"时"中达成。

孔子以损益来论"礼"，包含着一种入"时"的智慧。我们该如何来领会"礼"与"时"之意义关联呢？

《说文》云："礼，履也。所以事神致福也。从示，从豊。"所谓履，《说文》云："履，足所依也。"从《说文》释义来看，礼对于人而言，就像鞋对于足一样。礼最先发端于"事神致福"的活动。孔子把礼纳入社会历史损益之道的视角来考察，赋予礼以社会政治的意涵。在此意义上，礼是人类社会生存结构的某种规范性和导引性力量。《礼记·礼运》记载孔子之言曰："夫礼，先王以承天之道，以治人之情，故失之者死，得之者生。"《礼记·礼器》曰："礼也者，合于天时，设于地财，顺于鬼神，合于人心，理万物者也。"礼在社会历史中的损益之道，皆以"时"作为意义之资和价值之源。《礼记·礼器》云："礼，时为大。""三代之礼，一也，民共由之。或素或青，夏造殷因。"

"礼"在"时"中的损益之道，可参孔子的另一句话。子曰："君子之于天下也，无适也，无莫也，义之与比。"（《里仁》）"适"与"莫"是两种对立的态度，"适"是执定某一取向，"莫"是否定某一取向，孔子认为二者均不可取，唯一可取的是"义"。[①]"义"与"宜"通。《中庸》："义者宜也。"《礼记·祭义》："义者，宜此者也。""义之与比"之"义"当理解为"时宜"。对"义"的把握，取决于对"时"的领会。"时"只能领会，不能计算。"时"是由人的生存活动建构起来的生存现象，在本质上是前概念、前理论、前逻辑的，不可能在概念中加以规定。不能在概念中规定，却可以在否定中引发。这种否定的引发方式，就是孔子所言者："不践迹，亦不入于室。"或曰："无适也，无莫也。"二者均指向"时义"（时宜）的要求。

历史是人之存在的世界，它作为意义世界总是"构成时间的"，总是处于"到时"状态。"到时"把人的存在之过去置入当下，并使人之存在的当下具有未来的

---

① 对孔子这句话，常有一种道德主义的解释路向，即从道德修身层面来理解"适""莫"与"义"。笔者以为，这种解释未能切入孔子运思的纵深面，原文"之于天下也"几个字分明指示了这句话的社会政治意向。如果去掉"之于天下也"几个字，则不妨碍进行道德层面的解说；有这几个字，则断不可局限于道德修身层面来解说。

维度。① "过去"与"未来"之间的张力,构成了"当下"的辩证意义。"辩证"意味着,"当下"自己否定自己、自己生成自己、自己敞开自己,永远处于变动之"时"中。"当下"指向社会现实,因而社会现实本质上是一种自我批判的辩证运动,其间包含着一种本体论的矛盾:它既是经验的事实性,又是超越的理想性;既是当下、现在,又是未来、可能。②现实作为事实(践迹)与理想(入室)的张力,表明现实既不是过去的复制,又不能脱离过去的建构之力,而这种建构之力又总是指向未来。③过去不是完全消极的无所作为,它通过当下的运动而生成着理想的建构。这种建构就存在于人对现实性("时")的领受之中("知天命")。人只有通过对现实性的领受(知天命)才能领受现实性的规定(畏天命)。换言之,唯有切入"时"之损益的领会,方有望"知天命"而"畏天命"。要入"时",非"学"莫能为(学而时习之、学则不固)。时之损益是"善人之道"的生存论条件。人在这种条件(礼)中生生不息,并通过生生不息的活动不断创造出超越这种条件(礼)所能容纳的可能性,从而开创未来,让理想不断"到时"。

"不践迹,亦不入于室"意味着,社会现实的运动遵循着自我批判的辩证逻辑,任何人都不能让它退回到过去(践迹),也不能脱离现实而提前设计(入于室)。因此,善(礼)永远处在实然(是)与应然(应当)的矛盾结构之中。"是"与"应当"之间的张力是社会现实自身结构(善、礼)的本体论状态。④"不践迹,亦不入于室"可以领会为"是"与"应当"之张力的隐喻表达,这也正是善之可能与限度所在。

孔子作为"圣之时者",自信"虽百世可知也"。《论语》有两段话充分表明了这种深邃的自信:

> 子畏于匡,曰:"文王既没,文不在兹乎?天之将丧斯文也,后死者不得与于斯文也;天之未丧斯文也,匡人其如予何?"(《子罕》)

> 公伯寮愬子路于季孙。子服景伯以告,曰:"夫子固有惑志于公伯寮,吾力

---

① 参见王德峰:《人的本源存在与历史生存》(复旦大学1998年博士论文),第70页。
② 参见同上,第70—71页。
③ 但须注意,建构未来不等于提前设计未来:"建构"是一种生存性的"构成着时间",而"设计"则是一种知性(逻辑)的先验规划。
④ 参见王德峰:《人的本源存在与历史生存》,第71页。

犹能肆诸市朝。"子曰:"道之将行也与？命也！道之将废也与？命也！公伯寮其如命何！"(《宪问》)

在孔子看来,"文"之将丧或未丧,"道"之将废或将行,并不取决于某个人的意志,而是表现为历史的内在目的,并展开为历史必然性。这种历史必然性[①],孔子或以"天"言之,或以"命"言之,或以"天命"合而言之。孔子相信,"文"一旦在历史中生成,便具有了自我定义、自我结构、自我批判的力量,这是一种能够对整个民族历史"行规定"的力量,因而是一个民族的"天命",是一个民族所必然置身其中的"大道",任何人(匡人、公伯寮)都不能否弃它。"善人"(使人向善)正是在这一大前提下生成自己之"道",并展开为"不践迹,亦不入于室"的动态过程。

(作者单位:复旦大学哲学学院)

[①] 需要注意的是,历史必然性不等于逻辑必然性,也不等于经验必然性。逻辑必然性排除了生存性(时间性)因素。经验必然性预设了因果律的正当性,并把因果律运用于解释经验(历史)。二者用以解说充满时间性意义的历史,都是一种粗浅化、简单化的思维方式,不能领会历史自我生成的"天命"维度。

早期"道统"论说中的孔子定位
——以"祖述尧舜、宪章文武、宗师仲尼"为中心

金 瑞

"道统"是儒家圣人之道传承的统绪。一般认为是唐代的韩愈最早提出了道统说。二程及其弟子继承和改造了韩愈的观点,最终,朱熹在《中庸章句序》中建构了一套由尧舜到孔孟再到二程的成熟的道统谱系,这也被称作"理学道统论"。"理学道统论"有一个鲜明的观点,即"道统"随着孟子的离世而中断,二程兄弟通过阅读和体贴儒家经典越过汉唐,直承孟子。这种解释所带来的后果,就是千五百年间,"天地只是架漏过时,人心亦是牵补度日"[1],而"孔子所传之道,未尝一日得行天地之间"[2]。

需要指出的是,"道统"的概念虽然晚出,但早在先秦时期,《孟子》《中庸》等文献就有了类似后世"道统论"的表述,汉儒更是在此基础上进行了充分的探讨。这些思想资源可以视为"理学道统论"的原型,区别于后者,我们可以将其称为早期的"道统"论说。

我们知道,儒学在秦汉之际经历了一段低潮期。而事实上,儒学在政治话语中的失落早在帝国体制确立之前就已经显现。体现在"道统"的谱系中,就是孔子而上,都是内圣外王的贤明君主;孔子以下,则是有德无位的儒家圣哲。这就不禁让人追问,作为布衣的孔子,何以能踵继圣王,跻身道统?经由孔子传承的所谓"先王之道",何以能平治天下?毕竟,道统论并非"系而不食"的自我标榜,而是谋求与政统的重新结合,恢复三代"君师合一"的政治格局。对汉代的儒家来说,他们绝

---

[1] 陈亮:《甲辰答朱元晦书》,《陈亮集》卷二十八,北京:中华书局,1987年,第340页。
[2] 朱熹:《答陈同甫》,《晦庵先生朱文公文集》卷三十六,《朱子全书》,上海:上海古籍出版社;合肥:安徽教育出版社,2002年,第21册,第1583页。

非"道统"问题上的失语者。作为孔子的信徒,他们迫切地希望在儒家学说和现实政治之间建立起一种必然的联系,而这正是"道统论"的题中应有之义。故而孔子的定位,成为汉代儒家必须面对和加以回应的问题。职是之故,本文希望透过郑玄对《中庸》文本里"仲尼祖述尧舜,宪章文武"的解释,以及班固在《艺文志》中对此的改造——"祖述尧舜,宪章文武,宗师仲尼",对此问题加以讨论。

一、郑朱异趣:早期"道统"论说中的功业考量

《中庸》里的"仲尼祖述尧舜,宪章文武",是较早标举孔子承续尧舜文武之道的文本。对此,汉代经学集大成者郑玄和宋代理学巨擘朱子有着不同的解释。其中,朱注以"理学道统论"作为依托,也是我们较为熟稔的。有鉴于此,本章将通过两种注释的对读,以期较为准确地把握以郑玄为代表的早期"道统"论说。

朱子的解释较为简单,只说"祖述者,远宗其道;宪章者,近守其法"①,祖述尧舜和宪章文武的对举中,包含了"远—近""道—法"两个维度。其中,远近侧重时间的跨度,而道法则更强调典章制度发展完备的程度。按照这种理解,尧舜最早从人伦日用中发掘出"道",虽然距离孔子的时代十分遥远,但追溯大道传承的谱系,仍然应当奉其为"道之宗主"。而到了文武之世,礼仪典章粲然大备,且距离孔子的时代较近,各种文献典籍便于征引,故而孔子尽可"从周",取法周代的礼乐制度。圣人之道一脉相传,文物典章逐渐完备,终于由孔子会通形上之道与形下之器物,集其大成。朱子的表述,某种程度上可以视为"文质彬彬"的再现,同时,形上、形下的分述,也是宋代新儒学普遍的思维模式。

需要指出的是,朱子虽然没有明确提及"道统",但显然其解释已经包含了道统的成分。与朱子差不多同时期的注家,已经直接地指出《中庸》这句话就是"道统"的真实写照。如莆阳林氏:"道之大原,尧舜始发之。仲尼祖述之者,述其道统所自出也。"② 新定钱氏也有类似的说法:"祖述尧舜,道统传也。"③ 而卫湜《礼记集说》

---

① 朱熹:《中庸章句》,《朱子全书》,第6册,第55页。
② 卫湜:《礼记集说》卷一百三十五,《影印文渊阁四库全书》,台北:台湾商务印书馆,2008年,第314页。
③ 同上,第317页。

于此章遍引两宋二十三家注解，除去些许差别，大体都同朱注类似。故而我们可以将朱子的解释视为宋代新儒学对《中庸》此章的普遍理解。

比较之下，郑玄的解释则有些不同。郑注以为此章"以《春秋》之义说孔子之德"，具体而言，"孔子祖述尧舜之道而制《春秋》，而断以文王、武王之法度……孔子兼包尧、舜、文、武之盛德而著之《春秋》，以俟后圣者也"。①《春秋》在简短的注解中反复被提及，可见郑注特别重视《春秋》在孔子接续尧舜文武之道中的地位。

在郑玄看来，孔子作《春秋》推明尧舜之道，并且以文王、武王的法度为准绳，将上古、三代的思想熔于一炉。故而《春秋》的成书足以作为孔子绍述先圣、垂范后世的功业。当然，这种观点并非郑玄孤明先发，早在《孟子》中，就将孔子作《春秋》同禹平洪水、周公兼夷狄并称，认为这些都是圣王的事业。

如果我们比较郑、朱的解释，可以发现，强调孔子服膺尧舜文武之道，并以孔子承续尧舜文武以来的道统谱系，是郑玄和朱子解释的共通之处。但两种解释的差异也是非常明显的：朱子的解释更加重视圣人的"异代同心"，是就圣人之学来讨论道统；而郑玄则更注重"孔子作《春秋》"这一历史事件，是以《春秋》之义论道统。相较而言，郑玄的解释要曲折得多，毕竟《中庸》文本并未提及《春秋》，而郑玄却不惜以增字注释的方式强行据《春秋》说道统，如何理解这种诠释策略的必要性呢？

郑注中连引三例《公羊传》的文字，用以证明《春秋》中涉及尧舜之道和文王之法度。②如果只是寻章摘句，以孔子谈论尧舜文武的事迹作为他承续道统的佐证，那么引用《论语》这部记述孔子言行的经典，明显更为直截了当。那么，郑玄选择《春秋》的原因，大致可做如下几点推测：首先，"志在《春秋》"是汉儒笃信的夫子自道，故而《春秋》可以集中体现孔子的政治理念；其次，《论语》《春秋》虽然同为儒家经典，但《春秋》作为"五经"之一明显具备更崇高的地位；最后，这可能也同"孔子作《春秋》"作为圣王的事业密不可分。

众所周知，尧、舜、文、武都曾践天子之位，有平治天下、化育百姓的功业，唯其如此，才能称为"圣王"。而孔子身为一介平民，在政治上缺乏同先圣相媲美的功

---

① 郑玄注、孔颖达正义：《礼记正义》卷六十一，上海：上海古籍出版社，2008年，第2043页。
② 《春秋传》曰："君子曷为为春秋，拨乱世，反诸正，莫近诸春秋。其诸君子乐道尧舜之道与？末不亦乐乎尧舜之知君子也？"又曰："是子也，继文王之体，守文王之法度。文王之法无求而求，故讥之也。"又曰："王者孰谓？谓文王也。"（同上）

业,如何能跻身道统的谱系呢？故而一定要强调孔子有经世济民的事功,那么只能从"作《春秋》"一端发挥。传说《春秋》甫一问世就使得"乱臣贼子惧",更有垂范后世的重要作用。汉儒争言《春秋》"为汉制法",这应该是郑玄所谓"著之《春秋》,以俟后圣者也"的重要指向。故而郑注认为,孔子凭借"作《春秋》",足以接续并传承尧舜文武之道。

并且,孔子的"作《春秋》"与"祖述尧舜"之间有着密切的关联。《论语》中夫子自称"述而不作",意即"我但传述旧章而不新制礼乐"。① 唯有天子才能制礼作乐,孔子有德无位,且不以圣德自居,自然是"不作"的,故而他通过删述先王政典的方式为六经,寓作于述中。这也是郑玄强调"兼包尧、舜、文、武之盛德而著之《春秋》"的重要原因。

更重要的是,作为圣王事业的《春秋》和作为圣王的孔子,实在是一而二,二而一的,这是郑注推崇《春秋》作为圣王志业必然的逻辑终点,也是郑注的微言所在。《孟子》中有所谓"《春秋》,天子之事也"②的说法,《公羊》家更是在此基础上,推导出"以《春秋》当新王"的结论。《春秋》作为一部政治纲领,通过"贬天子,退诸侯,讨大夫",重建了合理的统治秩序,故而被认为是天子的事业;而与之相应的制作者孔子,也在汉代被冠以"素王"之名。作为汉代经学的集大成者,郑玄以治古文经为主,对今文经"以《春秋》当新王"的观点虽未必认同,但一定非常了解。故而郑玄既然标榜《春秋》作为孔子"祖述尧舜,宪章文武"的证明,实际上就隐含了将孔子作为"圣王"的逻辑。

综上,我们可以说郑玄在"祖述尧舜,宪章文武"的解释中试图解决和极力弥合的,就是孔子德不配位的问题。在郑玄看来,孔子不能仅凭对先王之道的体察来"祖述尧舜,宪章文武",一定要有与圣王地位相匹配的功业,才能进入道统的谱系,而孔子最大的功业就在于"作《春秋》"。在《春秋》的褒贬中体现了尧舜之道、文武之法度,而《春秋》更是为后世(主要是汉代)确立了一套价值体系和政治规范。故而作《春秋》足以成为孔子继往开来、垂范世人的真实写照。可见,在郑玄的论述中,《春秋》的作用体现在两方面:其一,《春秋》贯注了尧舜文武之道,并能传承后世,这能为孔子确定在谱系中承前启后的位置;其二,孔子虽无圣王之位,但他之

---

① 何晏注、皇侃疏:《论语集解义疏》卷四,上海:商务印书馆,1937年,第85页。
② 赵岐注、邢昺疏:《孟子注疏》卷六下,北京:北京大学出版社,第210页。

作《春秋》也足以称为圣王的志业,功在当下,利在千秋。这样,圣人的功业取代了圣人之位,回避了孔子以一介布衣的身份接续圣王道统的尴尬,也体现了早期"道统"论说中重视功业的倾向。

而到了朱子的时代,学者普遍的认知是,三代"道统"和"政统"是合二为一的,此后"道统"与"政统"逐渐分离。比如韩愈的《原道》就指出:"由周公而上,上而为君,故其事行;由周公而下,下而为臣,故其说长。"[①] 欧阳修也说:"由三代而上,治出于一,而礼乐达于天下;由三代而下,治出于二,而礼乐为虚名。"[②]"道统"作为儒学精神和价值的传统,可以独立于政统之外别传,那么孔子的平民身份无碍于他继承尧舜文武之道并传扬后世。也正是在此意义上,朱子认为孔子接续道统:"虽不得其位,而所以继往圣,开来学,其功反有贤于尧舜者。"[③]

从郑玄和朱子对"仲尼祖述尧舜,宪章文武"的不同解释可以看出,早期的"道统"论述同后世成熟的"理学道统论"有较大差异,郑玄特别关注孔子"作《春秋》"的功业,并以《春秋》书写中所体现的尧舜之道、文武之法度作为孔子接续尧舜文武的圣王谱系的根据。这种对事功而非道之心传的重视,构成了早期"道统"论述的一个重要特征。

二、"宗师仲尼":班《志》对《中庸》文本的改造

班固在《汉书·艺文志》中对儒学的面貌做了简洁的概述,在论及其学问渊源时,直接沿袭了《中庸》"祖述尧舜、宪章文武"的说法,同时又做了内容的补充。为方便后文讨论,摘录原文如下:

> 儒家者流,盖出于司徒之官,助人君顺阴阳,明教化者也。游文于六经之中,留意于仁义之际,祖述尧舜,宪章文武,宗师仲尼,以重其言,于道最为高。孔子曰:"如有所誉,其有所试。"唐虞之隆,殷周之盛,仲尼之业,已试之效者也。

---

① 韩愈:《原道》,《韩昌黎文集校注》卷一,上海:上海古籍出版社,1986年,第18页。
② 欧阳修:《礼乐志》,《新唐书》卷十一,北京:中华书局,1975年,第307页。
③ 朱熹:《中庸章句序》,《朱子全书》,第6册,第30页。

相比《中庸》的表述,《艺文志》的叙述主体由孔子转为儒家,孔子也由尧舜文武的继承者,转变为供人顶礼膜拜的宗师。这是文本带给我们的第一印象。

接下来,"于道最为高"则体现了儒家同诸子的高下之别。《艺文志·诸子略》所列举的其他八家皆言"此其所长也",独于儒家言"于道最为高"。体现了班固试图以儒家学说为基础,整合诸家学说的学术抱负。在班固那里,论道之高下所依循的判断标准是"效",也就是具体的政治实践。儒家之道之所以高过诸家,在于它遵奉尧、舜、文、武、孔子之道,鉴于上述圣人都取得了成功的政治实践,故而班固可以轻松得出结论:治国安邦当以儒家学说为主。班固的结论是否能成立暂且不提,但作为其论证的逻辑中间环节,"仲尼之业"的说法值得我们关注。"仲尼之业"既然是"已试之效者也",那么合理的解释就是以两汉推尊儒术而大治作为佐证。无论是孝治天下,抑或是兴学置教、奖掖循吏等政策都取得了丰硕的成果,政治清明,百姓安居乐业。在班固看来,这都应当归功于儒家学说。这种对政治实践效果的关注,同上章郑玄以"作《春秋》"论孔子接续尧舜文武之道的说法接近,同样都是早期"道统"论说中重视功业倾向的写照。

此外,"道统"谱系也随着"殷周之盛"的说法而进一步扩充,将文武所指涉的周代典章制度扩展为商周两代的治世,作为圣王的商汤由此被纳入"祖述尧舜"的"道统"谱系中,这也更加接近后世"道统论"的整体面貌。

但在笔者看来,班固对《中庸》文本的借用和改造,最为关键的应当是"宗师仲尼"。这一句同原有的"祖述尧舜"构成对应关系,体现了班固对"道统"问题的新思考。颜师古将"祖述尧舜,宪章文武,宗师仲尼"解为"以尧舜为本始而尊修之,以文王、武王为明法,又师尊仲尼之道"。颜注固然简易平实,但在笔者看来,却可能忽略了"祖—宗"的对举中所展现的思想内容。

"宗",《说文》以为"尊祖庙也"[①]。《康熙字典》引邢昺之说:"宗者,本也。庙号不迁,最尊者祖,次曰宗,通称曰宗庙。"《礼记·丧服小记》和《礼记·大传》都说:"别子为祖,继别为宗,继祢为小宗。"大概可见,"宗"的尊敬义系由祖庙、根本义孳乳而来。并且"祖"和"宗"构成了一组对应概念。尤其是在前述"祖述尧舜"的情形下,我们很难仅仅将"宗师仲尼"理解为"师尊仲尼之道"。

如果从亲缘关系讨论,则《大传》和《丧服小记》所标明的"祖""宗"观念最具

[①] 《说文》卷七下。

代表性：

> 别子为祖，继别为宗，继祢为小宗。①

这里简单介绍一下郑玄的解释，别子即"诸侯之庶子"，对诸侯世系而言为旁支，但在自己所处的支系却是始祖。"继别"的是"别子之世长子"，是自己所处支系的大宗，故而称为"百世不迁之宗"。"继祢"则是"别子庶子之长子"，别子之庶子构成新的支系的始祖，而其世长子为新支系之宗。但他相对原来的支系大宗而言又是小宗，故而属于旁杀的五世而迁之列。

很显然，郑玄的解释是就成熟的周代宗法制而言，祖为小宗之始祖，宗为祖之嫡长子（或称"世长子"）。但在更早的时代，"祖"和"宗"可能并非父亲与嫡子的关系，二者间可能相隔数代：

> 有虞氏禘黄帝而郊喾，祖颛顼而宗尧；夏后氏亦禘黄帝而郊鲧，祖颛顼而宗禹；殷人禘喾而郊冥，祖契而宗汤；周人禘喾而郊稷，祖文王而宗武王。

《礼记·祭法》中涉及虞、夏、商、周四代的祖先祭祀，其中只有周代的祖、宗——文王和武王是父亲与嫡子的关系，按照《史记》中《五帝本纪》和《夏本纪》，颛顼为尧的叔祖辈，又是禹的祖父。需要指出的是，《五帝本纪》和《夏本纪》的帝系没有出土材料作为旁证，可靠性存疑，但仍可帮助我们理解祖、宗并非一定是父子关系。相对而言，《殷本纪》的帝系记载基本与甲骨材料相符，相信更具有说服力。契为汤之十三世祖，不害契为祖、汤为宗。

《祭法》所见之祖、宗，相对《丧服小记》《大传》而言更为古老，当时的宗法制度也远未成熟。但不影响我们将其作为"别子为祖，继别为宗"说法的一项重要补充。意即，"继别"之"宗"未必一定是"祖"的嫡长子，如尧、禹、汤、武王皆为开辟之君，功业文章彪炳千载。他们继承了先祖的志向，并能发扬光大，这是他们被尊为"宗"，受到后世子孙奉祀的重要原因。

如果我们将上述有关"祖""宗"的讨论代入"祖述尧舜，宗师仲尼"的文本，就

---

① 《礼记正义》卷四十二，第1299页。

可以发现,班固事实上将孔子奉为尧舜以降"道统"谱系的大宗。特别是对儒家而言,孔子是儒家的创始人物,为一派之鼻祖、宗师。后世儒者必须经由孔子的著述和孔门的师传才能了解尧舜文武之道。从这个角度而言,儒家宗奉孔子是自然而然的。

作为"祖"的尧舜和作为"宗"的仲尼远隔数十代,且没有直接的血缘关系,但不妨碍班固采用拟血缘的方式,建立一套"道统"体系。在这个拟血缘的谱系中,尧舜是道德之本始,是"祖";而尧舜文武之道经由孔子发扬光大,故而孔子为"宗"。也就是说,孔子之继往圣,开来学,创立儒家学派,传承尧舜之道,足以成为称宗的功业。

不唯如此,汉代另有一种对"祖—宗"关系的解释,或许能为我们理解班固"宗师仲尼"的说法提供新的思考:

> 盖闻古者祖有功而宗有德,制礼乐各有由。①

相同的说法也出现在贾谊的《治安策》和《孔子世家·庙制》中。准此,这种以"功"和"德"区别"祖""宗"的说法,在汉代或许有较为深厚的思想基础。如果我们将"祖有功而宗有德"置入对"祖述尧舜,宗师仲尼"的讨论,则可以在某种程度上突破以功业论道统的限制,即孔子虽然没有君临天下、博施济众的事功,但凭借德牟天地、化育万物的德性修养,依然可以跻身道统的谱系,甚至被奉为"宗"。

从时间上看,班固应当是可以接触到"祖有功而宗有德"的思想资源,但班固并未对此做出清晰的说明,故而我们这里只是将"祖有功而宗有德"视为一种对"宗师仲尼"可能性的理解,而这种理解也确实能为班固"祖述尧舜、宗师仲尼"的说法提供强有力的论证。

此外,更值得关注的是"宗师仲尼"同"诸子出于王官说"之间的紧密联系。此前,学界对"诸子出于王官说"的讨论多集中在两点,一为驳斥班固此说不合于史实,二为分析班固此说的目的,认为这是一种站在经学立场上统摄诸子的理论表述。前

---

① 《史记》卷十《孝文本纪》,北京:中华书局,1959年,第1册,第436页。按:这句话出自景帝即位后为文帝庙制作"昭德之舞"的诏书。我们固然要考虑到古汉语中互文的文法结构,即"祖宗皆有功德"的理解,但应劭的解释"始取天下者为祖,高帝称高祖是也。始治天下者为宗,文帝称太宗是也"提醒我们仍有必要对"功"和"德"做一区分。

者已为定谳,至于后者,笔者希望能借助"宗帅仲尼"为其提供一个新的理解视角。

众所周知,"诸子出于王官说"的表述方式并非班固自出手眼,而是有着丰富的思想基础。如《庄子·天下》就直指"后世之学者,不幸不见天地之纯,古人之大体,道术将为天下裂",认为在上古存在一个浑然一体的"道",但由于政治秩序的解体、圣贤的逝去和道德的败坏,故而诸家"得一察焉以自好"。[1]《淮南子·俶真训》中也有与之类似的"周室衰而王道废,儒、墨乃始列道而议、分徒而讼"[2]的说法。上古道体/治体的混一,未必是历史的真实,却代表着思想家理解的应然性的秩序和历史发展的必然趋向。它以历史上曾经存在的确然性作为前提,结合历史的可重复性,以论证在"王道兴"的未来,百家之说重新会合、"道"之全体大用得以全幅呈现的可能性。而班固身处大一统的经学时代,"诸子出于王官说"正是他以儒家思想为基础,汇合诸家之说的理论尝试。

"诸子出于王官说"的一个基本前提,就是承认各家皆承继尧舜以来的思想资源。《墨子》《庄子》《韩非子》等在展开论述时,都大量引用《诗》《书》,这可以视作诸家皆得道之一体的有效证据。在此基础上,班固可以向唐虞之廷追溯诸家的文化母型,譬如儒家源于"司徒之官",道家出于"史官",阴阳家出于"羲和之官",如此等等。但在考镜诸家之学的历史源流之时,班固不忘进行判教,分判诸家之说的长处和短处,但唯独以儒家为承续尧、舜、文、武、仲尼以来的正统。

如果我们把"宗师仲尼"代入到"诸子出于王官说"的话,可以发现:其一,孔子已经超脱于诸家争鸣之上,作为圣人而存在,其言论著述《春秋》《论语》《孝经》进入"六艺",成为臧否诸家之标准;其二是以儒家为承续尧、舜、文、武、仲尼以来的正统,虽同诸家并置,却因其学说最为正宗,"于道最为高"。

这里我们再一次引述《礼记·大传》中的"别子为祖,继别为宗,继祢为小宗"来审视"诸子出于王官说"。显然,尧舜对于诸子百家而言,是共同的人文始祖;而孔子直接承续尧舜文武之道,是"百世不易之宗"。诸家虽然也能追溯其学术渊源至唐虞之廷,但相对儒家而言究属旁支,故而是继祢之"小宗"。通过将孔子尊为"宗师",将其著述升入《艺文志·六艺略》这一学术祖庙,班固模拟宗法制,完成了学术谱系的整合——孔子及其所创立的儒家成为"大宗",儒家学说以"宗子"的身

---

[1] 参见郭庆藩撰:《庄子集释》卷十下,北京:中华书局,2006年,第1064页。
[2] 刘文典撰:《淮南鸿烈集解》卷二,北京:中华书局,1997年,第66页。

份独出诸家之表,作为天下学术的"族长"。笔者相信,这是潜藏在"诸子出于王官说"中的文化密码。

综上,班《志》中"宗师仲尼"和"祖述尧舜"对举,包含了非常丰富的信息。其一,班固采用拟血缘的方式,在"道统"内部建立起亲缘关系:将尧舜奉为道德本始之"祖",而把孔子尊为继承发扬尧舜之道,开创儒家学派的"创业垂统"之"宗"。不同于郑玄以"作《春秋》"为孔子的功业,班固这里可能更加强调以传道授学为功业。其二,如果从"祖有功而宗有德"这一广为汉代学者接受的观念思考,孔子虽然没有尧舜那样泽被苍生的功业,却可以凭借高山景行的德行成为儒家百世不易之宗,享万世之歆献。这种解读方式所传达的基于道德而非事功的理解,就很接近朱子所谓"继往圣,开来学,其功反有贤于尧舜者"之说。其三,如果将"祖述尧舜,宗师仲尼"和"诸子出于王官说"联系起来,那么我们可以认为班固尝试通过模拟周代宗法制的方式,重新整合汉代的学术体系。而"宗师仲尼"的论述,则体现了班固的努力:将孔子由儒家这一学术支系之祖抬升为天下学术之宗,同时将儒家作为"宗子"领袖诸家学术。

三、结　　语

道统为圣人之道的传承建立谱系,在此过程中对"道"的分支进行甄别、判教,唯有经过"道统"确认的才是儒学正脉,而未列入道统谱系的只能是异端。除了判教外,道统理论更追求在现实政治中发挥作用。通过在"政统"之外另觅一"道统"作为政权合法性的来源,儒学得以更加灵活地调整同现实政治之间的关系,一方面可以通过与政权的合作参与社会秩序的重建,另一方面也可以通过书院讲学等方式同现实政治保持一定的距离。而道统论希望达成的目标,就是回向三代,实现思想驯化权力,道统、政统合一的理想社会状态。

我们较为熟悉的"理学道统论"比较偏向内圣的方面。按照"理学道统论"的理解,"道"存在于圣人之学中,随着圣学传统的断续,道统也呈现出非连续中的连续性的面貌。[①] 通过道统与政统的分立,"理学道统论"很大程度上回避了孔子的

---

① 参见吴震:《心学道统论——以"颜子没而圣学亡"为中心》,《浙江大学学报》2017年第3期,第60页。

定位问题。但在早期的"道统"论述中，由于对政教的重视，使得它更多呈现出外王的色彩。孔子以前的圣人，全是德位合一的圣王，而他们的功业——譬如治理洪水、吊民伐罪，都足以成为圣人之道的见证。但对于孔子而言，虽然具备生民未有之大德，却没有与之相匹配的权位，有德无位的情形容易引发两点质疑：其一，身为布衣的孔子，如何能继承圣王的统绪？其二，孔子没有足以比肩前圣的功业，如何证明孔子之道可以化成天下？

对此问题，郑玄和班固分别给出了不同的解答。郑玄认为"作《春秋》"足以成为孔子跻身道统的凭借。《春秋》的书写体例遵循尧舜之道，取法文武的制度，并能垂范后世，这足以奠定孔子在道统传承中继往开来的地位；此外，郑玄又特别强调《春秋》"以俟后圣"的期许：汉儒眼中的《春秋》是"为汉制法"，论证政权合法性的同时，也指明了理想政治的方向。既然《春秋》属于圣王的功业，那么制作《春秋》的孔子当然可以进入"道统"的谱系。郑玄的论证扣紧孔子"作《春秋》"这一事件，依据圣人的功业而非圣人之位来讨论"道统"问题，这就避免了"孔子有德无位"所带来的诘难，也体现出早期道统论说重视功业的特征。

时代稍早于郑玄的班固，解决该问题的方式则更为激进。首先，通过"祖述尧舜"和"宗师仲尼"的对举，班固以拟血缘的方式重新整合先王之道的传承谱系，将创立儒家学派、传承尧舜之道作为孔子创业垂统的功绩，以此证明孔子在道统赓续中"宗"的地位。其次，经由"祖有功而宗有德"的指示，班固的解释可能已经具备了以圣人之德论道统的色彩，从而接近于后世"理学道统论"的主张。最后，"宗师仲尼"的表述同"诸子出于王官说"一道，形成诠释的闭环。班固通过模拟宗法制，使得孔子超越诸子的聚讼，升为天下学术之宗。而班固的这种处理方式，更使得儒家学说获得了超越诸家之上的"宗子"地位。

（作者单位：复旦大学哲学学院）

访谈

现代语境下中国哲学的意义探寻

——《文汇报》记者访谈孙向晨教授

2020年1月上旬,在柏林自由大学哲学系"中国哲学"的课堂上。一位德国女博士生激动地站起来,向执教的老师发难:儒家学说中充斥了圣人、君子、小人等等级性观念,在《孝经》中也满是这些思想,显示了巨大的保守性,把这些与西方哲学传统相比较有意义吗?在现代世界再来讲授这些内容还有意义吗?一同听课的二十多名同学都显得有些诧异,这似乎已不是简单的提问和讨论了,而是直接向讲课老师提出挑战。

事实上,诸如此类的质疑比比皆是,比如如何定义"卦"?"卦象"为什么能解释我们周围的世界?为什么会有"否"与"泰"之间的变化,为什么不是一种直线的变化?没有规范性的解释似乎什么都能解释?只是这位女同学的表达比较情绪化,在课堂上显示了某种紧张的气氛。

这堂课课程名为"中国哲学的现代阐释",课号16026,是2019—2020年冬季学期,柏林自由大学哲学系的讨论课程,授课的老师是来自复旦大学哲学学院的孙向晨教授。

柏林自由大学哲学系为了倡导"全球哲学"的理念,颇有前瞻地引进了这门"中国哲学"的课程。第一次的课程是由美国夏威夷大学荣休教授、北京大学讲席教授安乐哲执掌,在孙向晨教授之后,将由香港中文大学教授、*Dao: A Journal of Comparative philosophy* 的主编黄勇教授接棒。

对于在德国大学教授中国哲学,会遭遇到这样戏剧的场面,孙向晨并不觉得意外,他说:如果在欧洲大学的哲学系讲授中国哲学得到是一片祥和,这反倒很令人生奇。其实对中国哲学的接受,无论是博士生在课堂上的情绪化表达,还是学者们在学术会议上的学术化表达,本质上都是对"中国哲学"的一种疑惑。毕竟狭义的"哲学"来自古希腊,海德格尔曾说过"哲学讲希腊语",在西方的传统中形成了他们独特的"哲学式"的运思方式，当中国的思想传统以"哲学"的名义进入西方学人的主流视野时，事实上就是会遇到各式各样的质疑，这还有很长的路要走。当然，只要开始了正面"交锋"，就已经"在路上"了。

德国大学挑战传统思维，
在哲学系开设"中国哲学"课程

《文汇报》：因为什么缘由您去德国讲课，一定有很多不同的体验吧？

孙向晨：能脱身去德国，首先还是要感谢学校的理解，尽管在职，最后还是放行了我此次的讲学活动，毕竟我首先是一名学者。还要感谢我的同事们，他们替我做了许多的工作。当然在网络时代，很多事也都可以在线完成，因此有一些行政工作也还可以兼顾。

来这里授课是受柏林自由大学哲学系戈泽帕特（Stefan Gosepath）教授和费格尔（Hans Feger）先生的邀请。有一次在德国开会，他们觉得我讲的中国哲学比较有意思，于是请我从去年的10月15日到今年2月15日，整整一个学期讲授"中国哲学"。柏林自由大学哲学系非常有魄力，在哲学系开设了"中国哲学"的课程。在欧洲，一般这样的课程都只是在汉学系或者中国研究学系开设。在哲学系开设"中国哲学"还是非常罕见的。

柏林自由大学这个项目得益于安乐哲教授打了头站，作为一直在美国教授中国哲学的教授，他在德国大学的讲台上，以实用主义视角来讲授中国哲学，大受欢迎，此后香港中文大学关子尹教授也曾来讲过，我是第三任授课教授吧，接着会由香港中文大学的黄勇教授来接棒。中间，我们学院的白彤东教授也曾讲授过短期课程。尽管柏林自由大学有非常好的中国研究学系，但哲学系坚持开设"中国哲学"的课程非常难能可贵。

《文汇报》：德国被称为"哲学之国"，柏林自由大学哲学系在德国也享有盛誉。正如您也提到的，"中国哲学"一般在欧美高校的东亚系或汉学系讲授得比较多，在著名高校的哲学系则相当有限。就我有限所知，美国夏威夷大学有教授亚洲哲学

的，美国南伊利诺伊大学也曾有教授印度哲学、中国哲学的教席，他们也因此吸引了不少华裔学者前往。所以，能在柏林自由大学哲学系开设中国哲学的课程，确实是一个很大的变化。

孙向晨：确实是这样的。柏林自由大学有很强烈的敏锐性，感悟到这个时代的巨大变化，因此努力推动"全球哲学"的概念。以往欧美的学者同行，谈起哲学就只是西方哲学。在他们心目中，哲学是一门非常专门的学科，指的就是西方哲学。

怀海特曾说过，西方两千多年来的哲学就是对柏拉图哲学的注解。在现代社会，进入了某种学术工业化的时代，哲学有着非常专业化的分工，从积极的角度讲，这是一种非常讲究规范化的研究，比如，研究正义问题，那一定得从罗尔斯的范式开始，然后一步步拓展开来；从消极的方面说，很多思想资源，很多思想传统，在这样的学术框架下就很难进入西方主流的学术视野。柏林自由大学尝试开设"全球哲学""中国哲学"的课程是一个巨大突破。

究竟如何来给西方人讲授中国哲学？
从冯友兰到劳思光有何变化

《文汇报》：可以想象，您的授课会遇到大环境的无形阻力。此前的安乐哲用实用主义解释中国哲学，他们听起来可能会更亲切一些，黄勇教授熟谙分析哲学的路径，应该说也比较符合他们的思维方式。

那么，您行前是怎样来设计您的教学理念呢？您研习西方哲学，也很熟悉他们的思维方式，这应该是一种优势，但究竟怎么样在西方大学里讲授中国哲学呢？

孙向晨：在讲课前，我也梳理了前辈们讲课的思路。冯友兰的中国哲学史，主要是根据历史先后，按学派或者思想家个人学说的方式来展开的，即从孔、老、庄、孟、荀等人讲起，总结出各自的哲学特点。冯友兰先生的中国哲学史奠定了一种范式，他本人是从哥伦比亚大学毕业的，非常了解西方哲学，他主要是从一种新实在主义立场来阐释中国哲学，他称之为"今欲讲中国哲学史，其主要工作之一，即就中国历史上各种学问中,将其可以西洋所谓哲学名之者,选出而叙述之"。这种以西方哲学为标准,把中国的学问选而述之的做法,在早期有其合理的一面,但不可避免也有它缺失的一面,多少会有损中国思想的本义。

劳思光先生曾批评冯友兰的哲学史,认为冯先生不懂"道德主体性",只是从"实在论"讲中国哲学,不懂得"心性"哲学的一派。但是,"道德主体性"毕竟也是按西方哲学的路子来讲的,背后有康德哲学的影子。

因此,讲授"中国哲学"还是要继续摸索新的路子。

前有黑格尔定论,后有德里达修正,中国哲学能否有新的座位

《文汇报》:看来您的挑战还真的非常大,自从黑格尔认为孔子的学说只是一些道德教化之后,数百年来,中国哲学似乎就这样被他定性了,中国没有哲学,中国没有思辨。2001年德里达访华时也曾说"中国没有哲学"。对于这些看法,您是怎么看的呢?

孙向晨:我在国内教西方哲学史,黑格尔的这句话我很熟悉的,他在《哲学史讲演录》中说:"在孔子和他的弟子们的谈话里面所讲的是一种常识道德,这种常识道德我们在哪里都能找到,在哪一个民族里都能找到,可能还要好些,这是些毫无出色之处的东西。孔子只是一个实际的世间智者,在他那里思辨的哲学是一点也没有的——只有一些善良的、老练的道德教训,从里面我们不能获得什么特殊东西。西塞罗留给我们的'政治义务论'便是一本道德教训的书,比孔子所有的书内容丰富而且更好。我们根据他的原著可以断言:为了保持孔子的名声,假使他的书从来不曾有过翻译,那倒是更好的事。"

这就是黑格尔对于孔子的评价,多多少少反映了西方哲学对于中国哲学的看法。德里达从反对西方哲学的逻各斯中心主义出发,从比较正面的角度来评论"中国没有哲学"。无论怎样正面的,还是反面的,要在西方哲学系统中确立中国哲学的位置,都会是一个艰巨的挑战。

细读三个非典型的文本，先花六周做框架性的阐释

孙向晨： 在一种宽泛的意义上，中国当然是有哲学的。在各个文明体中试图以理性的方式来回答关于人与宇宙，人与世界、人的生存等根本性问题的学说，都是哲学。在这个意义上，中国哲学有着非常丰富的思想传统。我讲课的内容主要聚焦在儒家思想中。我给学生特别选取了三个古典的文本——《周易·系辞》《中庸》和《孝经》。通常的做法都会是讲孔、孟、老、庄的思想，所以我的选本对于国外的学生来说是非常不典型的。但是，我有我的用意，我要通过这三个文本为他们搭建一个理解中国哲学的框架。为了强化这一点，我在进入具体文本之前，还花了六周课时的时间，为他们给出了一种总体性的框架；为日后文本的研读和讨论搭建一个"本体论框架"。事实上，只有在这种框架之中，他们才能真正感受到孔子的伟大，这一点在讲解中国哲学时非常重要。

比较哲学经常会为我们设下一个陷阱，比如中西绘画的比较，强调西方绘画是焦点透视，而中国绘画是散点透视。"散点透视"是德国学者发明的概念，用以凸显中西绘画的差异。其实，只要你用"透视"去理解中国绘画就已经一种误导了，因为中西绘画完全是在不同的框架中展开的，中国绘画从来不是用"透视"来衡量的。

哲学问题同样如此，中国哲学与西方哲学要面对的都是人类的根本性问题，但建立起来的"根本性框架"却是完全不同的。漠视这一点，随便拿起中国哲学的思想非反思地放入西方哲学的框架，那么黑格尔对于孔子的评价就避免不了。我们自己不也经常讲中国哲学反映了"朴素的什么什么思想""直观的什么什么主义"。如果不强化总体性框架上的差异，那么无论用哪种西方哲学的模式来看待中国哲学，甚至来突出中西哲学的差异，都未免是隔靴搔痒。

我之所以以《周易·系辞》为开端，就是要西方的学生了解，如果说西方哲学传统的第一个概念是being，那么中国哲学的第一个概念就是"易"，就是"变化"；西方哲学的"being"传统是从"不变"的"本质"去理解世界；而中国哲学是从"变易"中去把握天地之"大道"。这是一种本体论上的根本差异，这种差异将指导我们后面的阅读与讨论。这样的起点，给习惯了从巴门尼德—柏拉图创立的二元世界观的德国学生以一个极大的反转。如果说，《周易》重在"天道"，那么

《中庸》就被认为是"准《周易》而作",由天道而人道,讲的是如何在这个"变易"的世界中去保持中庸,人人都有配天之责。《孝经》则具体阐发了《中庸》中讲的"道不远人"的道理,"人之为道,孝而已矣",并以此建立起中国人的生命观、伦理观与政治观。

学生有不同反应,一种开始抛弃黑格尔成见,一种则始终保持质疑的态度

《文汇报》:你做了方法论上的顶层改变,那些听惯了西方哲学的学生会觉得不适应吗?

孙向晨:起初我也不是那么有把握,也不奢求听课人数。几次下来,都保持在25人上下吧,主要是高年级学生和研究生。这在哲学系的公共课里大概还算是受欢迎的,至少说明他们有了解中国哲学的渴望。他们中有纯粹理智上对中国哲学感兴趣的同学;有读过中国哲学导论想进一步学习的;有去过中国想了解社会背后的思想传统;也有来自华人家庭的学生;其中有个来自以色列的学生,他主修哲学和物理,在柏林洪堡大学做交换生,每次都会赶过来听课,有几次是脚摔坏了,还坚持过来。提的问题非常尖锐,对于周易中的"数"学最感兴趣,让人印象深刻。

学生的反应通常是两类。一类是有困惑的,但慢慢开始理解中国哲学的思路;另一类则始终保持强烈的质疑态度。除了上课,在值班时间(office time),也可以同这些学生有深入交流。我首要的目标就是要让他们抛开黑格尔式的成见,努力去理解中国哲学的内在合理性。

比如"亲亲",在中国哲学中占据着极为重要的位置,在西方哲学中却找不到类似的概念。但是,跟他们讲起Eros(爱若斯)在希腊哲学中的地位,Agape(基督之爱)在基督教世界中的位置,那么他们就比较能够理解"亲亲之爱"在中国文化传统中的地位。它们都是一种"爱",但渊源不同,特点不同,但对于切近与他人的关系,都是一种至关重要的力量。因此,在这个意义上,他们可以理解"亲亲"在中国文化传统中的地位。

另一类则是强烈的质疑。在他们眼中,德国哲学传统就是康德传统,哲学就应该是演绎的,就应该是强调个体自主的。因此在现代社会讲"孝"就显得非常不合时宜。在他们看来,"孝"是非常等级制的,与个体的自主观念格格不入,大相径庭。尤其是现代世界是在西方社会中首先确立起来的,现代的很多观念在西方社会会觉得理所当然。任何一种非西方的观念,它进入现代社会有多难,那么它让西方人能够理解也就有多难。"孝"曾经被傅斯年看作是"万恶之源",必先痛斥抛弃,而后方能进入现代社会。所以,西方同学的强烈质疑也就不用奇怪了。

以"孝"为例,在根本性的哲学框架中,
学生放弃偏见接受新观念

《文汇报》:一旦有成见,任何民族的人都很难接受新观念,容易陷入某种固执。您讲课中如何能说服大部分人放下固有的观念,来接受一种"中国观念"呢?能否举个例子,让我沉浸式地体验一下?

孙向晨:就拿"孝"来说吧,这是一个非常典型的中国观念,对于中国文化传统来说,有着至关重要的地位,在全世界唯有中国有《孝经》。但现代社会对"孝"的观念有强烈的排斥感,"五四"以来我们对于"孝"的观念也有很大的污名化,被认为是制造等级制的,制造专制的,是对"个性"的压制。那么究竟该如何来理解"孝"呢?

这需要在中国文化这个大的语境中来定位。中国文化讲"大道流行",在中国主流文化中,没有人格神的概念,也没有拯救的概念。那么在这个文化传统中如何来理解生命的不朽呢?在柏拉图哲学中,提出了"灵魂不朽"的概念,这一概念在基督教中得到发扬,在西方文化传统中发挥了很大作用。对于中国文化传统来说,在这个强调"变易"的世界中,中国人是通过"生生不息"来保持生命的不朽。"天地之大德曰生",因此在中国文化中就特别强调"世代"之间的延续。对于"世代"的延续来说,"孝"就成了首要德性。"孝"这个字本身就是"上一世代"与"下一世代"的结合,是"老"与"少"的集合。这就是为什么在中国文化中,强调"孝,德之本也"。孝虽是至德要道,却是不学而能,不虑而知的,造端乎夫妇,这充分体现了

《中庸》"道不远人"的原则。

中国人恰恰是在"孝"中抓住生命的意义,在没有人格神的世界中,通过"孝"给自己在宇宙中一个位置,通过"孝"实现生命的不朽。因此"孝"不单纯是一种伦理概念,也是有着终极意义的精神概念;如果说路德是通过"因信称义"来界定基督教信仰的,那么可以说,中国人是通过"因孝称义"来面对终极性意义问题的。

通过这种框架性的对比,通过在中国文化自身的框架内来界定这些基本概念,就可以让西方学生对中国文化传统中的概念有比较深切的理解。要努力把他们从他们自身的理解框架中拉出来,同时又要借助他们自身的理解框架来做某种生动的对比。

"孝"是中国人理解生命意义的核心:
努力提供另一种思考的方式,打破西方学生现成的坐标体系

《文汇报》:听得出,您还是很费了一番周折。祝贺你,虽然艰难,看来还是颇为成功的。

孙向晨:还谈不上成功吧,但是确实让我深刻地体会到中国哲学走向西方主流学术界的道路有多艰难。我在德国讲课期间,也去其他高校做了一些讲座,比如"当代中国人如何理解自身""中国文化传统的生存论结构"等,还是蛮受欢迎的。去年的11月,赵汀阳教授的《天下的当代性》一书也在德国著名的祖尔坎普(Surkamp)出版社出版,柏林自由大学为此专门组织了一场特别的研讨会,我也提供了一个评论。这是非常好的现象,不管同意与否,西方学者开始努力地去理解你。赵汀阳老师的书能在西方如此权威的出版机构出版是一个标志性事件,希望这样优秀的学术工作越来越多。

我强烈地感受到,自近现代以来,西方学术形成了一系列的内在规范,也形成了自认为天经地义的坐标。在这个前提下,中国哲学突然跑出来,就会让人觉得相当不适应。有某种形式的排斥感也是非常正常的。中国人自己的传统在近现代的历史上就被屡屡改变,对于这种不适应感应该是非常熟悉的。西方社会长期

以来被认为是现代性的代表,而所有非西方世界无非是迈向现代社会。这样的说法,虽然大家现在普遍认为是政治不正确的,但在现实世界中,多多少少还留有这样的思想痕迹。当中国哲学开始"进入"时,实际上,就会对他们的传统规范造成某种冲击,那天在赵汀阳老师著作的研讨会上就会遇到这样的情形,在我的课上也同样如此。

从讲清楚中国哲学做起,避免进入"自我证成"的保守心态

《文汇报》: 您从根源上挖掘了一些中国哲学迈向世界的困难,这些都是不可否认的现实。但还是有很多学者颇具反思精神,非常强调哲学丰厚多元的思想资源。在第二十四届世界哲学大会上,就这个话题,我也采访过不少知名哲学家。这个过程恐怕还需要假以时日。在您看来,如何才能有更好的改变?

孙向晨: 罗马不是一天建成的,这项工作不能期待一蹴而就。能去柏林自由大学哲学系讲课就是一个很好的开始。首先,讲中国思想传统的学者不能只局限在汉学系或者中国研究学系,还是应该更多地把这些思想论题拓展到更为主流的学系,如政治学系、社会学系、历史系、哲学系、经济学系、艺术史系等学科,比如说史景迁研究中国历史,就是在耶鲁大学的历史系而不是在东亚系。

其次,要努力在现代语境下把自己的学理讲清楚,而不是在传统语境下形成某种内循环。一种文明在现代世界依然有活力,依然有生命力,就一定能让另一个文明的人理解,一定要有这种突破能力。如果始终持一种保守心态,就容易变成一种自我证成的形态。比如中国人读《中庸》一定会觉得很有道理,因为我们从小就是在这样的语言环境中成长起来的,很多成语、习语就是来自于《中庸》,它们的思想渗透在汉语中,它们会以语言的方式规范着我们日常生活。你深陷其中,却不知其所以然。要敢于在不懂你文化的人面前,把中国思想传统的道理讲明白,讲清楚背后的逻辑,而不只是重复孔子讲过什么或孟子讲过什么。这就要求我们能突破边界,这要求既懂得西方人的哲学方式,同时又能以现代方式来阐释自身传统的思想。这样的要求虽然有些高,但还是非常值得我们去努力。

第三,要努力向西方主流的出版界迈进,这是向西方介绍中国思想的重要途

径。赵汀阳的《天下的当代性》已经在法国、德国出版,还将在美国出版;我们学院的白彤东教授关于中国政治哲学的著作已经在普林斯顿大学出版社出版,这些都是非常有益的尝试。这些年国家层面的外译书籍越来越多,但不排除还有更丰富的民间渠道,通过这些国际知名的出版社的工作,可以把更多反映中国思想传统的著作出版出来,这样国际学界也就会更加熟悉中国的学术话语。

新书介绍

问题表象背后的理论意义

——朱子学"思想重读"*

吴 震

一

当今的中国哲学研究已今非昔比,特别是在宋明理学领域已取得了丰厚的成果,各种研究专著层出不穷,它们在理论广度、议题深度以及诠释视野和方法取向等方面都出现了喜人的变化。然而一段时期以来,我一直有一个疑惑,与阳明学以及阳明后学研究领域的各种专题论著如雨后春笋般不断涌现的学术现象相比,朱子学以及朱子后学研究领域的专题论著却有略显"冷清"之感。就笔者管见所及,撇开海外学界不论,就中国大陆学界而言,自1981年张立文先生《朱熹思想研究》和1988年陈来先生《朱熹哲学研究》出版以来的三十多年后的今天,以哲学史或思想史为视域的朱子学研究的专著(个别有关经学、传记以及论文集等专著或编著不在其列)竟然极为罕见,不免令人唏嘘。

阳明学与朱子学的研究态势的一消一长之现象,非常耐人寻味,其中的深层学术原因,这里无法细究,因为其原因显然有多种多样。不过,概而言之,我们仅从思想史的层面看,11世纪之后,作为儒学新形态的理学思想大大促进了抽象的、哲学的理论拓展,然而自16世纪以降,伴随着另一种理学新思潮——即阳明心学的横空出世,更表现出一股巨大的思想能量,不仅使儒学理论得到了进一步的深化,而且也加速了儒学的世俗化转向,亦即作为士人文化或知识精英的儒学思想的影响力经由民间社会的渗透而得到了空前的爆发式增长。譬如阳明后学中的"二溪"(王

---

* 本篇为吴震《朱子思想再读》(北京:生活·读书·新知三联书店,2018年)之自序。

龙溪与罗近溪)不仅有高度的理论抽象能力,他们的心学理论已足以成为审视阳明学的重要坐标,而且他们热衷于讲学活动,龙溪年近八十犹讲学不辍,而近溪在逝世前几年讲学于南京一月有余,听众人数竟达一万多,可以想见,心学在当时引发了空前绝后的社会效应,这是17世纪中叶入清之后再也无法看到的现象。正是由于大批心学家基于孔子"学之不讲,吾之忧也"的精神,投身于民间讲学,从而使得心学思想很快便转化为一场运动,加快了儒学下渗庶民阶层的渗透速度。这就为我们审视儒学与社会的互动提供了重要视角,儒学的思想活力正是在晚明时代经过社会化、民间化的转向得以激活,促使我们认识到作为心学的儒学已经不再只是一种知识工具而已。

相比之下,有一个事实不能回避:朱子学在元明时代被定格为科考制度下的官方学问之后,其思想活力便日渐萎缩,整个明代朱子学的理论发展乏善可陈,特别是在阳明心学以及明代气学的双重夹击下,朱子理学几乎已难以做出有力的理论回应。举例来说,当历史的步伐走向明末清初,明末大儒刘宗周虽对心学末流乃至阳明学不无微词,然其思想旨趣无疑更接近心学,故有"新心学"(荒木见悟语)之称,而另一位大儒王夫之虽欲力图颠覆心学而重建道学,然其理论趣向则与横渠气学更具亲近感。入清之后特别是18世纪的清代中叶,大批知识精英热衷于文史传统的重建,以为彻底推翻宋学便可直入汉学的学术殿堂,因而专心于音韵、训诂、考据之学,以为学术之真谛就在于搞清楚字义训诂、经典史实,他们或因皇家召唤而从事大型丛书的编纂,遂使身心俱疲而难以有闲暇时间去从事系统性的义理思考;当然他们之所以愿意从事这种烦琐的考据工作,或是为了摆脱当时严酷的文字狱网罗。只是在经世考据之风的影响下,朱子学最终被政治意识形态所架空,渐渐沦为一种"护教形态"。尽管从制度层面看,朱子学被科考制度所绑架,仍然不失为当时社会的主要知识典范,但是其思想已经难以再现新的理论活力。另一方面,朱子学乃至整个宋明理学有关天道性命的哲学思考却不断受人质疑或批判,出现了如戴震、凌廷堪或阮元等人的新礼学或新人性论,而以汪中的新荀学为代表的新子学的出现虽然为当时的考据学时代多少带来了一些新气象,但是这些思想学说由于不合当时的学术主流,因而几乎不受人待见,却又是不得不承认的事实。只是道、咸以降,在内忧外患的时局逼迫下,宋学又重新抬头,朱子学仿佛有了一时中兴的迹象,出现了像曾国藩、倭仁、朱一新等一批朱子学者,然而朱子学(当然也包括阳明学)的衰落命运已经无法得到根本的改变了。

当然，若从哲学史的角度看，朱子学在前现代的历史命运并不意味着朱子哲学就不存在理论发展的可能性，朱子哲学应当有其自身的内在理论活力，因为哲学所重在于理论理性的思考以及对于宇宙人生等根本问题的追问，由此而形成的哲学理性以及理论价值既被赋予某种历史形态，并在历史文化的发展过程中得以自我展现，同时又具有超出社会历史阶段的普遍性意义，并不由某种特定的历史境遇来决定。因此，值得我们深思的是，朱子学研究是否还有重新开拓的余地？抑或重新解读朱子学是否还有什么重要的"法门"未被发现？

无疑地，自20世纪80年代的朱子研究成为某种典范之后，若要有所新突破，不仅需要广泛吸纳海内外的朱子研究的学术新成果，更要深入朱子文本的内部，并对自己的理论视域以及问题意识等研究取向做一番自省工作。特别需要反省的是，自现代西方的学术范式及知识体系涌入中国之后，整个传统中国的古典学术遭遇了前所未有的冲击，面临被拆解或分化的危机，儒学乃至宋明理学的研究亦概莫能外，人们似乎已习惯于现代性的一套哲学观念模式，以至于理学思想原有的整体性和独特性却湮没不彰。所以关键在于：我们必须回归文本本身，着眼于其中的基本问题，尽量拓展理论视野。就结论言，本书对朱子学的"重读"属于一种问题史研究，正是通过对这些问题的多重探讨，或有可能促进我们对朱子哲学的旨趣获得某些新发现。

二

本来，宋明时代的理学或心学的核心关怀在于：天道人性、天理良心、本体功夫等理论重建；不论是朱子理学还是阳明心学，作为儒学思想的一种理论新形态，更有强烈的重整秩序等政治关怀以及身心修炼等精神领域的宗教蕲向。因为，儒学经由宋明时代的发展，充分表明儒学既是一种哲学思想，更是一种文化传统、价值体系，倘若以现代学术范式来分而治之，将儒家文化视作互不干涉的哲学史、思想史或学术史的不同门类（虽然我们不必对于这类专门史的研究加以排斥），则其研究结果对于把握儒学思想精神而言，终不免隔靴搔痒。具体而言，即以朱子学为例，除了理气论、人性论或本体论等思想建构以外，朱子有关仁学问题、人心问题、功夫问题、宗教问题等理论思考也极大地丰富和深化了儒学思想的哲学内涵，通过对这些问题的史与论的综合考察，对于全面揭示朱子学的义理系统具有重要学术意义,值得展开深入的思想探讨。

本书所收八篇文章主要就上述朱子思想中的各种问题展开专题性的探讨,之所以称作"思想再读",这是由于这些问题在前人的研究中也有所关注,而本书所做的主要工作则在于"重新解读"——即相对于前人研究而言,更注重从朱子思想文本中"重新解读"出未曾发现的某些理论新意。故本人的意图并不在于全面描绘朱子思想的世界"地图",也不在于理学史的客观重建,因为所谓的历史"重建"往往难以容纳任何立场预设的思想诠释,而对于任何一种思想文本的"重读"都需要解读者对文本的重新理解;本书旨在通过"重读"朱子文本以重新理解朱子思想,揭示以往有所忽略的另种朱子学的特有风貌。

在"重新解读"这个大前提下,首先要考虑的是文本的思想性与解读的视域如何交织的问题。首先"文本"的思想性会涉及好几个方面,因为朱子的思想文本实在数不胜数,如何从中择取重要的文本以发现其"思想性",这个工作基本上有点像"大海捞针"一般,令人难以下手;所以问题的另一面便是:你的文本选择取决于你想探讨什么问题或者究竟有什么问题可以令你感到有无穷的理论趣味。例如本书所收的《论朱子仁学思想》以及《论儒家仁学"公共性"》这两篇去年刚发表的"新作",就论题而言,其实算不上什么"新",因为"仁学"历来是中国哲学的老问题,而这一问题近年来也已成为中国哲学的一个学术"热点",甚至已有专著出版(如牟钟鉴《新仁学构想》以及陈来《仁学本体论》)。只是笔者觉得朱子仁学的理论构架、思想旨趣仍有重议的余地,正是通过对朱子文本的系统解读,我发现其仁学思想的核心论旨可以用"仁学四句"来归纳,而不能仅以耳熟能详的"心之德爱之理"六字可以穷尽,更不能误以为朱子对"仁"的理解只有抽象的"天理化"这一根筋,事实上,朱子的"仁学四句"表达了丰富的哲学意涵:"仁"不仅具有"天地之心"这一宇宙本体论的意义以及"心之德爱之理"这一仁学伦理学的意义,而且是"人之所以为人"的存在依据,更具有"人之所以尽性至命"这一德性伦理的实践意义。因此,归结而言,如果在某种意义上可以说儒学即"仁学"(徐复观语),那么,其成熟的理论形态则非朱子莫属,尽管阳明心学在另一种意义上,推进了"一体之仁"的理论发展。

至于"仁学公共性"的问题,此前学界则重视不够。此章原与上面一篇是一体而成的,后拆成两篇发表,是由于杂志字数所限的原因所致,不过,在后来的改写过程中,我又有一些新的问题发现,从而得以采用专题的形式来加以处理。所谓新的问题,涉及我对此问题的一个解读视域。我发现,宋代程伊川对仁学的两大解释:

仁性爱情说和以公言仁说，具有重大理论意义，特别是后一项思想命题，对于我们重新思考儒家仁学的"公共性"问题具有关键意义。因为，近代以来尤其是在"五四"时期的启蒙叙事或道德革命的影响下，总以为理学鼓吹的封建礼教必须为中国人为何老是"一盘散沙"的国民性承担罪责，如果说理学的最终根源在于儒学，那么，儒学也应当为中国人为何老是喜欢讲亲亲之爱的"私德"而普遍缺乏社会公共伦理的"公德"承担罪责，于是，"以公灭私"几乎成了近现代以来道德革命、家庭革命乃至社会革命的主旋律。可以理解，在一个充满激情的理想主义时代，人们的眼光总是整齐一律地朝向未来，相信未来充满希望，并不愿平心静气地回顾"历史"和访问"传统"，相反，却一味地指责"传统"为落后、为倒退、为政治不正确。在近代中国一百年来，"五四"和改革开放初期就是两个最为典型的理想主义时代。

但是，冷静一想我们却会发现一个历史的悖论，以批判儒学为标识的所谓"以公灭私"或"大公灭私"却不免与儒学强调的天下为公的观念存在某种思想的连续性。如果我们将公私问题置于伦理学的领域看，那么，任何对于一己之私欲的克服以实现道德价值，乃是伦理学的当然要求。然而更重要的是，欲以"公德"消灭"私德"的两德二元对立论其实恰恰是对儒家仁学的一种莫大误会，导致我们不能深入地领会在仁学的文本后面除了含有亲亲仁爱这一私德之意涵以外，更有强调仁爱精神的公共意识以及对于社会"公德"问题的强烈关怀。因为事实上，"仁"作为"天下公共之理"并不是一种抽象的普遍性，而是具体落实为"亲亲、仁民、爱物"这一富有人文精神的公共社会的建构，作为宋明理学的一项重要共识——"万物一体之仁"则是建构人类社会共同体的重要思想资源，因此，作为普遍存在的"仁"又具有重新安顿社会秩序的具体性。由此可见，朱子思想的"仁学"文本经由重新解读，便延伸出"公德"与"私德"这一所谓"两德论"如何重建的问题，进而揭示了宋明理学向来有重视有关社会公共性等问题的理论关切。如果我们忽略了这一层，就有可能误失儒家仁学的意义，也会失去转化自己的"私德"以重建现代社会性"公德"的机会。

三

历来有一种观点认为，中国传统文化就是一种"心"文化，中国人特别重视"心"的问题，然而有关"心"的表述则是众说纷纭、莫衷一是，有一点则是明确的，

"心"是一个最为棘手的难解的问题。比较消极负面的说法有:"人心如面。"(语出《左传》)这意思是说,每个人的心思都是难以捉摸的、善变多样的,就好像每个人的脸都各有特征、不可能完全同一那样。在中国最早的一部史书《尚书》当中,就有"人心惟危,道心惟微"的记录,据说这还是尧舜禹三代相传的心传秘诀,告诫人们需要对人心走向时常保持高度警惕。饶有兴味的是,就在《尚书》当中,已经出现了"以义制事,以礼制心"的观点,认为人心是靠不住的,需要一个外在的东西来加以控制和管理。

至于孔子,显然也关注心的问题,他主张的"内自讼"其实就是一种"心自咎"(朱子语)的方式,只是在"心"的定义问题上,他以"出入无时,莫知其乡"一语,小心避开了对此问题下定义性描述;然而被后世指责为"以心治心"理论的鼻祖孟子则截然断言:"学问之道无他,求其放心而已矣。"对于心灵容易走失表示了忧心忡忡,因而在强调人心自律的同时,也主张采用"以仁存心,以礼存心"的方法来收拾人心;而荀子则把"心"喻作"人君",认为心对于形体的自我控制具有相当的重要性,而如何使此心恢复"大清明"的本来状态,则是打通心与道之关联的关键。

另外两部儒家经典《大学》和《中庸》所说的"慎独"观点则要求人们在"人所不知而己所独知之地"使内心保持高度紧张,永远集中在道德意识这一点上。可见,对于儒家而言,"心"是一个根本性的问题,倘若就法家如韩非而言,"务法"才是治理天下国家的首出之要务,"心治"则是徒劳无益的。当然在中国思想史上,"心"更是佛老哲学所关注的核心问题之一,如果放眼世界,甚至是一个世界级的难题。即便是最新前沿的脑神经理论虽然捕捉到人的心理意识运作之规律,却也无法最终测定道德情感的兴奋点在脑神经中的发动机制。只是心理学家有一个重要发现已经充分揭示了人心的复杂性:"人类大脑里不是只有一个自我,而是有很多不同的自我在相互竞争,争夺控制权。这里面有想获得即时满足的自我,有铭记远大目标的自我,有现在的自我,也有未来的自我。"[1]

在中国思想史上,围绕"心"的问题喋喋不休,讲得最多的不是心学家陆象山或王阳明,而正是理学家朱子,同样,不断引发后人争议的也是朱子有关"心"的一套复杂论述。就我的初步考察,朱子心论大致涉及以下这些层面的含义:知觉义、主宰义、本然义、体用义、虚灵义、管摄义、贯通义、功能义、活动义、动静义、无穷义、

---

[1] 凯利·麦格尼格尔:《自控力》,王岑卉译,北京:文化发展出版社,2013年,第192页。

生道义、善恶义,等等;如果就其论述方式言,他又有如下多种比拟性的表述方式:以镜喻心、以水喻心、心犹阴阳、心如谷种,等等。一眼望去,令人眼花缭乱。本书所收的《"心是做工夫处"——关于朱子"心论"的几个问题》则是尝试从如此众多的朱子"心论"的复杂表述当中,找出其核心的观点以及问题的要害所在。

我发现人心听命于道心、"气是心之精爽"等命题在朱子心论的思想系统中固然重要,但是,"心是做工夫处"才应当是朱子心论的一个核心命题,透过对此问题的理论辨析,就能从一个独特的功夫论视角来重新衡定朱子哲学中的"心—气""心—理""心—善"等关系问题,进而展现出朱子心论的独特面相及其理论意义。要之,在朱子,"心"具有作为人心之知觉与作为性情之主宰的双重性含义,这表明朱子心论既不能认同人心一元的立场预设,亦不能认同本体意义上的"心体"观念的设定。于是,"心属气"这一结构论命题能否推出"心即气"这一本体论命题?而"心即气"命题究竟是对朱子心论的一种诠释结论还是朱子心论的本来之义?我认为,对于这一问题的解答可以尝试从多种角度加以处理和提供思路。

我有一个基本看法,以为在朱子,心与气、心与理均非本质上的同一关系,如果断定心即气或者心即理,对朱子而言,都是不成立的;但是如果从结构论或功夫论的角度看,心—气—理又处在互相涵摄的关系中,心借助于气而展现为情,同时又须以"理"来为心的功夫运作贞定方向,因为心犹阴阳与理具心中,在朱子是可以同时成立的两个论断。总之,心不是一个独立孤悬于气或理之外之上的形上存在,这一点已然毋庸置疑。

四

正因为"心"是一个复杂多样、难以捉摸的存在,所以如何"治心"便成了儒学特别是理学必须应对的一项核心任务。二程以及朱子从孔孟儒学的传统资源中发现"敬"才是对治人心的灵丹妙药,提出了"涵养须用敬,进学则在致知"这一两条腿走路的功夫论方针,以"敬"作为处理内心问题的妙方,以"穷理"作为增长知识、明白道理的要津。

本来,"敬"在先秦原典儒学那里,含有"敬畏"的意涵,其对象指向外在的超越存在——上帝或上天,也含有敬畏天命的意思。然而经过二程道学的解释,敬字功夫的对象变成了人心意识,要求做到心灵意识的高度集中——叫作"主一无适"。这个主敬功夫论被朱子所激赏,认为是大有功于"圣门"的一项发明,彻底扭转了秦汉以来无人识"敬"字的尴尬局面。后经朱子的一番义理发挥,主敬功夫论获得了贯穿所有功夫的基础性地位,成为儒门功夫"第一义"。他认为,主敬可以使"心"自己决定自己(自作主宰、收敛身心),儒学所谓存心养心等功夫都可通过主敬来实现,因为主敬"而心自存""敬以存心",所以敬才是提升人心自控力、保证人心正确方向的法宝。只是对朱子而言,主敬功夫的主体究竟是谁的问题却依然存在而无法得到根本解决,因为他从根本上拒斥心体的形上存在,这就为后来明代阳明心学的展开埋下了伏笔。

然而,历史上却对朱子功夫论哲学的一套理论存在重大误解,总以为朱子将"即物穷理"与"正心诚意"割裂为两套功夫,前者不免趋向于"道问学"的知识进路,而后者则属于道学家所注重的内圣功夫;由于朱子在功夫之次序不可乱的前提下,曾经特别强调"格物"才是《大学》功夫论的"第一义",因此在后人看来,朱子的为学进路偏向于外在知识的追求,即便是注重内心世界的居敬功夫,亦不免偏向于对内在心理活动的关注,导致作为意识活动之主宰的道德主体的缺失,而正心诚意与即物穷理这两种一内一外的功夫进路便掉入支离破碎的窠臼中。

但是经过重新解读,我们却发现朱子功夫论自成一套环环相扣的系统,各个功夫环节构成了彼此互动的有机联系;同时我们也意外发现,如同阳明的自我思想总结"吾平生讲学只有'致良知'三字"一样,朱子晚年对自己的思想也有一个总结:"正心诚意"乃是"吾平生所学"所谨守的"四字"而已。这就表明如果我们照搬"理智主义"与"反理智主义"这套框架来判定朱子理学与阳明心学的哲学属性,便有可能遮蔽了对朱子的尊德性与道问学正可"互相发明"这一重要观点的认识,也会阻碍我们对宋明理学的整体性观照。这就是本书所收《格物诚意不是两事》《从政治文化角度看道学工夫论之特色》两文的主旨所在。

五

本书所收的最后两篇文章《宋代政治思想史上的"皇极"解释》以及《鬼神以祭祀而言》的旨趣在于:朱子通过对儒家经典的两个概念——"皇极"和"鬼神"

的重新解读,显示出朱子学在政治与宗教这两大问题上的重要观点。我们采用的并不仅仅是经典诠释的方法,更主要的是转化了审视问题的视角,将"皇极"这一经学概念置于宋代政治文化史的视域,而将"鬼神"问题置于宗教实践论的角度来重新审视,同样,我们也有一些新的发现。

按照经学传统的训诂原则,"皇"者大也,"极"者中也,在疏不破注的经学原则下,"皇极"的本意就是"大中"的经典解释几乎是牢不可破、无法动摇的。然而,在宋代政治文化中,"皇极"不仅是一个经学概念问题,而且演变成"政治正确",即"国是"的问题,于是,"皇极"的"大中"义被敷衍解释成"安中之善"的意思,对于偏于一隅的南宋而言,这种讲求安稳的所谓"国是"便产生了种种意外的结果,在面对外敌以及如何收复故土的严峻形势下,"安中之善"却有可能被"含容姑息、善恶不分"的主张者"张目"。因而,朱子特意撰述《皇极辨》,力图"一破千古之惑",即从根本上颠覆"皇极"的传统解释。

经过朱子的重新诠释,"皇"者王也,"极"者标准之意,于是,皇极就是指作为最高政治统治者的道德标准这一富有政治学意涵的概念;换言之,"皇极"概念便具有了要求君主率先垂范天下的政治道德含义。至于朱子的这一创造性诠释如何可能的问题,我们需要将此置于两宋政治文化的历史背景中,才能获得一项善解。当然,朱子《皇极辨》作为一篇经典诠释的文字,其中自有一套内在的义理脉络与思想意涵,而不必受制于时局的影响,这也是不容置疑的。

至于"鬼神"观念,这是中国思想史上的一大宗教问题,其历史由来非常悠久,可追溯到上古原始宗教的时代。然而经过"轴心突破"之后,儒家文化成功地实现了宗教人文化的转向,另一方面,儒家文化中的"祭祀"传统又表明,儒学传统向来没有倒向"无神论",只是殷商以来的"尚鬼"观念被后世儒家的"祭祀"文化所吸纳消化。发展到宋代新儒学,以程朱为代表的道学家们对此问题进行了理性主义诠释,一方面,以气释鬼神,另一方面又以气之感应来诠释"祭神如神在"的"如在"问题,而将"鬼神有无"的实在论问题悬置起来而付诸不问;朱子更是从"祭祀"这一宗教实践的角度出发,来重新安顿"鬼神"观念在人类精神领域中的位置,充分表现出朱子理学的实践主义精神。正是经过朱子对鬼神问题的新诠释,既维护了儒家祭祀文化对于建构人伦社会的重要性,同时,又表明了儒家伦理具有一定的终极关怀这一宗教性蕲向。

最后要说明的是,本书是笔者近十余年来有关朱子学研究的部分内容。由于本书专注于个别思想问题的专题性,当然无法全面呈现朱子学的理论整体性,唯有希望透过这些问题性与专题性的分析考察,或将有助于从某些侧面来展现朱子思想的整体意义。至于"思想重读"的结果是否达到了名副其实的地步,则有待学界公论。在我看来,与阳明学在中晚明时期得以领时代风骚百余年不同,朱子学则在近世中国七百年(1200—1900年)的历史文化发展过程中绵延不息,尽管历史进程有起有伏,但其理论内部必有思想资源可供探寻。本书的目的在于说明:作为宋代新儒学的朱子学的思想意义仍有不断重新解读、重新发现的可能性。

(作者单位:复旦大学哲学学院)

徐波《由湍水之喻到幽暗意识：理学视域下的人性善恶论新探》序

董 平

徐波博士新著《由湍水之喻到幽暗意识：理学视域下的人性善恶论新探》即将付梓，嘱予为序。2014年，徐波博士由香港科技大学获得哲学博士学位，来浙江大学从事博士后研究，2017年出站，该书是在他的出站报告基础上进一步修订而形成的专著。作为他博士后研究期间的合作导师，我乐见其学有所成，而书数语以弁于卷端，当为"义不容辞"之事。

宋代理学的发生确乎是中国思想之历史进程中的一个重大事件，其重要性几乎无论如何强调都不会过分。理学所达到的思想高度与深度，则为先秦以孔孟为典范的儒学重浚根源，重开流派，而形成思想学术的新传统。作为一个综合性的整体事件，理学事实上代表了一个基于某种独特的本原性关切而掀起的思想—文化运动，这一运动之所以出现，必有其思想、历史、现实之多重原因。一般的思想史研究或哲学研究，往往较为注重理学的思想形态或某家学说之思想构造、概念关系、理论体系等方面的研究，而相对缺乏一个历史—现实交错之维度的整体关切。就此而言，《朱熹的历史世界》在某种意义上确实揭示了一个新的视角，为理学之整体形成与发展寻得了一个"现实需求"的安顿基础。这部作品出版之后，在学术界引起巨大反响，应是意料中事。其中提出"第一序""第二序"问题，观刘述先、李明辉、杨儒宾等先生所提出的质疑，我脑子里浮现出的是朱熹与陈亮的论争。大概"哲学家"或"思想家"与"历史学家"所关切的问题及其理解与处理方式确乎有异。就我个人而言，我全然不主张以"内圣外王"来概括儒家，更不能认之为儒学"宗旨"，这不仅因为这一说法完全没有出现于先秦儒家那里，即使在宋明时代，它也远没有进入儒学的主流话语体系。孔子说"下学而上达，知我者其天乎"，"下学而上达"才真实代表了孔子儒学的根本旨趣。宋明理学从总体而言，不论在程、朱那里还是在陆、王那里,事实上都试图回归孔子"下学而上达"这一根本旨趣,使人道的践履成为人生的使命,使现实的世界成为大道得以显现的经验境域,使个体生命经由德性的实践而能够上契于天道之本原,而实现与天地合德。所谓"工夫论"者,正为此而设;若舍此而言"工夫",则更有何"工夫"可道?且在"内圣外王"这一说法之中,更为糟糕的是,它不仅隐含了"内圣"与"外王"两相割裂的语义,而且实质上使"内圣"沦为"外王"之工具。事实上,孟子早就区分了"由仁义行"与"行仁义","由仁义行"之所以为道德的,是因为仁义本身即是目的;"行仁义"之所以为非道德的,正因仁义沦落为他种目的之工具。道德行为是作为主体的个体所发出的合乎其自身主体性之本原目的的行为。若"内圣"是为实现"外王"的,则"内圣"为工具、为手段、为方式、为途径,恰好并不是目的本身,然则如此之所谓"内圣",道德尚且谈不上,缘何而可称之为"圣"?若既分"内圣""外王",且置之于不同境域,则儒家缘何而说"莫见乎隐、莫显乎微""诚于中形于外"、成己成物相贯一如而"合外内之道也"?由此可见"内圣外王"之说之害!正是在"内圣外王"的思维路数之下,"外王"既然是目的,则当然是"第一序"的,"内圣"既然是达成"外王"的手段,则无疑是"第二序"的。对此"二序"之说提出批评的学者们,大抵会觉得置"内圣"于"第二序",是取消了道德的崇高,甚或谓之颠覆了朱熹的价值世界。徐波在作品中表明,"内圣""外王"本来统一,本来相贯,本无必要区分前后、轻重,因此所谓"第一序""第二序"的问题,在真正的儒家那里是不会成立的。毫无疑问,这一观点更切合儒学思想之实情。不过在我看来,不论是为凸显理学家们"重建价值"的真实意图,还是要从事儒学本身的切实研究,必须根本抛弃"内圣外王"这一既成的解释框架(我过去曾经谈到过这一点),否则必定会出现理论上的相互龃龉。孔子谓"成事不说,遂事不谏",今"内圣外王"之说已然成为讲说儒家之"常识",似已为"成事";学者之研讨,盖也必循之以为规模准的,则已为"遂事",然则吾犹借此而喋喋者,非欲标新立异,实因其说不合于儒学,而未免于毫厘千里之谬也。

徐波本书的重要主题是关于理学中"性善恶"问题的讨论。孟子与告子的论辩开启了中国哲学对于人性问题的持久关注,举凡性无所谓善恶、性善、性恶、性有善有恶、性善恶混、性无善无恶等观点,皆在思想史上出现过,且也都有其代表人物。这一思想现象至少表明,人性问题的展开是一个非常复杂的问题,不同的思想家完全有可能基于不同的理念而给出关于人性的不同理解,以至于王国维干脆称人性问题是一个典型的二律背反问题。然就事而论事，则对首先提出"湍水之喻"的告子而言，他的本意其实只是强调人性无所谓善恶，所以重视"决之"或者说经验引导的作用；换句话说，人之善恶只是经验中所实现出来的一种结果，并非由本性所注定。孟子对告子的批评，维护了他的"性本善"说（今人有认为孟子是"性向善"，本人完全不能同意，然此处不便展开），同时为人的存在奠定了本体论基础。在孟子那里，讨论人性问题的目的，是要把人从自然世界的物类中区别出来，因此人与他物共享的"食色"是不能作为"人之性"的，"有命焉，君子不谓性也"。只有实现了人与他物的本质区别，人才实现了关于自身存在本质的真实领悟，在现实性上才可能达成合乎人类自身本质的生存目的。到了宋明理学之中，一方面是"性本善"成为一个普遍接受的观点，另一方面则充分关注经验中人之恶的来源并须在理论上加以恰当处置。张载揭示"天命之性""气质之性"，极为二程、朱熹所称赏，实则将孟子所谓"君子不谓性"的内容标示为"气质之性"，而将"君子不谓命"的内容标示为"天命之性"，就其论域而言，则又可谓将孟子"性善"与荀子"性恶"二说加以新的理论整合。凡此后之论性者，盖无不受张载此说的影响。在本著中，徐波以高度的理论敏感性，以"湍水之喻""清浊之喻""盐水清水"之喻的喻体变化展开关于"恶之来源"的讨论，可谓角度新颖而说理透辟，对于读者的启迪是深刻的。不过在宋明时代，相关问题还有"水波之喻"，若能一并加以考虑，或许更显全面。

宋明理学的"三系"区分，是牟宗三先生独创的观点，影响广大。关于牟宗三哲学的研究，原是徐波博士的学术本业，本书相关部分的论述再次体现了他思维的缜密以及高度的理论敏感性。刘宗周是否具有"幽暗意识"，我过去没有关心过这一问题，因此读徐波的作品，便也受其颇多启发。我曾说蕺山哲学是"出阳明而能新"者；换句话说，我仍然认为刘蕺山哲学是基于阳明学的理论批判而实现其哲学创新的，其批判的基点是王学末流之"猖狂者参之以情识而一是皆良，超洁者荡之以玄虚而夷良于贼"的学界实况，其创新的理论体现则是严分"意""念"，认为"意根最微"，谓之"独体"，既以此改造了儒学传统中的"慎独说"，又以"独体"而取代阳明的"良知"，其实践的方式则是"化念归思"，其究竟则须是"化思还虚"，而实现向上一路的转进与精神的超拔。牟宗三先生揭示"五峰—蕺山系"的存在，学界多有反思性批评，徐波在他的研究中，则借助"幽暗意识"以阐释蕺山学中"恶之来源"问题，似在某种意义上延续并拓展了牟先生的基本判断。

在博士后研究期间，徐波好学深思、善于发现问题并调动其知识资源以解决问题的学术个性与能力，给我留下了十分深刻的印象。在日常交往中他所表现出来的谦逊、对师长的尊敬、对他人的关心以及对朋友的乐助，则使我相信，他为人的质实与其学风的踏实是一致的。本书的结构看似比较松散，实则有其问题的内在连贯性。相关问题的展开，涉及宋明理学中的许多基本问题，作者的阐释是相当具有理论张力的，也应会进一步启发读者的思考，而推进理论研究的深入。本书的出版，我相信将为徐波博士赢得属于他自己的学术声誉。徐波博士以此为起点，砥砺而前行，盈科以日进，则其未来学术前景及其所臻之成就，岂今日而可为限量乎！吾以此而寄望之也。

是为序。

（作者单位：浙江大学哲学系）

技术时代的"生生"与"物化"论题

——丁耘《道体学引论》读后

邓 青

一、"造作"时代

"生生"是近来学界讨论的热点论题之一。丁耘2019年出版的新作《道体学引论》即是对其《生生与造作》一文之论题与主旨的推进。① 其文发表后,2018年《哲学研究》刊发了吴飞的评论文章《论"生生"——兼与丁耘先生商榷》以及丁耘对于吴文的回应。② 此外,杨泽波、孙向晨等学者也都从不同的进路切入了对"生生"论题的义理阐发或理论建构。其中尤可启沃人心者,乃丁耘所提点的"生生"与"造作"之间的对照解释:在相形相较之下,公然对簿之两造互相映衬与开解,由此其意义亦愈发显豁与深刻。换言之,在"造作"(或曰技术)对人类日益刻深的围猎之中,"生生"论题的突围与救赎之功亦随之加增了分量。

丁耘特意提出"造作",以与"生生"相形而较,乃出于他对现时代人类基本生存状况的思察与诊断:当下是一个技术全面宰制的时代,技术不仅改变了世界,也改变了人本身。③ 本质上讲,技术的全方位变革体现在把世界与生命现象还原为可

---

① 原文题为"生生与造作——论哲学在中国思想中重新开始的可能性",删节版原载《中国社会科学》2013年第4期,后收入其《中道之国——政治·哲学论集》(福州:福建教育出版社,2015年)。《道体学引论》一书亦以此文为缘起。
② 吴飞:《论"生生"——兼与丁耘先生商榷》;丁耘:《〈易传〉与"生生"——回应吴飞先生》,《哲学研究》2018年第1期。
③ 丁耘指出:"这个时代首先带来的一个巨大刺激和挑战在于技术的全面宰制。人对技术既高度依赖,又高度不适。技术的情况很清楚,从改变世界,到改变人的交往方式、改变科学技术自身的研发方式,再到改变人自己。现在可以清楚地看到,主流技术发明的指向就是改变人自己。"(丁耘:《"生生"问题对当代哲学的突围》,第七届全国古典学年会主题发言,2019年11月)

供演算的数据①：世界不再洋溢着生命力，而僵化为无生机的数据性总体，以便人对之进行所谓"科学"的研究与分析。

丁耘业已明言，"生生"与"造作"之对照源自亚里士多德和海德格尔对自然与技艺之区分。其对数据化、技术化时代的判断亦与海德格尔对技术与科学之本质的分析相契合。在《技术的追问》一文中，海德格尔曾深究技术之本质，且得出："四种招致方式把某物带入显现之中。它们使某物进入在场而出现。它们把某物释放到在场之中，并因而使之起动，也就是使之进入其完成了的到达之中。"②此意义上的手工制作或艺术创作是一种从遮蔽状态而来进入无蔽状态的产出。技术的本质乃是作为一种解蔽方式，意谓产生出某物使之存在。

在"产出着之解蔽"这个意义上，技术（"造作"）和自然（"生生"）并无太大差异，因为自然或"生生"的基本内涵亦是生出某物使之在场，故如海氏所言："甚至自然，即从自身中涌现出来，也是一种产出。自然甚至是最高意义上的产出。"③两者的区别在于，自然物产生的根据、动力与目的（海氏说为"产出之显突"）在其自身之中，譬如花朵是从自身并为着自身而涌现、开放的；而如床、银盘等制造物，其产出则有待于它者（比如作为制造者的人）。自然乃"因自而然"，技艺则有待而作。前者是"某物从自身而来把自身带入在场之中"的产出者，后者则是"人来实行这种对某物的带出"的被产出者④；然则毕竟皆是得以产出而进入其自身之在场者，共同涌现其真而不相妨碍。

由之，海德格尔并不在自然与技艺之间做出太过分明的褒贬，而注目于古代技艺（连同"自然"）向现代技术的裂变。⑤现代技术也是一种解蔽，但"在现代技术中起支配作用的解蔽乃是一种促逼，此种促逼向自然提出蛮横要求，要求自

---

① 丁耘指出："在现代技术的普遍预设当中，最突出的一种是，把生命的本质还原为数据。实际上这并非新的东西，基因科学早就在这样做了。更新的'进步'是把具体的生命现象、人生现象（还不仅是心智现象）还原为演算。"（丁耘：《"生生"问题对当代哲学的突围》）
② 海德格尔：《技术的追问》，《演讲与论文集》，孙周兴译，北京：商务印书馆，2018年，第11页。
③ 同上，第12页。
④ 参见海德格尔：《科学与沉思》，《演讲与论文集》，第46页。
⑤ 海德格尔认为，在古希腊人那里，自然物与制造物一起构成现实。不论是自身涌现的自然物，还是由人所作的"技艺"制造物，都无碍其为本真的，也就是最高意义上的在场与实现，"在作品中得到完成的东西就是进入完全在场之中的自身产出者；作品就是在本真和最高意义上在场的东西。因此，并且仅仅因此之故，亚里士多德把本真在场者的在场状态称为实现，或者也把它称为隐德莱希：保持在完成（即在场之完成）中"（同上，第47页）。

然提供本身能够被开采和贮藏的能量"①。此逼迫着之解蔽以物对于人的有用性为转轴：人出于自身的各种需求与目的对自然进行加工制作（海氏目之为"摆置""订置"），由此自然的全部丰富性与物本真之存在就为有用性所隔断或遮蔽。海氏曾以木桥与发电厂之别作喻②，说明古代技艺与现代技术的分野。在发电的技术活动中，人仅注意于河流具有水压这一有用性特征，据此摆布河流，于是消隐了河流本来之所是（亦即它丰富而有生机的本真存在，蕴于其中的"天地神人"四重整体）。在现代技术活动中，自然无可避免地仅被解蔽为功用性，遂遮蔽了其本质的全部丰富性。不止于此，现代技术更与科学相结合。科学的特征是划分与测量，它"把自然当作一个可计算的力之关联体来加以追逐"③。量化自然的能量，目的是控制与追踪物由存在向能量的转化，从而便于人最大限度、更有效率地发掘使用物之功能。作为数据化的能量总体，自然看来是显露明白、一手在握的，不过也只是物之可利用性的显现而已；而有用性之解蔽正导向自然本真的遮蔽。

与"生生"相对立的"造作"，自应在现代技术而非古代技艺的意义上理解。当下的"造作"时代，仍不出海德格尔所揭露的技术时代，且技术与科学之宰制更为全面深刻，正如海氏所言："人往往走向（即在途中）一种可能性的边缘，即：一味地去追逐、推动那种在订置中被解蔽的东西，并且从那里采取一切尺度。由此就锁闭了另一种可能性，即：人更早地、更多地并且总是更原初地参与到无蔽领域之本质及其无蔽状态那里，以便把所需要的与解蔽的归属状态当作解蔽的本质来加以经验。"④当物之功用性成为人对作为对象之物的唯一价值判断；换言之，"当人成为源初的和唯一真实的呈现者，那就意味着，其他所有的存在者只有在人的存在的平面上才能够为他们自己的存在和真理找到立足的根基"⑤，由此存在者之真理、物的本质丰富性便被隔断遮蔽，世界从此变得单调机械，大地退化为无生机的荒漠……

---

① 海德格尔：《技术的追问》，《演讲与论文集》，第15页。
② 海德格尔说："水力发电厂被建造在莱茵河上，并不像一座几百年来连系两岸的古老木桥。而毋宁说，河流进入发电厂而被隔断了。它是它现在作为河流所是的东西，即水压供应者，来自发电厂的本质。"（同上，第16页）
③ 同上，第23页。
④ 同上，第28页。
⑤ 海德格尔：《人，诗意地安居：海德格尔语要》，郜元宝译，上海：上海远东出版社，2004年，第11页。

然而,在此极端的危机中,人感到自我救度的必要;依海氏之说,人类现时的自我救赎须人在大地之上"诗意地栖居",且去"沉思"事物之本质;而"诗"与"思"皆归结于由无蔽状态而来的真理之解蔽。中国思想里的"生生",在某种意义上恰与之呼应。

二、"生生"传统

《说文》云:"生,进也。象草木生出土上。"① "生"之字形象草木从土中长出,因此"生"原本意味着生命自然而然地生长。"生生"乃"生"字之叠用,然则此种叠用亦有若干语法解释:其一,主谓结构,前"生"为名词,后"生"为动词,意谓生命或生物产生、生长;其二,动宾结构,前"生"为动词,后"生"为名词,意谓生出某物或"使生者生",即让生者恣意生长;其三,两"生"字皆为动词,其叠用乃表示强调,表达不息不已之意,即所谓"生生不息"者,相似结构亦如喋喋不休、绵绵不绝等。②

后世作为哲学论题讨论的"生生",源出"生生之谓易"一句。③ 据吴飞《论"生生"》一文,后世对此句之注解不出乎两类:其一主阴阳交感,如京房:"八卦相荡,阳入阴,阴入阳,二气交互不停,故曰生生之谓易。"其二则主阴阳互生,如孔颖达:"生生,不绝之辞。阴阳变转,后生次于前生,是万物恒生,谓之易也。"吴文即从阴阳交感、化生万物之角度解"生生",并特意从《系辞下传》中拈出"天地氤氲,万物化醇;男女构精,万物化生"这"生生十六字"以为论说。④ 吴飞进而认为,"生生"哲学的核心取象,正是父母生育这一自然事件,其逻辑是:作易者近取男女雌

---

① 许慎:《说文解字》,北京:中华书局,1963年影印本,第127页。
② 参见吴飞:《论"生生"——兼与丁耘先生商榷》,《哲学研究》2018年第1期,第36—37页;丁耘:《〈易传〉与"生生"——回应吴飞先生》,《哲学研究》2018年第1期,第42页;杨泽波:《"十力学派"遗留的一个问题及其解决办法——兼论儒家生生伦理学为什么以"生生"为切入点》,《云南大学学报(社会科学版)》第18卷第3期,第39页。
③ 《周易·系辞上》第五章:"一阴一阳之谓道,继之者善也,成之者性也。仁者见之谓之仁,知者见之谓之知,百姓日用而不知,故君子之道鲜矣。显诸仁,藏诸用,鼓万物而不与圣人同忧,盛德大业至矣哉!富有之谓大业,日新之谓盛德。生生之谓易,成象之谓乾,效法之谓坤,极数知来之谓占,通变之谓事,阴阳不测之谓神。"
④ 对于此所谓"生生十六字"的批驳与易学上的理解,在丁耘的回应文章中有详密的论说,兹不赘述。

雄之交合,并推想到天地生万物便如同父母生儿女,由此抽象出阴阳二原则;然后再反过来说,万物与男女乃效法天地之氤氲生物。① 此由形而下的经验世界出发比拟形而上的"生生"之易道,遂招致丁耘的批驳:《易传》明言"乾道成男,坤道成女",依吴飞之解,倒成了"男道成乾,女道成坤"了。② 当然,吴飞向来以为夫妇之道乃人伦关系之发源与根本,故其阐论采取了伦理学之进路。

虽如此,吴文之中心却不在人间伦理,而致力于上达"生生"内含的宇宙模式:宇宙乃阴阳交感自然而然运行不已的永恒运动之整体,其间并无主宰,亦无目的。此解上承钱穆、张岱年、陈来等学者之观点,实构成"生生"哲学诠释的主流。由之,"生生"模式便与西方传统的"制造"模式区分开来:西方哲学取象于技艺制造与四因框架以理解自然,由此出发,世界是被制造出来的,在宇宙发生与演化的过程中有第一推动者与终极目的在起作用。

但吴飞以阴阳交感解"生生",则明显略过了分量更重的阴阳相生互转这一阐释脉络。丁耘即由此入手,论述王夫之的"生生"之说,引出阴阳相生不绝、天人不间断之"继"乃是"生生"之道体。③ 循此本体论之门径,丁耘进入了对作为道体之"生生"的系统论述,备见于其著《道体学引论》,兹略述其要:

丁耘于此书,贯通《易传》与《中庸》,将"生生"之易道释为"於穆不已"之"诚体"。"诚"即含有生成、实现之意,如其所言:"'诚'即指所生之言意实现、达成——生而必成,即是诚。"④ 此"诚体"统一创生与完成两义,以张大之乾元收摄坤元,从而具足生成之德,开物成务,又贞下起元,如此而生生不息。然而"生生"之为体,乃造成此永恒运动的原因,即主宰变易之不易常体,因而不等同于大化流行之活动;其作为道体之本身,乃是超越动静对待的真静者,如《易传》"易无思也,无为也,寂然不动"之谓。欲明此,或许最好借助于明镜之喻:镜子本身不动,不过

---

① 参见吴飞:《论"生生"——兼与丁耘先生商榷》,《哲学研究》2018年第1期,第39页。
② 参见丁耘:《〈易传〉与"生生"——回应吴飞先生》,《哲学研究》2018年第1期,第43页。
③ 丁耘指出:"'一阴一阳之谓道'者,亦无非'继'也。故船山云:'以阳继阳,而刚不馁;以阴继阴,而柔不孤;以阳继阴,而柔不靡;以阴继阳,而刚不暴。'至此,船山生生之说大明,无非一继而已。一阴一阳之谓道者,继也。天人之际者,继也,人之成性者,亦继也。继故不绝。惟生生不绝,故'天人无间断'。天人无间断,天道乃凝成于人性。性理即生理也。人之绍天者,非与天了不相干,而即天道所立、至道之凝也。此流行不已、成人凝道之总体,即生生,即道体也。"(同上,第49页)
④ 丁耘:《道体学引论》,上海:华东师范大学出版社,2019年,第54页。

是物来映照、感动生物。此即道体的虚静性质。本体既具超然之静,广大而含弘万有,遂因之而有"为物不贰"的专壹之性,如《齐物论》所谓"注焉而不满,酌焉而不竭"①。然而此道之壹乃指体而言,而超别于"通天下一气"之一(即一气流行之整体、大全)。因此,所谓"道体学",正致力于从用中明体,于气上观道;作为道体的"生生",遂居于太上之地位。然则"生生"亦必发致流衍生成,而不纯然空虚自守。故道之体用,即虚静即活动即存有。

吴飞等多数学者将"生生"解为宇宙生化之总体流行,质言之,无非"永恒动变"之一说;丁耘则即此更进一层,上揭"生生"之为道体乃是使得宇宙永恒流变但自身寂然不动的第一本体,且特重其虚静义。笔者妄揣,此中的缘由与必要性或在于:将"生生"解为宇宙之自然流行与必然事实,确乎不刊之论,但此论却无法说明宇宙依何动力而得永恒生化,以及宇宙间事物的规范与秩序何由产生②;而以"生生"为体,则可指明宇宙生化之动力与万物性理之渊源③,而清虚冲默正表其之所以为体的超然性质。前论合于气化宇宙论而未探根本,后者则着力于道上论说,分判道、气二者,且以为道必有越于气,正是见于气化生成之用必居于道体之下而不出道体之外,而后见道气即而不同、不一不离。

要言之,无论"生生"作为整体流行之用,抑或作为本根虚静之体,皆拔出于日常的琐屑经验而峻极于天。至此,"生生"之意益趋于大明,并为人指示出一个光洁寥廓的超越境界。但亦可看出,以上论说大体皆以"生生"为双动词之叠用结构,以表生化之不息不已。重心落于永恒变动,反而偏离了对"生生"本身的解释,随之也忽略了"生生"作为主谓或动宾结构的可能性;犹可论者,此太上之"生生"毕竟何以在日用伦常间发见并为人贴切把握?笔者有感于此,故不揣鄙拙,尝试由以上所论荡越开去,或者说,从本源之道体、永恒的天行落实于方内之物性与切身的修为,为"生生"增广一功夫论解释,冀有资于"造作"时代的超克。

---

① 王先谦:《庄子集解》,北京:中华书局,2012年,第33页。
② 固然,自然论者可说,秩序就是自然而然地形成的,如天尊地卑、春夏先秋冬后;但人们总会产生这样的追问:为什么会是这样的,而不能是其他情形?一旦如此发问,便指向了现象背后的本根或本源,即"道"之体也。
③ 万物各具"殊性",皆有"成理"与"明法",但物之理法却不由物自身来规定,究极说来,乃是由作为意义整体的"道"先在地规定于物的。因此道体居于殊物及流行整体之上,亦居于万物的性理之上。

三、"生生"与"物化"

事实上,双动词叠用以表强调之解义与主谓或动宾结构之解义并无矛盾,因为"生生"之所以不息,必然含有创生以及生命自身之生长、进展乃至坏灭而复生等内容。"生生"即如《系辞下传》所谓"万物化生",亦如《庄子·天道》所言"万物化作,萌区有状",又可见于《礼记·乐记》"和故百物皆化"之说。① "生生"的这一含义,若以庄子的术语称之,则为"物化"。

《庄子》所言之"物化",首出《齐物论》篇末的梦蝶故事。② 历史上不少注家以"死生之变"释"物化"之旨,如郭象曰:

> 夫时不暂停,而今不遂存,故昨日之梦,于今化矣。死生之变,岂异于此,而劳心于其间哉!③

成玄英疏曰:

> 生灭交谢,寒暑递迁,盖天地之常,万物之理也。……托梦觉于死生,寄自他于物化。④

---

① "生"与"化"在字义上有相亲近之处。作为变化之"化",其初文实为"匕",《说文》段注云:"人而倒,变化之意也。""匕"之字形是倒过来的人形,人由正立而倒,遂可表示变化之意,其意则指由自身产生出或者转变成异类之他者,或者也可包括自身状态的某种改变,如《荀子·正名》所谓"状变而实无别而为异者谓之化",杨倞即注曰:"化者,改旧形之名。"《国语·晋语》亦言"胜败若化",韦昭亦注曰:"言转化无常也。"段注且引一条郑玄《周礼》注文:《大宗伯》:'以礼乐合天地之化,百物之产。'注曰:'能生非类曰化,生其种曰产。'"《说文》云:"产者,生也。"故"百物之产"即百物之生,意谓在同一物种之内的生育。"生"与"化"原应有所区别,约略言之:同类相继曰生,异类或异态相转则曰化。但在共同的意义上,"生"与"化"皆意味着产生出某种新事物或者进入到某种新情态,因此两者可以连用为"化生"或者"生化",甚或其间的歧义亦隐而不显,"化"遂等同于"生"。
② 其文云:"昔者庄周梦为胡蝶,栩栩然胡蝶也。自喻适志与!不知周也。俄然觉,则蘧蘧然周也。不知周之梦为胡蝶与?胡蝶之梦为周与?周与胡蝶,则必有分矣。此之谓物化。"(王先谦:《庄子集解》,第39—40页)
③ 郭庆藩:《庄子集释》,北京:中华书局,2012年,第118—119页。
④ 同上。

循二者的思路推想:庄周梦化为蝶,遂成为蝴蝶而自适,觉后乃知为庄周之梦。于是庄周对自身产生困惑:我此生作为庄周之自在,是否也是蝴蝶之一梦呢?这一点恐怕要至死方能明觉;可到那时,我乃一只蝴蝶,我似乎又要开始怀疑自己是不是在他者之梦中了。总之,浮生若梦,死似是觉,实则也是梦;由此进一步推论,宇宙中并无一个实在的自我存在,而仅有永恒之迁变。以此生为觉,即以此生为永恒不变之真实锚定,固误;若以此生为梦,化而之死为觉,亦不过变化的一个小环节,而变化并未终止;故而前所谓死之觉又只是一梦,变而之它……如此生死轮转,梦觉往复,无有止息。宇宙乃一"大梦",随着时间之开展由此向彼、由彼之它,前者死而后者生,生生不息,死亦不止,如此这般无穷尽地流转滑动,正是所谓"物化"迁流。然而尚有所谓"大觉"者,即明了此物化不息之理者:既然对此总体之大化流行无可奈何,便只有"安之若命",一切以当下性命之自得自适为自我慰藉,故随变任化,所遇斯适。①

由上所论,"物化"既意谓宇宙事物之永恒变化,而同时亦指因顺物之变化从而"所在无不适志"的解脱之方。此解的根本理据在于,宇宙间万物之生灭转化("物化")乃一气聚散的自然过程,这与将"生生"释为宇宙大化的无心流衍一脉络若合符节,如《知北游》云:

> 人之生,气之聚也;聚则为生,散则为死。若死生之徒,吾又何患!故万物一也,是其所美者为神奇,其所恶者为臭腐;臭腐复化为神奇,神奇复化为臭腐。故曰:"通天下一气耳。"②

此言性命不过一气之暂时化聚,其间的变动如同四时运行一般自然和必然;通达于此命运者,自不必措哀乐于其间,反能"梦为鱼而没于渊,梦为鸟而戾乎天",其所际遇无不自在适意。顺一气之流行,随生死之物化,人情哀乐、生死执迷可据以遣除,乃得"悬解"。③

---

① 《齐物论》曰:"梦饮酒者,旦而哭泣;梦哭泣者,旦而田猎。方其梦也,不知其梦也。梦之中又占其梦焉,觉而后知其梦也。且有大觉而后知此其大梦也,而愚者自以为觉,窃窃然知之。"(王先谦:《庄子集解》,第37页)
② 同上,第226页。
③ 《大宗师》曰:"浸假而化予之左臂以为鸡,予因以求时夜;浸假而化予之右臂以为弹,予因以求鸮炙;浸假而化予之尻以为轮,以神为马,予因以乘之,岂更驾哉!且夫得者,时也;失者,顺也。安时而处顺,哀乐不能入也,此古之所谓县解也。"(同上,第83页)

"物化"通于"生生",基本含义并谓宇宙之永恒动变。万物生化流转自是宇宙间已经发生、正在发生且必将发生之事实。面对此永恒变动之必然命运,达者能随顺"物化"而"悬解"。由此,"物化"便具有一层功夫论或修为论的意义,其间的修行功夫指引人如何"待物"。若更细密分解,"物化"所指示的"待物"之方并非绝世独立而超然物外,而是凭其虚明之心化入物中,"观听"方内万物之真性①,且随顺而适之,至乎与物为一;在此境中,物之本真得以呈现。《人间世》曰:

> 一若志,无听之以耳而听之以心,无听之以心而听之以气。听止于耳,心止于符。气也者,虚而待物者也。唯道集虚。虚者,心斋也。②

所谓"虚",乃《逍遥游》之"无己",亦即《齐物论》篇首之"吾丧我"。根基于"虚"心的"待物"之方则是"听之以气",成玄英疏曰:"心有知觉,犹起攀援;气无情虑,虚柔任物。故去彼知觉,取此虚柔,遣之又遣,渐阶玄妙。"③ 如前所引,"通天下一气耳",万物生化不过一气之自然流衍;而此处"气"则指示人待物的虚柔之"听",其间暗示着人对天地自然的效法:天地既无心生物、任物自化,人亦应则效其无私智之"虚",用心若镜,使物以其本来之全副真实而存在运化。"听之以气",即虚心倾听物之本真,切近地与物相接遨游。④

于倾听之外尚须"以道观之",《知北游》曰:"圣人者,原天地之美而达万物之理,是故至人无为,大圣不作,观于天地之谓也。"又曰:"此之谓本根,可以观于天

---

① 《庄子》所言物之"性",包含殊物之现实生命与生命所遵守之规范、秩序(即"成理""明法"),故"性"即物之全副真实。
② 王先谦:《庄子集解》,第50页。
③ 同上。
④ 此处庄子特意用"听"而不及其他的感官之用,如目见、鼻嗅之类,可能相比于其他孔窍而言,人对于声音的沉浸更加凝神专注;在此凝神孤往之中,更能忘怀自我,也更加切近物之本真。海德格尔亦论及一种不同于"肉体性的听觉器官活动"的"本真的听":"倾听和听从意义上的听,就只能被看作那种本真的听向精神性的东西的一种转换了""当我们的专心完全投入到倾听之中,完全忘记了耳朵以及声响的单纯涌逼,这时我们就聚精会神地听""本真的听是一种置放,它让事物呈放于眼前,让已经一起呈放于眼前、并且从某种置放而来呈放于眼前的东西呈放出来;这种置放关涉到一切从自身而来在其呈放中一起呈放于眼前的东西。"(海德格尔:《逻各斯》,《演讲与论文集》,第236—238页)

矣。"① 此"观"法不但可观万物之"美"与"理",亦能观"本根"之"道";故此"观"法,不是彼此对立之下且有"成心"掺杂其间的一般认识。《国语·周语上》言"先王耀德不观兵",韦昭注云:"耀,明也;观,示也。"② 可见"观"有显示、示现之意;以此意例之,则"观于天地"或"观于天"乃言天地万物自己存在运行,自身示现出来,故可无为不作而"天地之美""万物之理"得,作为万物德性的终极根源与意义整体的"道"亦无不示现在天地之间。

总上所论,"物化"一语所启示的修为功夫正在于人基于虚明之心对物之本真的"观听";由此"观听"之法,物得以依其真实本性而自由跃现于人前,而人在其间亦得以领略"生生"之机。循此启示,倘若将"生生"按照动宾结构解为"使生者生",即谓使生命自然生长、使生命本性恣意怒放,活泼泼然如鸢飞鱼跃,从而将"生生"视作一种"观物"的修为或功夫,其情形如周濂溪不除窗前草而观天地之生气与化机,或如程明道所谓"万物之生意最可观",则"生生"亦与"物化"殊语同归矣。

四、"生生""物化"与"栖居"

当下人类不自觉而大义凛然地接受技术与科学的潜移默化,依海德格尔之论,这正是因为技术早已是一种人(意志)与物(存在者)相对置的形而上学。在其支配下,人类行为展开为以人之意志和欲求为动力的逼迫与改造自然的活动;在此活动中,物对于人之功用性就是其正确性;但正确性远非真理,功用性之唯一突出导致物之真理的沉落,进而造成世界的倒塌和大地的荒漠化:"惟有意志,十分机智地在技术中设置自身的意志,才把大地拉扯到对人造物的耗尽、耗费和改变过程之中。技术强迫大地超出其已经增长了的可能性领域,而进入那个不再是可能之物,因而是不可能之物的东西之中。"③

对此人类的必然命运来说,海氏认为人可能的自我救赎在于"沉思"与"栖居"。"沉思"乃是"思物之为物,那我们就是要保护物之本质,使之进入它由以现身

---

① 王先谦:《庄子集解》,第227页。
② 左丘明:《国语》,韦昭注,上海:上海古籍出版社,1978年,第1页。
③ 海德格尔:《形而上学之克服》,《演讲与论文集》,第105页。

出场的那个领域之中"①。这正基于人之主体中心的涤除，而后去倾听与应合存在本身之呼唤："这种应合必须出于长期的专心、并且在对倾听的持续考验中去关注所有这一切，以便聆听一种存在之要求"②，"领受大地的恩惠，并且去熟悉这种领受的法则，为的是保护存在之神秘，照管可能之物的不可侵犯性。"③此亦是"诗意地栖居"之意义所在。④

当人放下唯我独尊的自矜姿态，降下身段去平等地聆听、领受他者之教诲，此时便有了自觉与自救的契机。于是，物开始剥离功用色彩，显现其丰富本性，丰盈着肌体，焕发出生机。此时，人在"学"着去"思"⑤，学着顺从他者之规则，就比如一个木匠"必须使自己适应木头，对各种不同的木料以及潜伏在这些木料中各种不同的形式了然于胸，好像木头及其隐藏着的丰富本性透入了人的栖居"⑥。

海氏所言之"顺从"与"适应"正与"生生""物化"之要义暗契。《庄子·达生》记载梓庆"削镰"之技艺⑦，其中之"斋"，乃逐步祛除个人名利之心（即自我意志）与人对物的效用性评判，而后能"观入"林木之天性（实则不过是天性之自然呈现），将镰如鬼斧神工般造就出来（不过成全林木之天性）。梓庆的造作过程，乃则效鬼神造化之功，至乎自身便似鬼神一般，而镰仿佛借他之手自然而然地生出。⑧

《庄子》书中多言及有用与无用之辨⑨，且多言物以有用而见戕害，而以无用得

---

① 海德格尔：《物》，《演讲与论文集》，第196页。
② 同上，第199页。
③ 海德格尔：《形而上学之克服》，《演讲与论文集》，第105页。
④ 参见海德格尔：《"……人诗意地栖居……"》，《演讲与论文集》，第203—223页。
⑤ 海氏说："去学，意思是让我们的所做所为顺从作为本质向我们呈报的无论什么东西。随着这些本质的种类之不同，随着它们向我们呈报的领域之不同，我们的顺从以及与之相联的学习的种类也各不相同。"（海德格尔：《人，诗意地安居：海德格尔语要》，第27页）
⑥ 同上。
⑦ 其文曰："臣将为镰，未尝敢以耗气也，必斋以静心。斋三日，而不敢怀庆赏爵禄；斋五日，不敢怀非誉巧拙；斋七日，辄然忘吾有四枝形体也。当是时也，无公朝，其巧专而外骨消。然后入山林，观天性，形躯至矣，然后成见镰，然后加手焉；不然则已。则以天合天，器之所以疑神者，其是与！"（王先谦：《庄子集解》，第199—200页）
⑧ 这也正如同《养生主》所记"庖丁解牛"之故事，其能操刀若神，乃在于它观入了牛性本身，天理呈现，经络分明，而后能"依乎天理""因其固然"。
⑨ 如《逍遥游》云："今子有大树，患其无用，何不树之于无何有之乡，广莫之野，彷徨乎无为其侧，逍遥乎寝卧其下。不夭斤斧，物无害者，无所可用，安所困苦哉！"（王先谦：《庄子集解》，第17页）

遂长生,如《人间世》所言"文木""散木"之别[①]。对其理解不能停留在以效用评判物,也即以人为中心待物的层面——物有用则用之,无用则弃之,而应还物以本来之真性,使之以其自性跃现化生,如此万物乃处于平等之境。由此论之,有用、无用之辨,其实质乃是有我、无我之别;而无我则是"生生"与"物化"功夫之奠基,由之可上达终极的"天人合一"之境。唯能"物化",能"生生",方可等视万物、顺从物之真性,从而超然于"造作"时代之虚无,悠游逍遥,洞观天地万物生化之至善与大美。

(作者单位:复旦大学哲学学院)

[①] 参见王先谦:《庄子集解》,第57—60页。

《公羊》学研究的当代视野
——读《春秋公羊学史》*

于超艺

《公羊》学是中国古代非常重要的一门学问,它在两汉时期作为显学,深深地渗透于当时的社会政治生活之中。汉以后《公羊》学渐渐式微,隋唐时期几乎成为绝学,到了清中叶又重新复兴,并对晚清思想产生十分重大的影响。然而,在当代学术界,《公羊》学并没有引起学者太多的关注,相关研究成果寥寥可数。近年来,曾亦与郭晓东师致力于《公羊》学的研究,两位作者用十年之功,推出了百万余言的《春秋公羊学史》[①],这是当代《公羊》学领域的一项重要成果。该书是目前所见到最为全面且极具深度的一部《公羊》学史。所谓"全面",在它将两千余年来《公羊》学的发展脉络,做了系统的阐述;又在梳理历时性发展脉络的同时,重点解读《公羊》学史上重要人物、重要著作、重要问题,做到点面结合。所谓"深度",则是在充分吸收已有的研究成果的基础上,立足于《公羊》学自身内在的问题意识,对相关问题做了深入的探究,提出了许多新的观点,从而将研究领域推向一个新的学术高度。

《春秋公羊学史》这本书将《公羊》学史置身于整个《春秋》学的发展脉络中进行研究。具体来说,它至少有两个方面不同于同类作品:第一,该书的写作不仅仅局限于传统意义的《公羊》专门之学。在《春秋》学史上,受《公羊》学影响者,或与《公羊》对话者,甚至批评《公羊》者,都被纳入作者的考察范围。比如,杜预虽然以《左传》名家,但杜预之以例解《左传》,似乎受到了《公羊》《谷梁》的影响;

---

* 本文为国家社科基金重大项目"《春秋》三传学术通史"(19ZDA252)的阶段性成果。
① 曾亦、郭晓东:《春秋公羊学史》,上海:华东师范大学出版社,2017年。

杜预颇讥《公羊》例,而其所立《左传》例,又恰恰可以与《公羊》例互相比较对照。因此,书中设专门一节讨论杜预,杜预之学明,而其后《公羊》之学的特色也就更加彰显了出来。再比如,虽然宋、元、明的《春秋》学主张舍传求经,但事实上,他们仍在立足于三传的基础之上,杂糅三传并折中之,其中不乏《公羊》的印迹。或是出于这一考虑,该书同样也将宋、元、明的《春秋》学研究收入其中。第二,某些学者,虽然未有《公羊》或《春秋》的专门著作行世,然而其学问实属《公羊》之学,从而也被收录于《春秋公羊学史》中。例如清代的宋翔凤与戴望,以《公羊》义说《论语》,为晚清《公羊》学的一大特色。此前的相关著作,均不涉及宋、戴师弟,而《春秋公羊学史》则设专章予以讨论。再比如,苏舆作《春秋繁露义证》,该书虽非严格意义上的《公羊》学著作,但它既然是对董仲舒的疏解之作,其中便必然要论及《公羊》相关问题。而此前的相关著作却都没有将之纳入《公羊》学与《春秋》学考察的范围,本书则同样也对《春秋繁露义证》有专门的讨论。从上述两个角度可以窥见,《春秋公羊学史》这本书考察的范围,与有限的同类作品相比要宽广得多,故可称之为目前相关领域"最为全面"的著作。

作为《春秋》公羊学的专经史,意味着它不只一般意义上的学术史或思想史,更是《春秋》作为"经"及《公羊》作为解经之"传"是如何被阐释与理解的历史,是历代解释《公羊》的逻辑与方法的发展史。因此,该书与前人同类著作的不同之处还在于,该书极其重视从《公羊》学自身的内在问题意识出发,去把握《公羊》学内在的脉络,及其思想与学术的特质。例如,何休著《公羊解诂》,他解经的最大的特质是以"例"解《公羊》。因此,该书在论述何休时,便不是泛泛地讨论何休的"思想",而是深入《公羊解诂》的写作理路,对何休的"例"学做了深入而细致的分析。在"何休"一章中[①],论及三科九旨之外,又有专门设"时月日例""名例"与"褒讥贬绝例"三节讨论何休的"例",几乎将何休所论之"例"尽数收录阐明。如"时月日例"一节中,又分"朝聘会盟""崩薨卒葬""侵伐战灭入围取邑""弑杀执讨贼""出入奔归"五个方面。而"朝聘会盟"之"朝例"则有朝天子、朝齐晋、朝楚、诸侯来朝四种不同的例,"聘例"分天王来聘、使如京师、使如齐晋、使如他国、齐晋来聘、他国来聘、外相如等七种不同的例,"会例"又分离会、参会、大会、大夫会、外诸侯会、外大夫会、遇、次等八种不同的例,而"盟例"之下则有大信时、小信月、不

[①] 曾亦、郭晓东:《春秋公羊学史》,第290—454页。

信曰、及盟、大夫盟、人夫以下及盟等六种不同的例。在具体条目之下，作者又结合《春秋》与《公羊》的文本，或正例，或变例，凡经传中涉及该例的，全部被一一被列举了出来。可以说，通过对何休"例"的细致梳理，我们才可能真正进入何休的《公羊》世界，也唯有这样，我们才可能真正理解从何休到刘逢禄这样一条《公羊》学发展的脉络。

在这本书中，作者在继承前贤的基础上，立足于他们独到的研究，提出了许多新的观点。例如，对于徐彦所著《春秋公羊传注疏》一书，前人的评价历来都不算太高。从自宋代开始，《崇文总目》就称之为"援证浅局"（卷二），梁启超称其"于何义一无发明"[1]，赵伯雄也与梁氏持相同的见解："徐彦的疏，也很注意对义例以及变例的解说，但他除了做一些归纳、举证的工作外，实在是鲜有发明。"[2] 黄开国也说："缺乏新意，则是其不足，故在春秋公羊学发展史上价值不大。"[3] 而《春秋公羊学史》则深入解析了徐彦对何休注的总结与阐释、徐彦据何注而引申推衍以成之新例以及徐彦对何注之修正与弥缝等方面，认为"公羊学最终能传承且光大者，实赖徐彦述何之功"，又认为，"何氏以例说《公羊》，其例实赖徐疏之解说、举证与推衍，遂因而大明"，"徐氏又为之引申与发挥，衍生出许多为何休所忽略的新例，从而使《公羊》之条例更为庞大而周密"[4]。就此而言，作者显然认为，徐彦不仅有功于何休，也有功于《公羊》。再如，在该书对刘逢禄的《解诂笺》的研究中，作者深入讨论了刘逢禄的"匡何"与"从《谷》"，又论及刘逢禄的"规何五十余事"，并从中敏锐地发现，晚年的刘逢禄背离其早年"申何难郑"之宗旨，而这又对晚清《公羊》学产生了深远的影响，使得晚清《公羊》学界对董、何关系重新判定。作者指出："大概而言，此种影响有两方面：其一，以陈立为代表，强调胡、董、何之一致，以为回归邵公，即是回到西汉家法。其二，如龚、魏、康之徒，强调董、何之间的差异，主张由邵公进一步回到董子。"[5] 这一观点可谓发前人所未发，对晚清《公羊》学史的研究来说，具有极大的启发意义。再比如陈立所著《公羊义疏》一书，是清代《公羊》学的

---

[1] 梁启超于《清代学术概论》中说："今《十三经注疏》本，《公羊传》虽用何注，而唐徐彦为之疏，于义一无发明。"（朱维铮编：《梁启超论清学史二种》，上海：复旦大学出版社，1985年，第61页）
[2] 赵伯雄：《春秋学史》，济南：山东教育出版社，2004年，第340页。
[3] 黄开国：《公羊学发展史》，北京：人民出版社，2013年，第422页。
[4] 曾亦、郭晓东：《春秋公羊学史》，第606页。
[5] 同上，第997页。

重要著作,但传统上认为,但该书只长于考据而拙于微言大义之发挥,如杨向奎说,"在他的《义疏》中,一无发挥,二无判断"①。又说,"《公羊》之长不在典礼,训诂云云,难用于义理。卓人用力勤,时间久而通训诂,考据是其所长,奈无用武之地何!不通义例是其所短"②。受杨向奎说的影响,黄开国、陈其泰等人对陈立的评价都大抵如此。但是,《公羊学史》通过对陈立《公羊义疏》的仔细爬梳,特别是通过对陈立"王鲁"说、"通三统"说、"张三世"说等的深入分析,认为《公羊义疏》虽然多用汉学家的本领治《公羊》,但"惟披沙沥金,则不难看到卓人对《春秋》微言大义的阐释与发挥"③,从而指出了当代学者对陈立的批评苛责过甚。

此外,本书收录资料极为翔实,大凡所涉及、所考察对象的原始资料,作者都不厌其烦地尽可能予以罗列。例如《公羊传》与纬书的关系,作者将相关资料分门别类,一一罗列,便于查找。诸如此类的材料,可以说对学者了解《公羊》学的全貌,有着极大的帮助。

总而言之,这是一部高水平的《公羊》学史专著,也是一部高水平的《公羊》学研究专著。正如北京大学干春松教授在该书出版推荐时所评价的:"曾亦、郭晓东教授撰写的《春秋公羊学史》一书,共100余万字,上自先秦,下至清末民初,对《公羊传》两千多年的学术发展,做了非常系统的梳理。可以说,此书对目前经学及《春秋》学的研究,有着极重要的意义。"可以说,该书的出版,极大地推进了《公羊》学的进一步深入研究,有着非常深远的意义。

(作者单位:复旦大学哲学学院)

---

① 杨向奎:《清儒学案新编》,济南:齐鲁书社,1994年,第4卷,第115页。
② 同上。
③ 曾亦、郭晓东:《春秋公羊学史》,第1154页。

稿约与稿例

《现代儒学》由上海儒学院主办,以发表现代儒学研究领域的重大问题及前沿话题为主,兼及传统儒学领域的研究,以及中外学术与思想的比较研究,旨在为国内外儒学研究者提供高水平的学术思想交流平台。

本刊编辑委员会由国内外知名学者组成,严格执行双向匿名评审制度。每年出版一到两辑,每辑30万字左右。欢迎学术界专家、学者踊跃投稿。来稿一经采用,稿酬从优。具体要求详见如下事项:

一、篇名

论文篇名要求简洁、精练、准确,一般不超过20字。

二、作者简介

来稿请注明作者单位、出生年月、职称职务,以及联系方式。

三、摘要和关键词

来稿须于正文前附有中文摘要和关键词。

四、正文

1. 正文篇幅以10 000字至30 000字为宜。

2. 正文采用宋体小四字体,行距为1.5倍,请勿使用繁体字。

3. 正文中的独立引文需另起一段,首行空两格,字体为楷体四号字。引用出处以脚注形式标出。

示例:

关于媒介对于个人和社会的影响,有另一种观点:

> 任何媒介(即人的任何延伸)对个人和社会的任何影响,都是由于新的尺度产生的;我们的任何一种延伸,都要在我们的事务中引进一种新的尺度。①

五、注释格式

本刊采用脚注形式。

注释放置于当页下（脚注）。注释序号用①，②，③……标识，每页单独排序。适用于在正文中征引近现代学人研究成果、古籍、说明性注释等。

1. 著作示例：

赵景深：《文坛忆旧》，上海：北新书局，1948年，第43页。

任继愈主编：《中国哲学发展史（先秦卷）》，北京：人民出版社，1983年，第25页。

唐振常：《师承与变法》，《识史集》，上海：上海古籍出版社，1997年，第65页。

2. 期刊文章示例：

何龄修：《读顾诚〈南明史〉》，《中国史研究》1998年第3期，第56页。

3. 古籍示例：

毛祥麟：《墨余录》，上海：上海古籍出版社，1985年，第35页。

4. 再次引证时的项目简化。同一文献再次引证时只需标注责任者、题名、页码，出版信息可以省略。

示例：

鲁迅：《中国小说的历史的变迁》，《鲁迅全集》，第9册，第416页。

六、来稿请寄电子稿件，格式为WORD及PDF各一版，邮件地址为xiandairuxue@163.com。

七、本刊编辑将对采用的稿件进行必要的技术处理，一般不删改内容，如有需要将与作者联系。

上海儒学院

《现代儒学》编辑部